Henry Sumner Maine

Essais sur le Gouvernement populaire

essai

ISBN : 978-1536969115

10 9 8 7 6 5 4 3 2 1

Henry Sumner Maine

Essais sur le Gouvernement populaire

essai

Table de Matières

Préface du traducteur

Le nouveau livre de Sir Henry Maine vient d'obtenir en Angleterre un succès marqué par l'épuisement rapide des premières éditions, et ratifié bientôt par les éloges de la presse indépendante. En ce moment de trouble, où les fluctuations ordinaires de la vie publique prennent l'apparence d'oscillations exceptionnelles, où le mouvement naturel des sociétés donne comme l'illusion de l'écroulement du vieux monde et de la formation d'un monde nouveau, chacun s'empresse de chercher près des esprits réfléchis la confirmation de ses craintes ou de ses espérances. A cette curiosité bien légitime s'ajoute d'ailleurs le secret espoir de trouver dans leur réponse les éléments de solutions pratiques qui finiront par s'imposer à la longue. Le vulgaire, - et nombre de gens instruits sont «peuple» sur ce point, - dédaigne l'œuvre des philosophes parce qu'il n'en sait pas calculer la portée. Mais, si l'action des penseurs ne s'exerce directement que sur un cercle assez restreint, leur influence pénètre assurément fort au-delà des classes d'élite qui les viennent consulter. «Il se peut,» dit la *Revue d'Edimbourg*, à propos même du présent volume, «qu'au milieu du tapage des partis qui s'arrachent le pouvoir, un livre écrit dans un esprit de philosophie pure, sans la moindre nuance de passion, produise moins d'effet immédiat que les harangues intempérantes des politiciens ; il peut se passer longtemps avant que des spéculations aussi calmes et aussi profondes, même exprimées dans un langage d'une simplicité et d'une élégance remarquables, pénètrent les masses auxquelles elles s'adressent avant tout. Mais les vérités philosophiques, tirées de l'expérience, et mûries par la réflexion, gouvernent le monde, encore qu'elles filtrent très lentement à travers les couches de la société. Un livre comme celui de Sir Henry Maine possède une force germinative qui modifiera peu à peu l'opinion de milliers de gens destinés à subir son influence sans en connaître jamais la source [1].»

Il serait très à souhaiter que cette influence s'étendit hors du domaine de la langue anglaise, et c'est à quoi nous avons voulu contribuer pour notre part de traducteur. Les difficultés de la politique ont pris un caractère universel. Les mêmes besoins

1 Revue d'Edimbourg, janvier 1886, p. 268.

Henry Sumner Maine

réclament partout aujourd'hui les mêmes conseils. L'auteur emprunte nécessairement beaucoup à l'histoire et aux institutions de son pays, dont la situation n'est pas sans lui causer de vives inquiétudes. Mais si l'Angleterre éprouve, à l'heure actuelle, des crises d'une nature et d'une intensité particulières, ce ne sont que les symptômes locaux d'un état maladif qui frappe tous les peuples. Qu'il s'agisse de l'Irlandais *nationaliste*, du *crofter* écossais, ou du *radical* anglais, les prétentions outrées s'appuient sur des doctrines utopiques, proches parentes de celles qui menacent partout ailleurs l'équilibre des sociétés. Et ce serait une dangereuse erreur que de se retrancher dans une indifférence égoïste, en se flattant d'échapper à leur contre-coup. Il n'est pas une page de ce volume qui soit vraiment étrangère à nos préoccupations. Nous sommes, en France, depuis trop longtemps «envahis» [1] par les problèmes démocratiques pour n'avoir pas un égal intérêt à les étudier sous toutes leurs faces et à réfléchir sur les affaires d'autrui, comme sur les nôtres, sous la direction d'un guide autorisé. Et peut-être estimera-t-on qu'il nous aura rendu un assez notable service s'il parvient seulement à nous inspirer quelque scepticisme sur l'opportunité des expériences continues auxquelles nous nous livrons.

Cependant, un livre de ce genre, malgré l'élévation de ses vues, ne pouvait manquer de froisser au passage bien des susceptibilités. La démocratie triomphante devient singulièrement chatouilleuse. Volontiers, elle ressusciterait autour d'elle la vieille étiquette espagnole qui défendait de toucher à la Reine. Elle constate, avec dépit, que, dans les livres qui la concernent, il se manifeste un changement qui ne tourne pas exclusivement à sa louange. Jusqu'à ces derniers temps, il semblait que rien ne dût entraver sa marche victorieuse. Elle avait des prophètes pour annoncer sa venue, des historiographes pour enregistrer ses titres généalogiques et lui assurer la préséance sur les plus anciennes dynasties de l'Europe, des adulateurs de toute nuance intellectuelle pour lui former cortège ; elle ralliait même les moralistes soucieux de la préparer à son rôle en prévision de son avènement. Mais, dans leur empressement à son service, et jusque dans l'expression des regrets que témoignaient certains d'entre eux pour les choses d'antan, perçait

---

1 Voir les articles de M. Schérer sur le présent ouvrage, dans le *Temps* des 15 et 16 septembre 1886.

comme un nouvel hommage l'aveu de sa supériorité définitive. Les rares dissidences passaient inaperçues.- Aujourd'hui, son prestige diminue à proportion qu'elle gagne en ascendant. Le respect qu'on lui portait, avant d'avoir pu vérifier combien elle est de vertu fragile et d'emportement facile, baisse sensiblement. Elle se voit contrainte de passer, à son humiliation grande, sous le niveau commun de l'observation scientifique. On l'étudie avec la même impassibilité que le plus ordinaire des phénomènes ; et cette impassibilité lui est une insupportable impertinence. On la juge sans plus d'indulgence qu'elle n'en apporte à juger les régimes d'autrefois ; et la justice qu'on lui rend lui semble une iniquité. On mesure sa stabilité à sa sagesse ; et le doute de son avenir illimité, quoi qu'elle fasse, lui semble une folie. - A cet égard, le livre de Sir Henry Maine devait naturellement soulever des critiques où l'amour-propre froissé eût peut-être plus de part que la calme raison. Elles ne lui ont pas fait défaut. Il en est d'oiseuses ; il en est de bizarres ; il en est d'amusantes ; mais il n'en est guère, même de sérieuses, qui ne soient l'effet d'un malentendu. Quand on possède la clé d'un livre pour en être l'auteur, ou pour avoir vécu longtemps en intime communion avec les idées qu'il propage, on demeure stupéfait de la déformation de ces idées après qu'elles ont subi la réfraction des milieux critiques. Le fait n'en est que plus sensible quand il s'agit des théories politiques ou religieuses auxquelles chacun attache une sorte d'intérêt personnel. Tel qui sait admirablement lire entre les lignes d'une œuvre purement littéraire, qui saisit à demi-mot les ironies discrètes d'un dialogue scénique, devient incapable de comprendre, en toute simplicité d'esprit, le sens d'un travail philosophique qui heurte ses préjugés sociaux. Par bonheur, dans ce clan batailleur de la critique, où chacun se place à son propre point de vue, aucune entente n'existe, - si bien que les arguments se contredisent, se réfutent, sans que l'auteur ait le moindrement à intervenir, et qu'au total ses adversaires lui rendent plus de services qu'ils ne lui portent de coups.

Ce n'est donc pas qu'à les prendre une à une les observations de Sir Henry Maine soient en opposition choquante avec l'esprit du jour. Pas n'est besoin de feuilleter pendant longtemps les journaux les mieux accrédités de la démocratie ambiante, pour y recueillir des aveux qui confirment, et parfois même dépassent les doctrines de l'auteur. L'un n'hésite pas à reconnaître la nécessité d'une hiérarchie sociale et déclare que force nous sera d'y revenir, une fois assagis par l'expérience. Un autre accorde que les changements brusques dans les mœurs répugnent à la nature de l'homme. Un autre estime que les théories absolues n'ont pas d'application positive en ce monde, qu'en toute chose il faut une mesure, et qu'il est indispensable d'armer le gouvernement de ce que l'on appelle aujourd'hui «pouvoir discrétionnaire» pour éviter le nom abhorré, mais tout à fait équivalent, «d'arbitraire.» D'autres enfin déplorent l'empire des politiciens, et s'associeraient cordialement aux mesures que l'on oserait prendre pour mettre un terme à leur exploitation de l'ingénuité électorale. Mais si nous voulons réunir ces traits épars, si nous essayons de les coordonner pour dresser le bilan de la démocratie, et pour tenter une esquisse de ce que devrait être la société contemporaine organisée rationnellement, nous soulevons un concert de récriminations, chez ceux-là mêmes qui nous ont fourni le plus en abondance les éléments de notre reconstruction, et qui se désolent de voir le résultat tourner à l'encontre de leur idole populaire [1].

Il est donc probable qu'en présentant à un nouveau public l'ouvrage sous une nouvelle forme, nous allons réveiller quelques-unes des protestations futiles et prévues qui l'ont accueilli dans son pays d'origine. On croira, sans doute, devoir apprendre à l'auteur que le gouvernement démocratique est le seul qui convienne à une société égalitaire comme la nôtre. On l'accusera de nier le progrès. On lui reprochera de ne pas apporter un choix de

---

1 Il est impossible de ne pas noter ici l'appui que les faits mêmes auront bientôt prêté aux doctrines de l'auteur.

Tandis qu'on lui reprochait son manque de confiance dans l'intelligence progressive du peuple, les verriers du Hainaut incendiaient une usine modèle pour se venger des perfectionnements qu'elle apportait à leur industrie ; les mineurs de l'Aveyron assassinaient leur ingénieur, coupable d'avoir cherché à diminuer les charges de leur budget , en introduisant chez eux l'habitude des sociétés de consommation coopératives ; et, plus récemment, une émeute sanglante bouleversait les rues d'Amsterdam pour la défense d'un jeu cruel dont aucun esprit civilisé ne pourrait supporter le spectacle. - Encore n'avons-nous pas à discuter les prétextes des autres troubles survenus en France, en Italie, en Angleterre ou en Amérique, et qui figureront, dans l'histoire économique, au passif de là présente année l 886.

Préface du traducteur

solutions définitives pour les différents problèmes qu'il énumère. Enfin, ceux qui professent avec ferveur le dogme du jour, que la forme emporte le fond, et qu'il faut prendre les gouvernements sur l'étiquette, ne manqueront pas d'alléguer la stabilité de la Suisse républicaine depuis quatre ou cinq siècles, - comme si la Genève d'aujourd'hui n'était pas plus loin de celle de Calvin que de celle d'Adémar Fabri ; comme si, dans le cours de notre siècle, la Confédération n'avait pas eu ses émeutes et ses guerres civiles, aussi bien que la démocratie géante d'outre-Atlantique ou les monarchies européennes houspillées par une opposition rageuse ; comme s'il suffisait, en définitive, d'ignorer l'histoire de la Suisse, pour avoir le droit de s'imaginer que la Suisse n'a pas d'histoire.

Somme toute, il n'y a pas à s'arrêter, pour le moment, à ces objections de nature diverse, même aux plus sérieuses. Le mieux est de renvoyer le lecteur au livre qu'il a sous les yeux et de lui laisser le plaisir de les réfuter. Que si des objections nouvelles s'élèvent dans sont esprit, nul doute qu'elles se dissipent pour la plupart après une seconde lecture. Sir Henry Maine n'a répondu qu'une seule fois à ses critiques, et cette réponse, que nous traduisons en appendice à la fin du présent volume, marque justement combien les divergences peuvent tenir à l'inattention du lecteur ; outre qu'en donnant, pour quelques-uns de ses aperçus, les preuves matérielles qui l'ont guidé vers ses conclusions, l'auteur montre combien ses assertions sont solidement appuyées sur un fonds de connaissance qui se dissimule dans l'œuvre définitive.

D'ailleurs, si l'on y veut regarder de près, on s'avise bientôt, ce nous semble, que ces méprises et malentendus proviennent d'un malentendu plus général sur l'objet même du livre, et d'une singulière inaptitude à se placer au point de vue de l'auteur pour apprécier la justesse de son coup d'œil. C'est une conviction enracinée dans bien des esprits que tout nous pousse vers la démocratie. Il en résulte que l'on n'aperçoit plus les forces contraires, ou qu'on ne leur attribue qu'une action minime, amplifié seulement par l'imagination grossissante des partis. Et cependant elles existent par elles-mêmes, d'autant plus énergiques et impitoyables que la volonté de l'homme n'a pas de prise sur elles. On connaît de reste les forces qui nous poussent vers la démocratie. On sent d'instinct, par exemple, que lorsque le prolétaire, élevé par la générosité de la Constitution à la dignité de suffragant universel, aura puisé la conscience de ses droits dans une instruction républicaine, - si tant est qu'une instruction exclusivement républicaine ou monarchique mérite le nom d'instruction, - il sera difficile de le rappeler à la modestie qui convient au sujet d'un Etat bien ordonné. Mais l'intéressant est précisément de savoir quel contrepoids la nature des choses oppose au libre exercice de la volonté électorale. Or, les forces résistantes sont aussi nombreuses que réelles. Les forces économiques, entre autres, comptent parmi les plus despotiques. Entre l'industrie qui réclame avant tout la liberté, au risque d'engendrer des inégalités de fortunes, et la démocratie prête à sacrifier tout à l'égalité, le divorce n'est pas loin de s'accomplir ; et nul ne croira qu'en cas de conflit ce soient les lois économiques qui cèdent. Sur ce point comme sur tant d'autres, la nature des choses se moque des caprices du peuple et des complaisances parlementaires. Le capital persécuté trouvera toujours le moyen de s'évader par les mille et une voies de circulation dont il garde le secret. L'usine fermera ses portes. Et le peuple verra sans doute ses enfantillages punis, comme le sont tous les enfantillages, par la mise au pain sec ou à la ration congrue.

Il existe, de même sorte, en dehors des lois économiques, quantité de résistances sur lesquelles le démocrate ferme systématiquement les yeux. L'auteur en a signalé plus d'une et s'est justement proposé, en prenant la plume, d'insister sur ces considérations trop négligées dans l'étude de l'équilibre social. Ce n'est donc pas sans étonnement qu'on voit les critiques lui reprocher d'avoir choisi son sujet en dehors des sentiers battus et de ne pas se joindre au cortège encombrant des enthousiastes et des résignés, alors qu'il a précisément écrit son livre pour démontrer qu'il avait d'excellentes raisons de n'en pas écrire un autre. «Si M. Maine,» dit un critique d'ordinaire mieux inspiré, «avait employé la première moitié de son livre à signaler tous les changements intellectuels et sociaux qui poussent les peuples vers la démocratie, il aurait fait œuvre de philosophe.» D'où il appert que l'on ne fait point œuvre de philosophe en recherchant les tendances immuables de notre nature qui nous retiennent sur la pente de l'extrême démagogie. Autant dire qu'on cesse d'être mathématicien quand on abandonne le calcul des quantités positives pour l'étude des quantités négatives,

- lesquelles n'ont pourtant rien de commun avec les imaginaires.

Il nous semble que l'on serait pleinement édifié sur ce fait si l'on daignait regarder quelques instants autour de soi avec un absolu détachement des préoccupations politiques ; et le lecteur qui voudrait répéter l'expérience si heureusement tentée par l'auteur dans l'un des plus curieux passages de son livre [1], en tirerait probablement quelque rectification d'idée inattendue. A premiers vue, il éclate, entre les théories des démocrates et leur manière d'agir dans la vie quotidienne, une surprenante quantité de contradictions. Rien d'instructif et d'amusant comme d'étudier le citoyen dès qu'il n'est plus en représentation patriotique, dès qu'il ne songe plus au rôle pompeux qu'il s'attribue dans la vie publique. En vain nous dit-on que les classes sociales se rapprochent ; nous pourrions nous demander, en somme, s'il n'existe pas plus de distance effective entre un démocrate talon rouge et ses domestiques, qu'il n'en existait entre un baron du moyen âge et le dernier de ses vassaux. On nous répète que les esprits vont s'égalisant ; et l'on ne voit pas que le propre de la civilisation est justement de les différencier, suivant la loi célèbre qui veut que l'homogénéité primitive des substances et des êtres disparaisse devant une hétérogénéité toujours croissante. On nous dit que l'esprit de caste disparaît ; et l'on ne comprend pas qu'il s'affirme tous les jours et puise, dans les différences d'éducation et de fortune, des raisons d'être assez plausibles [2]. On nous prêche la fraternité ; mais l'égalité, obligeant chaque citoyen à se faire place au soleil, imprègne les cœurs et les caractères d'un égoïsme d'autant plus intense qu'il nous est enseigné, dès l'enfance, comme une vertu nécessaire pour sortir sain et sauf de la mêlée des convoitises. Si nous osions soutenir à un démocrate que la meilleure organisation d'une société est celle qui obéit aux classifications de la nature, qui laisse chacun à la place que lui assigne son intelligence développée suivant le hasard de sa naissance et de sa fortune, qui donne aux chefs un

1 Voir plus bas, pp. 195 et suiv.

2 Cette question de la caste qui continue d'être très mal comprise et de jouer, quand même, un grand rôle dans la politique contemporaine, demanderait à être traitée par un esprit délié, au courant des derniers aperçus de la science sociale. Il faut qu'elle tienne aux entrailles même de la nature humaine puisqu'on la voit pénétrer jusque parmi les classes ouvrières, en Amérique où elle produit des effets d'exclusivisme très curieux.

Henry Sumner Maine

pouvoir indispensable d'arbitraire, et qui, tout en faisant la part des infirmités ordinaires de la nature humaine, - égoïsme, favoritisme, ou paresse, - arrive à se maintenir pour le plus grand bien de tous, nous passerions à ses yeux pour le fanatique le plus rétrograde du passé. Et ce même démocrate ne se doute pas que la société politique dont il prétend régir les destinées d'après le seul système qui convienne, suivant lui, à la dignité de l'homme, se compose d'une multitude de petites sociétés industrielles, commerciales, ou financières, où les intérêts se hiérarchisent exactement d'après le modèle qu'on nous déclare d'application impossible. Chacun y occupe une position qu'il doit moins à ses efforts strictement personnels qu'à des avantages d'intelligence, de fortune et de relations sociales hérités au berceau [1]. Le radical farouche qui refuse de laisser à l'Etat la disposition sans contrôle des quelques cents francs qu'il lui verse à titre d'impôt, est probablement le docile client ou dépendant d'une de ces sociétés naturelles ; il lui doit les moyens de vivre, sans participer même d'une humble voix consultative à la gestion des affaires communes. Et, tout du long de la vie courante, on relève ainsi entre les principes professés en politique et ceux qui déterminent le va-et-vient de l'existence quotidienne, des antinomies autrement difficiles à concilier que celles de Kant. Il est impossible d'observée ce contraste sans comprendre que le régime de la démocratie actuelle n'a de racines profondes que dans notre amour-propre, et qu'il ne tient pas un compte suffisant des autres mobiles de l'activité humaine.

Nous avons le ferme espoir que la science politique aidera, par le caractère impersonnel de ses conclusions , à dissiper les engouements dangereux. Encore faut-il que l'on reconnaisse sa valeur scientifique. Et, sur ce point, l'opposition est encore trop vive, surtout en France, où, dans la rigueur avec laquelle on scrute ses titres, pourrait bien se cacher la crainte de voir un jour ses principes s'imposer avec trop de force et exiger le renoncement à des chimères favorites. Les mieux intentionnés consentent

---

1 Dans un livre qui reste le modèle orthodoxe de l'enseignement destiné aux jeunes générations de la France nouvelle, l'auteur esquive l'embarras de cette constatation par un trait d'ironie assez audacieuse. «Sans doute, l'homme riche a plus de chances que le pauvre d'être nommé député, et son fils a plus de facilités que le fils du pauvre pour devenir ingénieur, généra,. ou millionnaire. *Mais tout cela n'est pas grand-chose.*» Paul Bert *Manuel d'instruction Civique*, 1ʳᵉ éd., p. 123.

tout au plus à déclarer que la politique est un art. Sans doute, il y a de l'art dans la politique, en ce que chacun y apporte, dans la traduction des principes en actes, une dose de tact personnel, un sens de l'opportun, une connaissance de l'homme, que la savoir des livres ne donnera jamais. Mais l'art même s'appuie toujours sur la science. L'art du paysagiste emprunte une bonne part de son exactitude à la perspective, l'art du portraitiste à l'anatomie : l'un et l'autre suivent encore les lois immuables de la juxtaposition des couleurs. Et, tout de même, l'homme d'Etat doit compter avec les lois non moins immuables de la nature humaine. L'essentiel est de ne pas demander à la science politique des prédictions plus précises que l'on n'en demanderait à des sciences analogues dans une sphère purement naturelle, comme la météorologie. Il est de fait qu'à la veille d'une élection, on ne saurait dire si le résultat sortira de l'urne, jaune ou bleu en Angleterre, - rouge, blanc, ou plus ou moins tricolore en France. Mais cela n'exclut pas une certitude suffisante dans la marche des faits généraux. D'où la possibilité d'en formuler les lois. C'est une loi que la succession constante des actions et adaptions, et vouloir s'y soustraire serait aussi naïf que prétendre fixer le baromètre à une hauteur déterminée. C'est une loi que la prédominance ordinaire de l'intérêt personnel sur l'intérêt général dans l'esprit du citoyen, de telle sorte que si la vie publique empiète trop sur la vie privée, le citoyen abdiquera ses droits pour acheter la dispense de ses devoirs. Veut-on la preuve que la loi fonctionne en France, à l'heure actuelle ? Rien de plus simple à démontrer. Demandez aux ministres du jour d'où vient qu'avec les immenses ressources du service militaire obligatoire, ils éprouvent tant de difficultés à poursuivre une politique d'agrandissement colonial ; d'où vient qu'après avoir décrété l'impôt du sang, la République hésite à le dépenser en de menues aventures ; et comment il se fait qu'en moins d'un siècle, l'inexorable loi des choses tend à nous ramener hypocritement à notre point de départ, aux armées de volontaires, comme il en était du temps de nos guerres de l'Inde et du Canada. Un critique américain observait naguère que c'était un bonheur pour son pays que d'avoir une constitution quasi-immuable, et que, si le portefaix de New-York était obligé d'abandonner brusquement le déchargement d'un paquebot pour courir légiférer dans ses comices, comme jadis le matelot

Henry Sumner Maine

d'Athènes appelé sans cesse du Pirée au Pnyx, l'heure viendrait vite où le souci de la législation serait abandonné à an. spécialiste d'un genre de gouvernants bien connu, celui des despotes. - Et ainsi des autres lois.

Au total, ceux qui reprochent à la science politique de n'être accessible qu'à un petit nombre d'esprits et de n'avoir aucune prise sur les masses n'oublient qu'une chose, savoir, que dans cette difficulté d'agir sur le peuple se trouve précisément l'unique raison de cette science. Il est visible que si tout le monde s'accordait à penser juste et à suivre les conseils des sages, si le sens commun se confondait une fois pour toutes avec le bon sens, le «royaume de Dieu» serait du coup établi sur la terre, pour parler comme l'Evangile, et la science politique deviendrait inutile. Au contraire, plus le peuple cède à des impulsions irréfléchies, plus sa nature participe de celle des éléments, plus le calcul des forces qui le dirigent approche de l'exactitude. C'est ainsi qu'il tombe sous la coupe des habiles. Il ne dépend d'aucune volonté humaine de détourner les courants de l'Atlantique ou de changer l'ordre des moussons. A lutter contre eux, on perdrait sa peine. Il suffit d'y perdre un peu de temps, de ne pas s'obstiner à prendre la ligne droite pour le plus court chemin d'un point à un autre, et de savoir utiliser les forces aveugles pour arriver à bon port.

C'est donc aux habiles que s'adresse, à n'en pas douter, le présent volume. Et jamais leçon n'est venue plus à son heure. Il n'y a pas à se dissimuler que la croyance au transformisme et à l'évolution infinie de l'humanité ont introduit dans la politique militante un élément des plus dangereux. Ce n'est pas seulement à un type rationnel, comme l'assure M. Schérer, que l'on éprouve le besoin de ramener les institutions françaises. Pareille visée, familière aux grands hommes de la première Révolution, semble aujourd'hui trop arriérée pour mériter l'appui de l'état-major politicien. On se plaît à croire que la raison du présent ne sera point celle de l'avenir, et c'est à la raison de l'avenir que l'on veut désormais conformer toute chose. La perfectibilité continue de l'espèce humaine laisse entrevoir des horizons trop radieux pour ne pas éblouir les esprits et pour ne pas attirer les imaginations. Moins l'avenir se dessine clairement, plus on sent une hâte fiévreuse de le connaître et d'y parvenir. On aiguillonne à grands coups les peuples vers ce but indistinct. En vain les générations pensantes et souffrantes d'aujourd'hui supplient qu'on les épargne et qu'on ne sacrifie pas leur présent au bonheur problématique de l'humanité future. Rien ne sert. On leur répond par un redoublement d'expériences irréfléchies, avec la persuasion que tout avance l'ère promise, même l'insuccès des conceptions les plus fantaisistes [1].

Et pourtant, il semble bien que, dans l'état actuel des hommes et des choses, les conditions d'existence et d'unité sociales soient assez strictement limitées. Elles paraissent à peu près les mêmes pour tous les peuples, quelle que soit leur forme de gouvernement, depuis la monarchie la plus capricieuse jusqu'à la démagogie la plus émancipée. Si l'on veut tenir compte de ces conditions d'existence avant d'entreprendre un effort progressif, on aura chance de réussite dans la mesure que permet la faiblesse des conceptions humaines. Mais si l'on s'obstine à les défier, la morgue de l'électeur s'y brisera tout autant que la superbe d'un despote asiatique. La bourgeoisie pansera de son mieux ses blessures d'amour-propre. Le peuple, pour échapper à la famine, acceptera n'importe quel servage. Et l'humanité, rentrée dans la lente et vraie voie du progrès, prendra le parti d'en suivre patiemment les sinuosités. Elle aura appris à ses dépens que, malgré son intelligence, elle n'est pas la plus forte. «Il y a dans les choses,» disait Lamennais, «une résistance qui n'est pas dans les idées, sans quoi le monde ne subsisterait pas six mois.»

Nous devons, en terminant, ces trop longs préliminaires, exprimer à Sir Henry Maine notre profonde reconnaissance pour son inaltérable patience à nous aider dans les difficultés de notre tâche. Si le lecteur prend quelque intérêt à lire dans sa propre

---

1 Un jeune philosophe de talent vient d'exposer en termes très clairs cette doctrine, qu'il semble professer avec une confiance dont il n'est pas à souhaiter que le législateur se pénètre. «Même au point de vue de l'évolution purement physique et physiologique, le bien pensé n'est pas perdu, le bien tenté n'est pas perdu, puisque la pensée, le désir même façonne les organes. L'idée même de ce qui est aujourd'hui une chimère implique un mouvement réel de notre cerveau, elle est encore une «idée-force,» qui contient son élément de vérité et d'influence. Nous héritons non seulement de ce que nos pères ont fait, mais de ce qu'ils n'ont pu faire, de leur œuvre inachevé, de leur effort en apparence inutile... Non, pas un de mes rêves, peut-être, ne sera perdu : d'autres les reprendront, les rêveront après moi, jusqu'à ce qu'ils s'achèvent un jour...» M. Guyau, *Revue des Deux-Mondes*, 1er sept. 1886, pp. 178-9.

Henry Sumner Maine

langue les pages qui suivent, c'est à l'auteur[1] qu'il en devra ses premiers remerciements.

René de Kérallain.

Septembre 1886.

Préface de l'auteur

Les Essais qui suivent, au nombre de quatre, relèvent du genre d'études auxquelles, durant une bonne partie de ma vie, j'ai consacré tout le loisir dont je pouvais disposer. Il y a bien des années, dans un livre intitulé l'*Ancient Droit* [2], j'avais tenté d'appliquer la méthode des recherches dites historiques aux lois et institutions privées de l'humanité ; mais, dès le début, je trouvai la voie obstruée par un certain nombre de théories a *priori* qui, sauf pour de rares esprits, satisfaisaient la curiosité à l'égard du passé et paralysaient les spéculations nouvelles quant à l'avenir. Elles se basaient d'abord sur l'hypothèse d'un Droit et d'un Etat de nature antérieurs à toute institution positive, puis sur un système hypothétique de droits et de devoirs appropriés à la condition naturelle de l'homme. Il semblait admis que travailler à l'amélioration progressive des institutions humaines n'était autre chose que rentrer graduellement en possession de cette condition naturelle. En examinant, comme il était indispensable, la véritable origine et l'histoire authentique de ces théories, je m'aperçut bientôt qu'elles reposaient sur une philosophie éminemment fragile, quoiqu'il fût facile de prouver en même temps qu'elles avaient exercé une influence des plus puissantes en bien comme en mal. L'un des caractères qui s'associent le plus clairement à la nature et à ses droits était la simplicité ; et c'est ainsi que les théories dont je parle ont engendré (moins en Angleterre qu'ailleurs, il est vrai), nombre de réformes précieuses dans la législation privée, en la simplifiant et en la purgeant de ses technicalités barbares. Elles ont pris en outre

---

1 Les notes que nous avons ajoutées avec son approbation sont renfermées entre crochets.

2 [*Ancient Law.* Londres, Murray, 1861. - L'*Ancien Droit*, trad. Courcelle-Seneuil (de l'Institut). Paris, Guillaumin, 1874].

une large part à l'enfantement du droit international, et, par là, elles auront pu contribuer dans une mesure, d'ailleurs assez minime, à apaiser l'ardeur querelleuse et sanguinaire qui avait accompagné l'espèce humaine durant tout le cours de son histoire. Mais, d'autre part, elles ont, à mon sens, énervé l'intelligence humaine et l'ont rendue capable des extravagances où elle est tombée à la fin du dix-huitième siècle. Et, dans tous les cas, elles ont très certainement lancé sur une fausse piste les recherches historiques sur l'origine de la société et sur le développement du droit.

J'avais toujours éprouvé le désir et gardé l'espérance d'appliquer la méthode historique aux institutions de la politique humaine. Mais, ici encore, les recherches sur l'histoire de ces institutions et les efforts tentés pour en estimer la véritable valeur d'après les résultats de ces recherches, se trouvent sérieusement entravés par une foule d'idées et de croyances qui se sont répandues de nos jours au bénéfice d'une forme spéciale de gouvernement, cette forme extrême de gouvernement populaire que l'on nomme *démocratie*. Les notions qui règnent en Europe sur le gouvernement populaire proviennent en partie (et à ces égard elles méritent tout notre respect) d'observations sur sa mise en œuvre effective ; puis, en partie, et dans une mesure beaucoup plus importante, elles se bornent à répéter, sous une forme altérée ou déguisée, les principes techniques des deux Constitutions anglaise et américaine. Mais nombre d'idées à ce sujet, idées qui continuent régulièrement d'absorber ou de remplacer toute idée contraire, me paraissent, ainsi que les théories juridiques dont je viens de parler, le fruit de simples conceptions *a priori*. Ce n'est, au fond, qu'une nouvelle série de déductions appuyées sur l'hypothèse d'un état de nature. Sur le continent d'Europe, on n'a jamais oublié leur véritable source, et l'on sait parfaitement qu'elles dérivent des leçons de Jean-Jacques Rousseau, qui était persuadé que les hommes émergent de l'état de nature primitif par une évolution propre à rendre toute forme de gouvernement illégitime, hors la démocratie. En Angleterre, il est rare que l'on fasse explicitement, ou même sciemment, allusion à leur véritable origine qui, nonobstant, ne se trahit pas moins constamment dans les expressions dont on se sert pour les formuler. On représente couramment la démocratie comme jouissant d'une supériorité inhérente sur toute autre forme de gouvernement. On

Henry Sumner Maine

suppose d'ordinaire qu'elle s'avance d'un mouvement irrésistible et préordonné. On la croit pleine de bénédictions en expectative pour l'humanité. Et cependant, s'il lui arrive de ne point apporter avec elle ces bénédictions, si même elle se montre prolifique en calamités désastreuses, on n'imagine point qu'elle soit passible de la moindre condamnation. Tels sont les traits familiers d'une théorie qui se prétend indépendante de l'expérience et de l'observation, sous le prétexte qu'elle nous apporte les lettres de créance d'un âge d'or, étranger au domaine de l'histoire et, par suite, impossible à vérifier.

Le demi-siècle pendant lequel une théorie politique *a priori* s'est ainsi frayé la voie au sein de toutes les sociétés civilisées d'Occident a vu se dérouler en parallèle une suite d'événements qui me semblent mériter bien plus de considération qu'ils n'en ont obtenue jusqu'ici. Il y a soixante ou soixante et dix ans, quiconque s'occupait de science politique devait fatalement employer surtout dans ses recherches une méthode d'investigation déductive. Jérémie Bentham, qui se souciait peu des événements lointains de l'histoire, n'avait guère d'autres éléments sous les yeux que les phénomènes de la Constitution anglaise, qu'il entrevoyait à la lumière toute spéciale de sa propre philosophie et qu'il regardait à son point de vue de réformateur du droit privé. Il possédait en sus quelques faits matériels que lui avait fournis la courte expérience de la Constitution américaine, outre qu'il avait encore à sa disposition les tentatives si brèves et si malheureuses de la France en matière de gouvernement démocratique. Mais depuis 1815, et surtout depuis 1830, le gouvernement populaire a été introduit dans presque toute l'Europe continentale et dans toute l'Amérique espagnole du Nord, du Centre et du Sud ; et le fonctionnement de ces institutions nouvelles nous a valu un certain nombre de faits du plus vif intérêt. Entre temps, l'antique Constitution anglaise se modifiait avec une rapidité qu'on n'aurait pu prévoir à l'époque de Bentham. Je soupçonne que parmi les Anglais vraiment doués d'un esprit observateur, il en est peu qui, en présence de l'agitation dont le mouvement a rempli l'été et l'automne de 1884, n'aient été fort étonnés de constater combien la Constitution de leur pays s'était altérée sous le couvert des vieilles expressions et des vieilles formes constitutionnelles. Et pendant ce temps, la solidité de quelques-unes des garanties que la Constitution fédérale d'Amérique avait préparées en vue des infirmités du gouvernement populaire s'affirmait de la façon la plus remarquable. C'est ainsi que, dans presque tout le monde civilisé, une grande quantité de faits nouveaux s'est accumulée, à l'aide desquels je m'efforce, dans les Essais qui suivent, de contrôler le titre des opinions qui entrent en circulation de nos jours relativement au gouvernement populaire, à mesure que ce dernier converge vers la démocratie.

Ce serait faire preuve d'ignorance ou de mauvaise foi que de nier les bienfaits dont l'humanité est redevable au gouvernement populaire entre plusieurs calamités. Néanmoins, s'il entre une ombre de vanité approximative dans les conclusions auxquelles j'arrive dans les trois stades imprimées en tête de ce volume, il faudra se recoudre à éliminer quelques-unes des hypothèses communément admises sur ce point. Dans l'Essai sur *L'Avenir du gouvernement populaire*, j'ai voulu prouver que ce gouvernement, si l'on s'en tient à la simple observation des faits, s'est montré, depuis sa rentrée dans le monde, extrêmement fragile.

Dans l'Essai sur La Nature de *la démocratie*, j'espère apporter certaines raisons de croire que, sous la forme extrême vers laquelle il tend, il est, de tous les gouvernements, de beaucoup le plus difficile. Dans *L'Age du progrès*, j'ose soutenir que le changement perpétuel qu'il semble réclamer, et tel qu'on l'imagine de nos jours, ne s'harmonise pas avec les forces normales qui dirigent la nature humaine, et qu'il pourrait dès lors nous conduire à de cruels désappointements ou nous infliger de graves désastres. Si en cela j'ai quelque peu raison, le gouvernement populaire, surtout lorsqu'il approche la forme démocratique, exigera l'effort de toute la sagacité et de toute la capacité politique du monde, pour nous garder des mésaventures. Heureusement, s'il est plus d'un fait de mauvais augure pour sa durée et ses succès, il en est d'autres qui nous portent à croire qu'il n'est pas au-dessus des pouvoirs de la raison humaine de découvrir des remèdes contre ses infirmités. Afin de mettre en lumière quelques-uns de ces derniers symptômes, et de signaler en même temps le quartier où celui qui veut étudier la politique (après s'être dégagé des hypothèses *a priori*) peut chercher des matériaux pour reconstruire sa science favorite, j'ai entrepris la critique et l'analyse de la Constitution des Etats-Unis , sujet qui semble prêter à la division de beaucoup d'erreurs. Parmi ces erreurs, il en est qui paraissent supposer que cette Constitution est un jour sortie du cerveau de l'homme, armée de pied en cap, comme la déesse de la Sagesse, idée très conforme aux rêveries modernes qui ont cours sur le continent, relativement à l'origine de la démocratie. J'ai essayé de démontrer que sa naissance, en réalité toute naturelle, procédait de circonstances historiques très ordinaires ; et que si parfois elle touche à l'absolue Sagesse, cet heureux accord résulte de l'habileté avec laquelle des esprits sagaces, ayant conscience que certaines faiblesses héritées au berceau, s'aggraveraient sous l'empire des nouvelles conditions où elle allait vivre, lui avait préparé des ressources pour réduire au minimum ces infirmités, ou même les neutraliser entièrement. Son succès, aussi bien que le succès des autres institutions américaines qui ont également réussi, me semble provenir de ce que l'on a su adroitement serrer le mors aux impulsions populaires, au lieu de leur lâcher la bride. Tandis que la Constitution anglaise se transforme insensiblement en gouvernement populaire, assiégé de tous côtés par de sérieuses difficultés, la Constitution fédérale américaine prouve qu'il y a déjà plus d'un siècle, on avait su découvrir divers expédients pour mitiger grandement quelques-unes des difficultés en jeu, et pour en surmonter entièrement quelques autres.

L'apparition de ces Essais en substance dans la *Quarterly Review* [1], tout en me procurant des lecteurs plus nombreux que l'on n'eût osé l'espérer pour une dissertation sur des questions abstraites de politique générale, qui n'ont qu'un rapport lointain avec les discussions acerbes des partis, m'a valu en outre l'avantage d'un certain nombre de critiques qui me sont parvenues avant de donner à ce volume sa forme définitive. Je dois signaler en première ligne une série d'observations que Lord Acton a bien voulu m'adresser. Je me suis permis, dans les pages qui suivent, d'utiliser librement les fruits de son savoir étendu et de sa pensée aussi originale que profonde.

H. S. MAINE.
Londres, 1885.

---

1 [Avril 1883, janvier et octobre 1884, avril 1885].

Chapitre I : L'AVENIR DU GOUVERNEMENT POPULAIRE

C'est un des lieux communs les plus rebattus de l'histoire moderne que l'aveuglement des classes privilégiées, en Franc, devant la Révolution qui allait prochainement les engloutir. Il y a là sans doute de quoi nous surprendre beaucoup. Ce que ne pouvaient discerner le Roi, le Noble, ou le Prêtre, se manifestait déjà clairement à l'œil de l'observateur étranger. «Bref,» conclut Lord Chesterfield, dans un passage fameux de sa lettre du 25 décembre 1753, «tous les symptômes que j'ai jamais vus marquer dans l'histoire l'approche de grandes transformations ou révolutions, au sein d'un gouvernement, existent à cette heure et progressent journellement en France.» Bon nombre d'écrivains de nos jours, avec la sagesse que l'on acquiert d'ordinaire après coup, démontrent que l'on n'aurait pas dû se méprendre sur les signes avant-coureurs de ce terrible avenir. La cour, l'aristocratie et le clergé auraient dû comprendre qu'en face de l'irréligion qui devenait chaque jour plus à la mode, la croyance aux privilèges de naissance ne pouvait se maintenir plus longtemps. Ils auraient dû constater la menace de troubles imminents dans la jalousie haineuse des différentes classes. La misère sordide des paysans aurait dû les préparer à un formidable soulèvement social. Ils auraient pu observer les causes immédiates d'une révolution dans le désordre des finances et dans la grossière inégalité des taxes. Ils auraient dû être assez avisés pour sentir que l'édifice, dont la clé de voûte était une cour pleine de pompes et de scandales, se trouvait miné de tous côtes. «Magnifique palais d'Armide dont les habitants vivent une vie enchantée, bercés par une douce musique d'adulation, ayant à leurs ordres toutes les splendeurs du monde, et dont l'existence n'en tient pas moins du prodige, suspendue qu'elle est comme par un cheveu [1].»

Mais encore que Chesterfield fasse appel à l'histoire, quiconque étudie maintenant l'histoire avec soin trouvera peut-être éminemment excusable l'aveuglement de la noblesse et du clergé français. La monarchie, à l'ombre de laquelle croissaient et semblaient prospérer tant de privilèges, paraissait plonger ses racines plus profondément dans le passé qu'aucune autre

1 Carlyle, La Révolution française, I, 4.

Henry Sumner Maine

institution de l'Europe contemporaine. Les pays qui forment aujourd'hui la France n'avaient joui d'aucun gouvernement populaire depuis la disparition de la rude liberté gauloise. De là, ils étaient tombés à l'état de provinces romaines, soumises à une administration des plus strictes, gouvernées de haute main, et fortement taxées. Les recherches de la jeune et savante école d'historiens qui se lève maintenant en France, nous donnent lieu de douter que les Germains aient apporté à la Gaule la moindre ombre d'affranchissement, bien qu'on se plaise parfois à supposer qu'ils rachetaient leur propre barbarie par une liberté vivifiante. Il n'y eut, alors, guère plus qu'une succession des classes supérieures de la Germanie aux classes privilégiées des Romains. Les capitaines germains se partagèrent les grandes propriétés et s'attribuèrent le rang de la noblesse, à demi fonctionnaire, à demi héréditaire, qui abondait dans la province. Un roi, qui n'était en réalité qu'un général romain affublé d'un titre barbare, régnait sur une grande partie de la Gaule et de l'Europe centrale. Lorsque sa race eut été supplantée par une autre dans la royauté, le nouveau pouvoir se décora des vieilles dignités honorifiques de la Rome impériale ; et lorsque enfin s'éleva une troisième dynastie, la monarchie qu'elle s'associa se développa graduellement avec plus de vigueur et de vitalité qu'aucune autre institution politique en Europe. De l'avènement de Hugues Capet à la Révolution française, on compte presque aussi exactement que possible huit cents ans. Durant toute cette époque, la maison royale de France avait constamment gagné du terrain. Elle avait épuisé et forcé de battre en retraite les armées victorieuses de l'Angleterre. Elle était sortie plus forte que jamais des guerres de religion qui avaient humilié la royauté anglaise, jusqu'à lui mettre le front dans la poussière, et lui avaient porté un coup dont elle ne s'est jamais complètement remise. Elle avait grandi en puissance, en autorité et en splendeur, jusqu'à éblouir tous les yeux. Elle était devenue un modèle pour tous les princes. Il ne semble pas que les rapports de son gouvernement avec ses sujets aient produit dans tous les esprits l'impression qu'avait éprouvée Chesterfield [1]. - Onze ans avant la lettre de Chesterfield, en 1742, David Hume, l'un des étrangers qui aient le mieux

---

1 [Cfr. Albert Babeau, *Les Voyageurs en France depuis la Renaissance jusqu'à la Révolution*. Paris, Firmin-Didot, 1885.]

Chapitre I : L'AVENIR DU GOUVERNEMENT POPULAIRE

observé la France, écrivait ainsi : «Quoique toutes les formes de gouvernement se soient considérablement améliorées dans les temps modernes, c'est encore le gouvernement monarchique qui fait les plus grands pas vers la perfection. On peut affirmer maintenant des monarchies civilisées ce que l'on disait autrefois des républiques seules, qu'elles sont le gouvernement des lois, et non le gouvernement des hommes. On les trouve susceptibles d'ordre, de méthode, de persévérance, à un degré surprenant. La propriété y est parfaitement sûre ; l'industrie s'y trouve encouragée ; les arts fleurissent ; et le prince vit au milieu de ses sujets, comme un père au milieu de ses enfants.» Et Hume ajoute expressément qu'il apercevait plus de «causes de dégénérescence» dans les gouvernements libres, comme l'Angleterre, qu'il n'en voyait en France, «le plus parfait modèle de la monarchie absolue [1].

Néanmoins Hume avait incontestablement tort dans ses conclusions, et Chesterfield avait non moins incontestablement raison. Les classes privilégiées en France auraient pu, à la rigueur, prévoir la grande Révolution, simplement parce qu'elle devait arriver. Toutefois, le temps que l'on passe à s'étonner de leur aveuglement ou à le déplorer d'un air de sagesse supérieure, est un temps perdu à peu près inutilement. Après l'étude de ce qu'un humoriste a appelé les «Hypothétiques,» - la science de ce qui aurait pu advenir et n'est pas arrivé, - il n'y a guère d'étude moins profitable que la recherche des prédictions possibles qui n'ont pas été prédites. Il est infiniment plus utile de noter l'état mental des classes supérieures en France comme l'un des faits les plus remarquables de l'histoire, et de se demander s'il ne renferme pas une leçon pour d'autres générations que la leur. Des spéculations de ce genre sont au moins fort intéressantes. Nous aussi, qui nous trouvons appartenir à l'Europe occidentale, à la fin du dix-neuvième siècle, nous vivons sous un ensemble d'institutions. que tout le monde, sauf une petite minorité, considère comme vraisemblablement perpétuelles. Neuf personnes sur dix, les unes avec espoir, les autres avec crainte, regardent le gouvernement populaire, qui, toujours élargissant sa base, s'est étendu et s'étend encore de plus en plus sur le monde, comme destiné à durer toujours, ou, s'il doit changer de forme, à n'en changer que dans une seule direction. Le principe

---

1 Hume, Essai XII, *De la liberté civile.*

Henry Sumner Maine

démocratique, déjà vainqueur, s'est mis en campagne pour ajouter de nouvelles conquêtes aux anciennes, et ses contradicteurs sont aussi faibles que peu nombreux. Quelques catholiques, dont la diplomatie du pape actuel n'a pu bannir de l'esprit le *Syllabus* de son prédécesseur, un groupe assez nombreux de légitimistes français et espagnols, quelques courtisans âgés formant le petit cercle qui entoure dans l'exil un prince allemand ou italien, peuvent croire encore que le gros nuage de la démocratie passera. Leurs espérances peuvent être aussi vaines que leurs regrets. Mais, nonobstant, ceux qui se rappellent les surprises que l'avenir tenait en réserve pour des esprits également confiants dans la perpétuité de leur présent, se demanderont s'il est vraiment exact que l'attente d'une permanence virtuelle au bénéfice des gouvernements du type moderne, repose sur le terrain doublement solide de l'histoire, en ce qui regarde l'expérience du passé, et d'une probabilité rationnelle en ce qui concerne les temps futurs. Je vais essayer, au cours des pages suivantes, d'examiner la question dans un esprit différent de celui qui anime la plupart de ceux qui envisagent l'avènement de la démocratie, soit avec enthousiasme, soit avec désespoir.

Entre les noms divers que l'on applique communément au système politique qui prévaut, ou tend à prévaloir, dans toutes les parties civilisées du globe, j'ai choisi le nom de «gouvernement populaire»[1] comme celui qui, en somme, prête le moins aux objections. Mais ce à quoi nous assistons en ce moment, dans la politique de l'Europe occidentale, n'est pas tant l'établissement nouveau d'un système défini que la continuation d'un changement qui s'opère avec un: rapidité variable. La vérité est que, durant ces deux cents dernières années, la conception ordinaire du gouvernement, ou (comme disent les jurisconsultes) «les relations de souverain à sujet, de supérieur politique à inférieur politique,» se sont modifiées sans cesse, tantôt avec lenteur et sur tel ou tel point, tantôt brusquement et dans tout l'ensemble. John Stuart Mill, dans les premières pages de son *Essai sur la Liberté,* indique le caractère de ce changement. Et plus récemment, un juge éminent, Sir James Stephen, dans son *Histoire du droit criminel en Angleterre,* tire, à ce propos, un parti

---

1 On remarquera que, tout au long da présent volume, je m'efforce de n'employer le mot *démocratie* que dans son sens propre et logique, - celui d'une forme particulière de gouvernement .

Chapitre I : L'AVENIR DU GOUVERNEMENT POPULAIRE

frappant du contraste entre l'ancienne et la nouvelle conception du gouvernement, pour mieux faire ressortir la différence entre les deux aspects opposés du droit en matière de pamphlet séditieux. Je citerai ce dernier passage parce qu'il reflète, moins que le langage de Mill, les préférences personnelles de l'auteur :

«On peut se placer à deux points de vue différents,» dit Sir James Stephen, «pour apprécier les relations entre les gouvernants et leurs sujets. Si l'on doit regarder le gouvernant comme supérieur au sujet, comme présumé sage et bon par le caractère de sa position, comme le chef et le guide légitime de la population tout entière, il doit nécessairement s'ensuivre que l'on a tort de le censurer ouvertement ; que, même s'il se trompe, on ne doit lui signaler ses méprises qu'avec le plus profond respect ; et que, quelle que soit son erreur, on ne doit lui infliger aucun blâme de nature à diminuer, volontairement ou non, son autorité. Que si, d'autre part, le gouvernant est regardé comme un simple agent et serviteur, le sujet comme un maître plein de sagesse et de bonté, obligé seulement de déléguer son pouvoir au soi-disant gouvernant, parce que la multitude qui le compose ne saurait l'utiliser elle-même, il est clair alors que cette thèse doit être renversée. Tout membre du public qui censure le gouvernement actuel exerce, en sa propre personne, le droit qui appartient à la totalité dont il représente une fraction. Il ne fait que prendre en faute son propre serviteur [1].»

Les Etats de l'Europe sont aujourd'hui régis par des institutions politiques qui répondent aux divers stades de transition entre l'ancien point de vue et le nouveau, entre l'idée «que les chefs sont présumés bons et sages, qu'ils sont les guides légitimes de toute la population,» et l'idée plus récente que «le chef est l'agent et le serviteur, tandis que le sujet, maître sage et bon, est obligé de déléguer son autorité au soi-disant gouvernement, parce que la multitude ne peut manier elle-même son propre pouvoir.» La Russie et la Turquie sont les seuls Etats de l'Europe qui rejettent complètement la théorie d'après laquelle les gouvernements tiennent leur pouvoir, par délégation, de la communauté, - le mot

1 Sir James Fitzjames Stephen, History of the Criminal Law of England, Londres, Macmillan, 1883, t. II, p. 299.

Henry Sumner Maine

«communauté» ayant une signification assez vague, mais qui tend de plus en plus à comprendre tous les individus mâles et d'âge mûr qui vivent dans de certaines limites territoriales. - Cette théorie, connue sur le continent sous le nom de «souveraineté nationale,» est pleinement. acceptée en France, en Italie, en Espagne, en Portugal, en Hollande, en Belgique, en Grèce, et dans les Etats scandinaves. En Allemagne, elle a été répudiée à mainte reprise par l'Empereur, ainsi que par son très puissant ministre ; mais on l'y respecte quand même dans une très grande mesure. L'Angleterre, comme il n'est pas rare en ce qui la concerne, forme une catégorie à part. Il n'est pas de pays où la nouvelle théorie de gouvernement soit plus complètement appliquée en pratique. Mais le langage du droit et de la Constitution s'y accommode encore aux idées anciennes sur les rapports du gouvernant avec son sujet.

Cependant, bien que la phraséologie légale usitée en Angleterre n'autorise guère cette conclusion, il n'est pas douteux que le gouvernement populaire de nos jours soit d'origine purement anglaise. Au moment de sa naissance, il existait déjà des républiques en Europe ; mais elles n'exerçaient aucune influence morale et n'avaient guère d'influence politique. Bien qu'en réalité ce fussent, pour la plupart, de strictes oligarchies, on les regardait comme des gouvernements quelque peu plébéiens sur lesquels les monarchies avaient droit de préséance. «Les républiques de l'Europe,» écrivait Hume en 1742, «sont aujourd'hui remarquables par leur manque de politesse. Les bonnes manières d'un Suisse élevé en Hollande sont une expression courante en France pour indiquer la rusticité d'allures. Les Anglais prêtent, dans une certaine mesure, à la même critique, nonobstant leur instruction et leur génie naturel ; et si l'on fait exception pour les Vénitiens, ceux-ci le doivent peut-être à leur commerce avec les autres Italiens.» Quand un homme se déclarait alors républicain, il songeait aux républiques d'Athènes et de Rome, l'une démocratique dans un certain sens, l'autre tout du long aristocratique, mais toutes les deux gouvernant avec une extrême rigueur les peuples tombés en leur dépendance. Au fond, le nouveau principe de gouvernement n'était franchement implanté qu'en Angleterre, et Hume range toujours ce pays dans la catégorie des républiques, plutôt que dans celle des monarchies. A la suite de terribles guerres civiles, la doctrine que le gouvernement est fait pour servir la communauté s'était affirmée en 1689, du moins en esprit, sinon en termes formels. Mais il s'en fallut de longtemps que cette doctrine fût mise pleinement en pratique par la nation, ou fût pleinement acceptée par ses chefs. Guillaume III n'était, en somme, qu'un politique étranger doublé d'un général, prêt à se soumettre aux excentricités de ses sujets pour avoir le droit d'employer leurs richesses et leurs armes en des guerres extérieures. Sur ce point, les aveux de Macaulay sont en curieux accord avec le portrait de Guillaume, tel qu'on le trouve dans les instructions récemment publiées de Louis XIV à ses ambassadeurs. La reine Anne croyait certainement à son droit quasi-divin. Quant à Georges 1ᵉʳ et Georges II, c'étaient, sous une apparence plus humble, des rois du même type que Guillaume, et qui pensaient que la seule forme convenable et légitime de gouvernement se rencontrait, non en Angleterre, mais dans le Hanovre. Dès que l'Angleterre eut en Georges III un prince plus occupé de politique anglaise que de guerre étrangère, on vit le chef de l'Etat répudier complètement la doctrine en cause ; et l'on ne saurait dire qu'elle ait été vraiment admise par aucun souverain d'Angleterre, sauf peut-être sous le présent règne. Et cependant, à l'heure même où l'horreur inspirée par la Révolution française était à son comble, le politicien qui aurait couru grand risque de poursuites s'il s'était avisé de porter un toast au peuple «comme à la seule source légitime du pouvoir,» eût toujours pu se tirer d'affaire en buvant «aux principes qui avaient placé la maison de Hanovre sur le trône.» Entre temps, ces principes devenaient de plus en plus la règle effective du gouvernement ; et Georges III n'était pas encore mort qu'ils avaient déjà commencé leur marche victorieuse en Europe.

Le gouvernement populaire, tel que les Anglais avaient été les premiers à le connaître, commença d'exciter de l'intérêt sur le continent, grâce à l'admiration qu'il sut inspirer en France à une certaine école de penseurs vers le milieu du dernier siècle. Dès l'abord, ce ne fut

pas la liberté anglaise qui attira leur sympathie, mais bien la tolérance anglaise, et surtout l'irréligion anglaise, l'une des phases les plus fugitives qu'ait traversées l'esprit d'une partie du peuple, mais aussi l'un des phénomènes les plus frappants pour un observateur

Henry Sumner Maine

étranger, à tel point que, au commencement de ce siècle, nous voyons Napoléon Bonaparte réclamer l'assistance du pape comme lui appartenant de droit, parce qu'il était l'ennemi du mécréant britannique. Graduellement, en France, les classes éclairées, aux pieds desquelles venaient s'instruire les classes supérieures du reste du continent, finirent par s'intéresser aux institutions politiques de l'Angleterre. Survinrent alors deux événements, dont l'un servit grandement à encourager, et l'autre, en fin de compte, à décourager grandement la tendance du gouvernement populaire à se répandre au loin. Le premier fut la fondation des Etats-Unis. La Constitution américaine est manifestement anglaise ; ceci pourrait se prouver - comme le remarque ingénieusement M. Freeman, - par ce fait seul qu'elle s'est bornée à prendre deux Chambres, au lieu d'une, ou trois, ou davantage, pour structure normale d'une Assemblée législative. Ce n'est, au fond, que la Constitution anglaise soigneusement adaptée aux besoins d'un groupe d'Anglais qui, n'ayant jamais eu à se préoccuper beaucoup d'un roi héréditaire ou d'une aristocratie de naissance, s'étaient déterminés à se passer entièrement de l'un et de l'autre. La République américaine a fortement influé sur la faveur qui entoura bientôt le gouvernement populaire. Elle renversait la croyance, jadis universelle, qu'une république ne pouvait gouverner un large territoire et qu'un gouvernement essentiellement républicain ne pouvait avoir de stabilité. Mais dès le début, cette République devint intéressante pour de bien autres raisons. Il devint alors possible, pour les Européens du continent, d'admirer le gouvernement populaire sans se soumettre à l'amère nécessité d'admirer les Anglais, qui étaient, hier encore, la nation la plus impopulaire de l'Europe. Ceux des Français, entre antres, qui étaient venus personnellement en aide aux *insurgents* américains, et sans le secours desquels ces derniers n'auraient peut-être pu conquérir leur indépendance, admiraient naturellement les institutions qui étaient indirectement leur œuvre. Quant aux français qui n'avaient pas servi en Amérique, ils croyaient voir la physionomie du nouveau citoyen américain se refléter dans celle de Franklin, qui plaisait aux disciples de Voltaire parce qu'il ne croyait à rien, et aux disciples de Rousseau parce qu'il portait un habit de quaker. - L'autre événement qui ait fortement influencé la fortune du gouvernement populaire, est la Révolution française, qui, à la longue, finit par en faire un objet d'horreur. Les Français, dans leur nouvelle Constitution, prirent d'abord pour modèle les Anglais, puis les Américains, mais dans l'un et l'autre cas, en s'écartant notablement de l'original. Et dans les deux cas le résultat fut un avortement déplorable. Il fallut longtemps à la liberté pour se relever du discrédit où l'avait plongé le règne de la Terreur. En Angleterre, l'antipathie de la Révolution ne cessa d'influer sur la politique jusqu'en 1830. Mais au dehors, il y eut un retour au type primitif du gouvernement populaire dès 1814 et 1815 ; et l'on crut possible de combiner l'ordre avec la liberté en copiant, sauf de très légers changements, la Constitution britannique. De ces aspirations à la liberté, mêlées de répulsion pour les expériences des Français en cette matière, surgit l'état d'opinion qui a donné naissance au mouvement constitutionnel du continent. Le modèle politique offert par l'Angleterre fut adopté en France, en Espagne et en Portugal, en Hollande et en Belgique alors unies sous le nom de Royaume des Pays-Bas ; puis, après un long intervalle, en Allemagne, en Italie, et en Autriche.

Le principe moderne du gouvernement populaire s'est donc affirmé il y a moins de deux siècles. Les applications pratiques de ce principe, en dehors des îles anglaises et de leurs dépendances, n'ont pas tout à fait un siècle de date. Quelle est, depuis lors, l'histoire politique des communautés où ce principe s'impose à des degrés divers ? C'est évidemment là une étude d'une grande importance et d'un grand intérêt. Mais quoiqu'il soit aisé d'en réunir les matériaux, rien même qu'en mettant largement à contribution la mémoire de la génération présente, cette étude s'entreprend bien rarement et ne se poursuit jamais que d'une façon très imparfaite. Je ne l'aborde ici, à mon tour, qu'afin de vérifier, sans insister plus que de raison, à quel point l'expérience actuelle vient appuyer l'hypothèse courante aujourd'hui, que le gouvernement populaire est de nature à durer indéfiniment.

Prenons d'abord la France qui, après avoir débuté par l'imitation du type anglais, a fini par

adopter le modèle américain. Depuis l'introduction de la liberté politique en France, le gouvernement existant, nominalement investi de tous les pouvoirs de l'Etat, a été trois fois renversé par la plèbe de Paris, en 1792, en 1830 et en 1848. Il a été trois autres

Henry Sumner Maine

fois renversé par l'armée : d'abord an 1797, le 4 septembre (18 fructidor), jour où la majorité des Directeurs, avec l'aide de la soldatesque, annula les élections de quarante-huit départements et déporta cinquante-six membres des deux Assemblées, ainsi que deux de ses propres collègues. La. seconde Révolution militaire fut effectuée par le premier des Bonaparte, le 9 novembre (18 brumaire) 1799 ; et la troisième par le second des Bonaparte, le 2 décembre 1851. Le gouvernement a été aussi détruit trois fois par l'invasion étrangère, en 1814, en 1815, et en 1870 ; et, chaque fois, l'invasion a été provoquée par une agression française avec le concours sympathique de tout le peuple français. En somme, si l'on met de côté la période anormale qui va de 1870 à 1886, la France, depuis qu'elle s'est lancée dans les expériences politiques, compte quarante-quatre années de liberté et trente-sept années de ferme dictature [1]. Mais il ne faut pas oublier, et ce n'est pas la moindre curiosité de cette période, que les Bourbons de la branche aînée, tout en accordant en pratique un jeu très large à la liberté politique, ne voulurent jamais admettre expressément la théorie moderne du gouvernement populaire, tandis que les Bonaparte, qui proclamaient la théorie sans restriction, surent maintenir en réalité un despotisme rigide.

Le gouvernement populaire fut introduit en Espagne juste à l'heure où la fortune de la guerre se déclarait décidément en faveur de Wellington et de l'armée anglaise. Les Cortès extraordinaires signèrent à Cadix une Constitution, depuis lors fameuse dans la politique espagnole sous le nom de Constitution de 1812, et dont le premier article déclarait que la souveraineté réside dans la nation. Ferdinand VII, en rentrant de France en Espagne, répudia cette Constitution, la dénonça comme empreinte de jacobinisme, et, pendant près de six ans, régna en monarque aussi absolu qu'aucun de ses pères. Mais, en 1820, le général Riego, qui commandait un nombreux corps de troupes aux environs de Cadix, se mit à la tête d'une insurrection militaire, à laquelle se joignit la plèbe, et le roi dut se soumettre à la Constitution de 1812. En 1823, apparut l'invasion étrangère ; les armées françaises entrèrent en Espagne à l'instigation de la Sainte-Alliance, et rétablirent le despotisme de

---

1 Je compte, parmi ces trente-sept ans, l'intervalle compris entre septembre 1797 et novembre 1799.

Chapitre I : L'AVENIR DU GOUVERNEMENT POPULAIRE

Ferdinand, qui dura jusqu'à sa mort.. Le gouvernement populaire fut toutefois réinstallé par sa veuve, alors régente au nom de sa fille, sans doute dans le but de fortifier les titres d'Isabelle au trône contre ceux de son oncle, don Carlos. Il est probablement inutile d'insister en détail sur l'histoire ultérieure de l'Espagne. On rencontre dans l'Amérique du Sud certains pays où le peuple, pour marquer les événements, remonte, non à la date des grands tremblements de terre, mais aux quelques années où, par une rare occurrence, aucune trépidation ne s'est produite. D'après ce système, nous pouvons noter que, durant les neuf années qui suivirent 1845 et les neuf années qui suivirent 1857, il y eut une absence relative, quoique non absolue, d'insurrection militaire en Espagne. Et quant au reste de son histoire politique, d'après mon calcul, entre le premier établissement populaire en 1812 et l'accession du dernier roi, il n'y a pas eu moins de quarante soulèvements militaires de nature grave, à la plupart desquels s'est associée la plèbe. Neuf d'entre eux ont parfaitement réussi, soit à renverser la Constitution du moment, soit à bouleverser les principes suivant lesquels on l'administrait. Je n'ai pas besoin de dire que la reine régente Christine et sa fille Isabelle furent chassées d'Espagne par l'armée ou la flotte, avec le concours de la plèbe, et que le dernier roi, don Alphonse, avait été placé sur le trône par un *pronunciamento* militaire, à la fin de 1874. On croit généralement qu'il ne gardait sa position depuis 1875 que grâce à une politique d'un nouveau genre : dès qu'il se tenait pour assuré que l'armée était sérieusement mécontente, il changeait son ministère.

Les véritables débuts du gouvernement populaire ou parlementaire en Allemagne et dans les domaines du gouvernement autrichien, ailleurs qu'en Hongrie, ne sauraient être placés au delà de 1848. L'intérêt de la politique allemande, de 1815 à cette même année, repose uniquement sur les plaintes de plus en plus faibles que faisaient entendre les communautés allemandes, s'efforçant de pousser leurs princes à exécuter les promesses de constitution qui leur avaient échappé durant la guerre de l'indépendance, et sur les efforts des princes pour esquiver leurs engagements. François II exprimait à sa manière le sentiment général lorsqu'il disait, en s'adressant à la Diète hongroise : «*Totus mundus stultizat, et mult habere novas constitutiones.*» Sauf quelques exceptions

Henry Sumner Maine

insignifiantes parmi les petits Etats, il n'y eut pas d'institutions parlementaires en Allemagne, jusqu'au moment où le roi de Prusse accorda, juste à la Veille de 1848, la singulière forme de gouvernement constitutionnel qui ne survécut pas à cette année fatidique. Mais dès que la plèbe de Paris eut déchiré la charte constitutionnelle des Français et chassé le roi constitutionnel, la plèbe allemande, soutenue comme d'usage par l'armée, commença d'influer sur la politique germanique et autrichienne. Des assemblées nationales, sur le patron de l'assemblée française, furent convoquées à Berlin, à Vienne et à Francfort. Toutes, directement ou indirectement, furent dispersées par l'armée en moins d'un an. Les Constitutions plus récentes de l'Allemagne et de l'Autriche sont toutes d'origine royale. Si l'on considéra l'Europe, dans son ensemble, les expériences les plus durables en fait de gouvernement populaire sont celles qui ont été poursuivies, soit dans les petits Etats trop faibles pour se lancer dans des guerres étrangères, tels que la Hollande et la Belgique, ou dans les pays comme les Etats scandinaves, où règne la vieille tradition de la liberté politique. L'ancienne constitution de la Hongrie a trop souffert de la guerre civile pour qu'on en puisse rien dire de certain. Le Portugal, pendant un temps guère moins troublé que l'Espagne par les insurrections militaires, s'en est enfin débarrassé récemment ; quant à la Grèce, elle a déjà vu sa dynastie royale changée par la Révolution.

Si nous regardons maintenant hors de l'Europe et au delà du cercle des dépendances britanniques, les phénomènes se montrent à peu près les mêmes. La guerre civile de 1861-1865 aux Etats-Unis a été une guerre non moins révolutionnaire que celle de 1775-1782. Ce n'a été, en somme, qu'une guerre entreprise par les adhérents d'une certaine catégorie de principes et d'une certaine interprétation de la constitution, contre les partisans d'une autre catégorie de principes et d'une autre doctrine constitutionnelle. Il serait pourtant absurde de nier la stabilité relative du gouvernement des Etats-Unis, ce qui est un fait politique de première importance ; mais les conclusions qu'on en pourrait tirer se trouvent fort affaiblies, sinon complètement renversées, par le spectacle extraordinaire qu'offrent les nombreuses républiques échelonnées depuis la frontière du Mexique jusqu'au détroit de Magellan. Il me faudrait bien des pages, rien que pour résumer sommairement l'histoire des communautés hispano-américaines. Il en est. qui, pendant des périodes entières, durant même plusieurs années, se sont trouvées disputées par la populace et le militarisme ; puis sur lesquelles des tyrans, aussi brutaux que Caligula ou commode, régnaient comme un empereur romain au nom du peuple de Rome. Il suffira de rappeler que l'une d'elles, la Bolivie, dont on a beaucoup parlé récemment à cause de son rôle dans la guerre du Pacifique, a eu, sur quatorze présidents de république, treize présidents morts assassinés ou en exil [1]. On peut expliquer en partie l'inattention des politiciens anglais et européens pour cette série de faits si frappants et si instructifs dans leur monotonie : l'espagnol, - bien qu'étant la langue la plus répandue du monde civilisé après l'anglais, - n'est guère lu ni parlé en Angleterre, en France ou en Allemagne. On rencontre cependant des théories qui prétendent expliquer la confusion politique universelle, qui a, par moments, régné presque sans intermittence dans l'Amérique centrale et méridionale, sauf au Chili et au Brésil. On nous dit que le peuple est, dans une très grande mesure, de sang indien et qu'il a été élevé dans le catholicisme romain. Ce seraient là des arguments plausibles, si les personnes qui les adoptent étaient prêtes à soutenir qu'une éducation politique exceptionnelle ou toute spéciale est essentielle au fonctionnement satisfaisant du gouvernement populaire ; mais ils émanent de gens persuadés qu'il existe partout au moins une forte présomption en faveur du gouvernement démocratique. Quant à l'Eglise romaine, quoi que l'on puisse objecter contre ses dogmes, nous devrions au moins nous souvenir qu'elle est avant tout une grande école d'égalité.

Je crois avoir ainsi brièvement esquissé l'histoire actuelle du gouvernement populaire, depuis son introduction, sous sa forme moderne, dans le monde civilisé. Je cherche à établir les faits, non pour y trouver matière à se congratuler ou à se lamenter, mais simplement comme autant de matériaux pour se former une opinion. Il est manifeste que, dans la mesure où nous en avons connaissance, ils ne viennent guère à l'appui de l'hypothèse que le gouvernement populaire aurait un avenir indéfini devant lui. L'expérience tend plutôt à montrer qu'il se caractérise par une grande fragilité, et que, depuis son apparition, toutes les formes

---

1 Barros de Arana, Guerre du Pacifique. Paris, Dumaine, 1881, t. Ier, p. 33.

Henry Sumner Maine

de gouvernement sont devenues moins solides qu'elles ne l'étaient auparavant. Le vrai motif pour lequel on tente si rarement d'observer et de réunir les faits, pourtant bien accessibles, dont je viens de parler, est que les enthousiastes du gouvernement populaire, surtout quand il repose sur un suffrage à large base, sont animés à peu près du même esprit que les dévots du légitimisme. Ils supposent que leur principe possède une sanction antérieure au fait ; il ne leur vient point à l'idée que ce principe puisse être en aucune façon invalidé par les violations qu'il subit en pratique, violations qui constituent simplement pour eux autant de péchés contre le droit imprescriptible. Les partisans convaincus de la démocratie s'inquiètent peu des exemples qui montrent l'instabilité des gouvernements démocratiques. Ce ne sont là que des triomphes isolés du principe du mal. Mais telle ne sera pas la conclusion de qui étudiera froidement l'histoire. Il notera plutôt comme un fait digne de notre plus sérieuse attention que, depuis le siècle où les empereurs romains se trouvèrent à la merci de la soldatesque pré- torienne, le monde n'a jamais vu d'insécurité pareille à celle des gouvernements, depuis que leurs chefs sont devenus les délégués de la communauté.

Est-il possible de trouver les causes de ce singulier manque d'équilibre des temps modernes ? On le peut, à mon sens, dans une certaine mesure. Il faut remarquer que depuis le commencement du siècle présent, deux sentiments nationaux bien distincts agissent sur l'Europe occidentale. Pour les appeler du nom que leur donnent ceux qui les détestent, l'un est l'Impérialisme et l'autre le Radicalisme. Ce ne sont rien moins que des formes d'opinion d'origine purement britannique. Ce sont des sentiments qui s'étendent avec la civilisation. Presque tous les hommes d'aujourd'hui désirent anxieusement que leur pays soit respecté de tout le monde, ne dépende de personne, et jouisse de toute la grandeur, sinon de tout l'ascendant possible. Mais cette passion pour la dignité nationale marche de pair avec le désir de la foule, auquel acquiesce de plus en plus la minorité, de posséder une part du pouvoir politique, sous le nom de liberté, et de gouverner par l'intermédiaire de chefs qui soient ses délégués. Les deux créations politiques les plus nouvelles et les plus marquantes de l'Europe, l'Empire d'Allemagne et le Royaume d'Italie, sont le produit de ces deux forces multipliées l'une par l'autre. Mais pour atteindre le premier but, le rang impérial, il est indispensable d'entretenir de grandes armées et de grandes flottes ; et, de jour en jour, la nécessité s'accroît d'avoir sous les armes une quantité d'hommes presque égale à la totalité des mâles à la fleur de l'âge. Or, il reste encore à voir comment les grandes armées permanentes pourront s'accorder avec un gouvernement populaire reposant sur une large base de suffrage. On ne saurait rêver deux organismes plus opposés l'un à l'autre qu'une armée disciplinée, équipée scientifiquement, et une nation gouvernée démocratiquement. La vertu militaire par excellence est l'obéissance ; la faute militaire la plus grave, la lenteur à obéir. Il est défendu de se refuser à exécuter un ordre, même avec la conviction la plus énergique de son inopportunité. Mais le premier des droits, pour le démocrate, est le droit de critiquer ses supérieurs. L'opinion publique, qui implique la censure non moins que l'éloge, est la force motrice des sociétés démocratiques. Les maximes dirigeantes des deux systèmes se contredisent nettement l'une l'autre, et qui voudrait leur obéir loyalement à la fois verrait se scinder en deux sa propre constitution morale. On s'est aperçu, à la suite d'expériences récentes, que plus les institutions civiles sont populaires, plus il devient difficile d'empêcher l'armée de se mêler de politique. Les insurrections militaires sont concertées par des officiers, mais pas avant que chaque soldat n'ait découvert que sa part de puissance, en tant qu'unité dans le régiment, vaut bien mieux que sa miette de pouvoir, en tant qu'unité dans un collège électoral. Les révoltes militaires sont d'occurrence universelle ; mais elles se sont produites en Espagne et dans les pays de langue espagnole, en nombre beaucoup plus grand que partout ailleurs. On a proposé des explications fort ingénieuses de ce phénomène, mais la seule explication manifeste est l'Habitude. Une armée qui est intervenue une première fois dans la politique éprouve une vive tentation d'y intervenir de nouveau. C'est un procédé bien plus aisé et bien plus effectif pour faire prévaloir son opinion que de s'en rapporter au scrutin, outre que le résultat est beaucoup plus profitable pour les instigateurs. A quoi je puis ajouter que, malgré la haute improbabilité de l'intervention militaire dans certains pays, il n'en est probablement aucun, sauf les Etats-Unis, où l'armée ne pourrait contrôler le Gouvernement, si elle était unanime et si

Henry Sumner Maine

elle conservait la disposition de son matériel militaire.

Les gouvernements populaires ont été, à mainte reprise, renversés par l'Armée et la Plèbe coalisées ; mais, en somme, la destruction violente de ces gouvernements a été l'œuvre de l'armée, quand ils avaient atteint leur forme la plus extrême, tandis que sous leur forme la plus modérée, ils ont eu la plèbe pour principal assaillant. Il faut observer ici que, depuis une date toute récente, la plèbe a changé matériellement son caractère et son mode d'attaque. La populace représentait, autrefois, une portion de société à l'état de dissolution, une masse d'individus qui, pour l'heure, s'étaient soustraits aux liens qui rattachent du haut en bas la société. Elle pouvait éprouver une préférence assez vague pour telle ou telle cause politique ou religieuse, mais l'esprit qui l'animait était surtout l'esprit de la destruction, ou du désordre, ou de la panique. Puis, les plèbes ont fini par devenir de plus en plus l'organe d'une opinion définie. La plèbe espagnole a tour à tour, il est vrai, porté impartialement toutes les couleurs ; mais la plèbe française qui renversa le gouvernement des Bourbons de la branche aînée, en 1830, tout en ayant spécialement pour but le désir de contrecarrer les mesures agressives du roi, éprouvait en outre un certain penchant vers l'ultra-radicalisme ou républicanisme, tendance qui se manifesta fortement dans les mouvements insurrectionnels qui suivirent l'accession de Louis-Philippe au trône. La plèbe qui, en 1848, renversa le gouvernement des Bourbons de la branche cadette se proposait d'établir une République ; mais elle avait aussi quelque propension au socialisme. Quant à la terrible insurrection populaire de 1848, elle fut entièrement socialiste. A présent même, partout où, en Europe, s'élève une perturbation analogue à celle que créaient autrefois les agissements de la vieille plèbe, elle est toujours dans l'intérêt des partis qui s'intitulent «irréconciliables,» et qui refusent de soumettre leur opinion à l'arbitrage du gouvernement, quelque étendu que soit le suffrage populaire sur lequel il se base. Mais, outre son caractère, la plèbe a changé son armement. Elle n'arrivait autrefois à opérer ses ravages que par la force indisciplinée du nombre. Puis, la plèbe de Paris, la plus victorieuse de toutes les plèbes, a dû ses meilleurs succès aux barricades. Elle a maintenant perdu cet avantage ; et la génération qui arrive à maturité n'aura peut-être jamais eu l'occasion d'apprendre que le

Chapitre I : L'AVENIR DU GOUVERNEMENT POPULAIRE

Paris d'aujourd'hui a été reconstruit entièrement dans le but de rendre pour jamais impossible la barricade de pavés traditionnelle dans les rues étroites de la cité démolie. Cependant, encore plus récemment, la plèbe s'est procuré de nouvelles armes. Durant le dernier quart de siècle, une grande partie, la plus grande peut-être, des facultés inventives de l'humanité, s'est adonnée à l'art de la destruction ; et parmi les modes nouvellement découverts de mettre un terme à la vie humaine sur une large échelle, le plus effectif, le plus terrible est le maniement de produits explosibles, hier encore complètement inconnus. La bombe de nitroglycérine et le paquet de dynamite ne caractérisent pas moins les nouveaux ennemis du gouvernement que leurs opinions irréconciliables.

Il ne saurait y avoir un «signe du temps» plus formidable et plus menaçant, pour le gouvernement populaire, que la naissance de groupes irréconciliables dans la masse de la population. L'Eglise et l'Etat courent également le risque d'être bouleversés par eux ; mais dans la vie civile, les Irréconciliables représentent des associations d'individus qui professent aujourd'hui leurs opinions politiques avec la même ardeur que l'on professait autrefois les opinions religieuses. Ils s'attachent à leur *credo* avec l'intensité de foi, l'immunité du doute, l'attente confiante d'un bonheur prochain, qui caractérisent les disciples d'une doctrine dans l'enfance. Ils sont indubitablement un produit du sentiment démocratique ; ils lui ont emprunté sa promesse d'une ère nouvelle et bienfaisante presque à notre portée ; mais ils insistent pour l'exécution immédiate des engagements, et refusent absolument d'attendre jusqu'à ce qu'une majorité populaire vienne réaliser effectivement leur espoir. D'ailleurs, le vote d'une pareille majorité perdrait, à leurs yeux, toute autorité, si elle sanctionnait le moindre écart de leurs principes. Il est possible, et même vraisemblable, que si les Russes possédaient demain le suffrage universel, ils consacreraient le gouvernement impérial à d'énormes majorités. Cependant les Nihilistes ne feraient pour cela grâce à l'empereur actuel, ni d'une bombe, ni d'une once de dynamite. Les Irréconciliables son naturellement en guerre avec les gouvernements de l'ancien type ; mais ces gouvernements ne prétendent point se concilier leur appui. En revanche, ils font partie du corps gouvernant des sociétés démocratiques, et, sur ce terrain dangereux, ils se trouvent en mesure d'infliger des blessures mortelle, aux gouvernements populaires. Au fond, il existe une analogie on ne peut plus étroite entre ces *credos* politiques dans l'enfance et les religions belliqueuses qui, même aujourd'hui, surgissent constamment en mainte partie du monde, - par exemple, celle des Taï-pings en Chine. Sans sortir de l'Angleterre, nous pouvons remarquer que les premiers Irréconciliables politiques furent des fanatiques d'un tempérament religieux : tels étaient, par exemple, les Indépendants et les Jacobites. Cromwell, qui, pour bien des raisons notoires, aurait pu être un personnage à une époque beaucoup plus récente, n'était qu'un Irréconciliable à la tête d'une armée ; et nous savons tous ce qu'il entait des Parlements, précurseurs des assemblées démocratiques de nos jours.

De tous les Irréconciliables modernes, les Nationalistes semblent les moins traitables, et, de tous les gouvernements, le gouvernement populaire semble le moins en mesure de leur tenir tête avec succès. Nul ne peut dire exactement ce qu'est le Nationalisme, et, au fond, le danger de cette théorie provient du vague de ses formules. Elle paraît grosse de germes de convulsions civiles pour l'avenir. Telle qu'on l'expose parfois, elle semble impliquer que les membres d'une race particulière souffrent d'une injustice, s'ils se trouvent placés sous le régime des institutions politiques d'une autre race. Et ce mot «race» n'est pas moins ambigu que le mot «nationalité.» Les premiers philologues supposaient certainement que les branches de l'humanité qui parlent des langues de même souche se rattachaient d'une façon quelconque par le sang. Mais aucun savant ne croit aujourd'hui que ce soit là une vérité autre qu'approximative ; car la conquête, le voisinage, l'ascendant d'une classe lettrée particulière, entrent pour autant dans la communauté de langue que la communauté de descendance. D'ailleurs, plusieurs des communautés qui réclament le bénéfice de la nouvelle théorie n'y ont absolument aucun titre. Les Irlandais sont une race extrêmement mêlée, et ce n'est que par une perversion de mot, que l'on peut appliquer aux Italiens ce nom de race. Le fait est que toute fraction de société politique qui a suivi une histoire quelque peu différente du reste de l'ensemble peut prendre avantage de la théorie pour proclamer son indépendance et menacer ainsi de démembrement la société tout entière. Partout où l'autorité royale conserve encore quelque vigueur, elle peut, dans une certaine mesure, répondre à cette demande. Presque tous

les Etats civilisés tirent leur unité nationale d'une sujétion commune, passé ou présente, au pouvoir royal. Les Américains des Etats-Unis, par exemple, forment une nation, parce qu'ils obéissaient jadis à un même souverain. De là vient encore que des races mélangées, comme celles qui composent la monarchie austro-hongroise, peuvent être reliées, au moins temporairement, par l'autorité de l'Empereur-Roi. Mais les démocraties sont absolument paralysées par la revendication du droit de Nationalité. Il n'est pas de mode plus efficace de les attaquer que d'admettre le droit de la majorité à gouverner, tout en niant que la majorité à qui revient ce droit soit la majorité particulière qui l'exerce.

Les difficultés modernes du gouvernement populaire, qui proviennent de l'esprit militaire et du progrès des partis irréconciliables, n'auraient peut-être pu s'apprécier sans les leçons actuelles de l'expérience. Mais il est d'autres difficultés que l'on aurait pu deviner, parce qu'elles procèdent de la nature inhérente à la démocratie. En essayant d'en signaler quelques-unes, je tâcherai d'éliminer celles que suggèrent simplement l'antipathie ou la crainte. Celles que je me propose de spécifier ont été prévues en réalité, il y a plus de deux siècles, par le puissant esprit de Hobbes, et l'on verra combien son analyse pénétrante jette de lumière sur certains phénomènes politiques de nos jours.

La liberté politique, dit Hobbes, n'est autre que le pouvoir politique. Quand un homme brûle d'être libre, il n'aspire pas à la «liberté désolée de l'âne sauvage;» ce qu'il lui faut, c'est une part du gouvernement. Or, dans les grandes démocraties, le pouvoir politique est comme réduit en morceaux minimes, et la part de chaque individu devient presque infinitésimale. L'un des premiers résultats de cette pulvérisation politique a été signalé par le Juge Stephen dans un ouvrage antérieur à celui que nous avons cité plus haut. Il revient à dire, en somme, que les deux mots d'ordre de la démocratie s'excluent réciproquement, et que là où règne la Liberté politique, il ne saurait y avoir d'Egalité [1].

---

1 Sir James F. Stephen, *Liberty, Fraternity and Egality*. Londres, - Smith, Elder, 1873, p. 239.

Henry Sumner Maine

«L'individu qui peut amonceler le plus grand nombre de fragments politiques en un seul tas gouvernera le reste. L'homme le plus fort sous une forme ou sous une autre, prendra toujours la direction. Si le gouvernement est militaire, les qualités qui font d'un homme un grand soldat feront de lui le chef de l'Etat. Si le gouvernement est une monarchie, les qualités que les rois apprécient le plus dans leurs conseillers, leurs administrateurs, leurs généraux, lui donneront le pouvoir. Dans une démocratie pure, la classe dirigeante sera celle des gens qui tiennent en mains les fils politiques [1], et celle de leurs amis ; mais ils ne seront pas plus sur le pied d'égalité avec le peuple que des soldats ou des ministres d'Etat ne sont sur le pied d'égalité avec les sujets d'une monarchie... A de certains moments un caractère énergique, en d'autres l'astuce, en d'autres la capacité des affaires, en d'autres l'éloquence, en d'autres la possession des lieux communs et la facilité de s'en servir dans un but pratique, permettant à un homme de grimper sur l'épaule de ses voisins et de les diriger en tel ou tel sens ; mais dans tous les cas, ceux qui sont dans le rang suivent la direction de chefs d'une provenance ou d'une autre, qui prennent le commandement de la force collective.»

Il est indubitable que, dans les gouvernements populaires qui reposent sur un large suffrage, et qui n'ont pas d'armée ou qui n'ont pas à craindre de la leur une intervention brutale, le chef tiendra les fils de la politique, quelle que soit la mesure de son astuce ou de son éloquence, ou simplement sa richesse en lieux-communs. Le système qui consiste à hacher le pouvoir en menus fragments, trouve dans ce personnage sa création la plus remarquable. Les bribes de pouvoir sont si minimes, que les individus, abandonnés à eux-mêmes, n'attachent aucun prix à leur utilisation. En Angleterre, on les vendrait sur une grande échelle si la loi le permettait ; aux Etats-Unis on en trafique couramment, en dépit de la loi; et, en France, le nombre des «abstentions,» quoique moindre qu'en Angleterre, montre le peu de valeur qu'on attribue au vote. Mais le chiffonnier politique qui collige et utilise ces fragments est l'homme qui tient en main tous les fils. Je crois cependant qu'en Angleterre on va trop loin quand on le représente d'habitude comme un simple régisseur,

1 [*Wire-Pullers*, «tireurs de ficelles.» Cette expression, que l'auteur emploie fréquemment, est empruntée au langage usité dans les coulisses de la politique américaine, où l'on tient l'électeur pour une simple *marionnette*. Nous la traduisons d'ordinaire par le mot *impresario*.]

Chapitre I : L'AVENIR DU GOUVERNEMENT POPULAIRE

auteur, et directeur de la scène. La machine spéciale qu'il construit pour son usage n'est sans doute pas sans grande importance. On a très justement fait observer que le mécanisme politique installé récemment en Angleterre offrait une étroite ressemblance avec le système du Méthodisme wesleyen. Ce dernier système, toutefois, n'existe que pour tenir allumé l'esprit de la Grâce, tandis que l'autre a pour but de maintenir l'esprit de parti à la température de la chaleur blanche. Ce type d'impresario, tenant en main toutes les ficelles, serait inintelligible si nous ne faisions entrer en ligne de compte l'une des forces qui agissent le plus tyranniquement sur la nature humaine, - l'esprit de parti. L'esprit de parti est probablement bien plutôt une survivance du caractère agressif de l'humanité primitive, que l'effet de différences consciente et intellectuelles d'homme à homme. C'est, par essence, le même sentiment qui, dans certains états de société, conduit à la guerre civile, intertribale ou internationale ; et il est aussi universel que l'humanité. On peut même l'étudier mieux dans ses manifestations les plus irrationnelles que dans celles auxquelles nous sommes habitués. On prétend que les sauvages d'Australie traverseront la moitié du continent australien pour venir se ranger à côté de combattants qui portent le même *totem* qu'eux. Deux factions irlandaises, qui se sont brisé réciproquement le crâne par toute l'étendue de leur île, prirent, dit-on, naissance dans une querelle à propos de la couleur d'une vache. Dans l'Inde méridionale, une suite ininterrompue de rixes dangereuses proviennent de la rivalité de partis qui ne savent rien de plus sur le compte l'un de l'autre, sinon que les uns appartiennent au parti de la main droite et les autres au parti de la main gauche. En Angleterre même, on voit un beau jour, chaque année, bon nombre de jeunes femmes et de *gentlemen* qui n'ont aucune raison sérieuse de préférer l'une de nos universités à l'autre, arborer des couleurs bleu foncé ou bleu clair pour témoigner de leurs souhaits fervents en faveur d'Oxford ou de Cambridge, dans une partie de cricket ou dans une course à l'aviron. Les divergences de partis proprement. dites sont censées trahir des préférences intellectuelles, morales, ou historiques ; mais elles ne pénètrent guère dans le sein même de la masse populaire, et pour le gros de leurs partisans, elles sont à peine compréhensibles, outre qu'elles sont bientôt oubliées. Les noms de «Guelfe» et de «Gibelin» eurent

Henry Sumner Maine

jadis leur signification ; mais quantité de citoyens se sont vus bannir, à perpétuité, de leur terre natale pour avoir appartenu à l'un ou à l'autre de ces partis, alors que depuis longtemps nul ne savait en quoi consistait leur différence. Il y a des gens qui sont Whigs ou Tories par conviction sincère ; mais des milliers et des milliers d'électeurs votent simplement bleu, jaune [1] ou rouge, sans autre motif que de répondre aux objurgations véhémentes de quelque orateur populaire.

C'est sur cette grande tendance naturelle à se ranger d'un côté ou de l'autre, que table l'impresario politique. Sans elle, il serait totalement impuissant. Son rôle est d'en activer la flamme ; de garder sous son action constante l'homme qui a fait une fois dans sa vie profession de parti ; de lui en rendre l'évasion aussi difficile que désagréable. Son art ressemble à celui du prédicateur dissident qui procure de l'importance à un corps de sectateurs vulgaires en leur persuadant d'arborer un uniforme et de prendre un titre militaire ; ou encore, à l'habileté de l'homme qui a fait le succès d'une société de tempérance, en obtenant de ses membres qu'ils porteraient toujours ostensiblement un ruban bleu. A la longue, ces subterfuges ou procédés ne peuvent se confiner dans un seul parti. Leur influence sur tous les autres partis, sur les chefs et sur l'ensemble de la démocratie dirigeante, doit devenir aussi sérieuse que durable. Leur premier effet sera, j'imagine, de rendre tous les partis éminemment semblables l'un à l'autre, voire même à la fin presque impossibles à distinguer, encore que les chefs puissent continuer à se quereller, et les partisans à se détester réciproquement. En second lieu, chaque parti deviendra probablement de plus en plus homogène ; et les opinions qu'il professe, comme la politique qui résulte de ces opinions, réfléchiront de moins en moins les idées personnelles d'un chef quelconque, mais simplement les doctrines qui semblent, aux yeux du chef, de nature à gagner vraisemblablement la faveur du plus grand nombre d'adhérents. En dernier lieu, ce système de ficelles politiques, une fois parvenu à son complet développement, conduira infailliblement à l'extension constante de l'aire où se récoltent les suffrages. Ce

1 [Le jaune était autrefois, dit-on, la couleur des *Whigs* en mémoire du prince d'Orange, Guillaume III ; et le bleu, celle des *Tories*. Puis les Whigs ont adopté un mélange de bleu et de jaune, en proportion variée, qui doit être probablement un symbole de conciliation]

Chapitre I : L'AVENIR DU GOUVERNEMENT POPULAIRE

44

que l'on appelle suffrage universel a grandement baissé dans l'estime, non seulement des philosophes qui se rattachent à l'école de Bentham, mais même des théoriciens *a priori,* qui, après avoir posé jadis en principe qu'il était l'accessoire obligé d'une République, ont fini par reconnaître qu'en pratique il devenait la base naturelle d'une véritable tyrannie. Mais les extensions de suffrage, bien qu'on ne les regarde plus aujourd'hui comme bonnes en elles-mêmes, occupent une place permanente dans l'arsenal des partis, et deviendront sûrement l'arme favorite du politicien. Les hommes d'Etat athéniens, qui, ayant eu le dessous dans un conflit avec des factions aristocratiques, «associèrent le peuple à leurs projets,» offrent une étroite ressemblance avec les politiciens anglais qui introduisent aujourd'hui le suffrage des chefs de famille, d'abord dans les villes, pour «enfoncer [1]» un parti, puis dans les comtés pour «enfoncer» l'autre.

Supposons maintenant que la compétition des partis, stimulée à l'extrême par les roueries de l'impresario moderne, ait engendré un système électoral sous le régime duquel chaque mâle adulte, et peut-être chaque femme adulte, ait un droit de vote. Imaginons que le nouveau mécanisme ait extrait son vote de chacun de ces électeurs : comment exprimerons-nous le résultat de l'opération ? En disant simplement que l'on a obtenu l'opinion moyenne d'une grande multitude, et que cette opinion moyenne va devenir la base et le critérium de toute organisation, soit gouvernementale, soit légale. A peine existe-t-il un atome d'expérience qui puisse nous servir à deviner comment fonctionnera un pareil système, sauf aux yeux des gens qui se figurent que l'histoire commence à la date de leur propre naissance. Le suffrage universel des blancs aux Etats-Unis remonte à près de cinquante ans ; celui des blancs et des noirs, à moins de vingt ans. Les Français ont rejeté le suffrage universel après le règne de la Terreur ; deux fois on l'a vu revivre en France, afin que la tyrannie napoléonienne pût y prendre son point d'appui ; et il a été introduit en Allemagne pour consacrer le pouvoir personnel du prince de Bismarck. Mais l'une des idées les plus étranges qui se soient répandues dans le vulgaire est la persuasion qu'un suffrage appuyé sur une base extrêmement large pourrait ou voudrait travailler à l'avancement du progrès, au

1 [*To «dish,»* - écrser, enfoncer, - appartient à l'argot politique.]

Henry Sumner Maine

succès d'idées nouvelles, de nouvelles découvertes et inventions, de nouveaux arts de la vie. Un suffrage de ce genre s'allie d'ordinaire à la notion du radicalisme ; et, sans doute, au nombre de ses effets les plus certains serait la destruction des institutions existantes, sur une très vaste échelle. Mais les chances sont plutôt qu'à la longue il produirait une sorte de conservatisme désastreux, et griserait la société avec potion au prix de laquelle l'Eldonine serait une boisson salutaire [1]. Car, à quelle fin et vers quel état idéal tend le régime qui consiste à imprimer à la loi l'opinion moyenne de la communauté tout entière ? Le résultat auquel on parvient est identiquement celui que l'Eglise catholique romaine atteint en attribuant un caractère non moins sacré à l'opinion moyenne du monde chrétien. «*Quota semper, quod ubique, quod ab omnibus,*» telle était la règle de Vincent de Lérins. «*Securus judical orbis terrarum,*» ces mots résonnaient aux oreilles du futur cardinal Newman et produisirent sur son esprit les effets merveilleux que l'on sait. Mais un homme de bon sens a-t-il jamais supposé que ce soient là des maximes de progrès ? Les principes de législation qu'elles nous laissent entrevoir mettraient probablement fin à toute activité sociale et politique, et arrêteraient net dans son développement tout ce dont le souvenir s'est jamais associé à l'idée de libéralisme. Un moment de réflexion édifiera sur ce point quiconque possède une dose d'instruction suffisante, en lui montrant que ce n'est pas là une proposition trop aventurée. Reportez-vous en pensée aux grandes époques d'inventions scientifiques et de changement social, durant les deux derniers siècles, et voyez ce qui serait advenu si le suffrage universel se fût trouvé en vigueur à l'un de ces moments critiques. Le suffrage universel qui, aujourd'hui, chasse le libre échange des Etats-Unis, aurait certainement prohibé la Mule-Jenny et le métier mécanique. Il eût certainement interdit la machine à battre. Il eût empêché l'adoption du calendrier grégorien. Il eût restauré les Stuart. Il eût proscrit les catholiques romains avec la plèbe qui brûla l'hôtel et la bibliothèque de Lord Mansfield, en 1780, comme il eût proscrit les dissidents avec la plèbe qui brûla la demeure et la bibliothèque du docteur Priestley, en 1791.

Peut-être quelques personnes, sans nier la justesse de ces

---

1 [Allusion au conservatisme intense de Lord Eldon, chancelier d'Angleterre sour le règne de Georges IV.]

Chapitre I : L'AVENIR DU GOUVERNEMENT POPULAIRE

conclusions en ce qui regarde le

passé, imaginent-elles au fond que de pareilles bévues nous seront épargnées à l'avenir parce

que la communauté, déjà trop éclairée pour les commettre, le deviendra de plus en plus, grâce

à l'éducation populaire. Mais, sans discuter les avantages de l'éducation populaire, à de certains points de vue, sa tendance manifeste est de répandre des lieux communs dans l'esprit, à l'heure où il est le plus facilement impressionnable, et de stéréotyper ainsi l'opinion moyenne. Il se peut, bien entendu, que le suffrage universel ne soit plus aujourd'hui d'humeur à imposer aux gouvernements la législation qu'il leur eût infailliblement dictée, il y a cent ans; mais nous ignorons nécessairement quels germes de progrès sociaux et matériels peuvent reposer encore dans le sein de l'avenir, et nous ne savons dans quelle mesure ils pourront heurter les préjugés populaires qui seront dorénavant tout-puissants. Nous possédons déjà juste assez de preuves pour montrer que, même aujourd'hui, il existe un antagonisme marqué entre les opinions démocratiques et les vérités scientifiques, appliquées aux sociétés humaines. Le point culminant de toute économie politique a été, dés le début, occupé par la théorie de la population. Cette théorie, aujourd'hui généralisée par Darwin et ses disciples, affirme en principe la survivance du plus capable ; et, comme telle, elle est devenue la vérité centrale de toute science biologique. Et cependant elle est évidemment antipathique à la multitude ; et ceux que la multitude veut bien mettre à sa tête la rejettent dans l'ombre. Elle est depuis longtemps profondément impopulaire en France et aux Etats-Unis ; et, même en Angleterre, les propositions faites pour lui donner une investiture officielle, en essayant de soulager la misère par l'émigration, sont visiblement supplantées par des projets fondés sur l'hypothèse que, grâce à l'action législative sur la société, une quantité de terres donnée pourra toujours alimenter et maintenir dans l'aisance la population qui, par suite des circonstances historiques, s'y est implantée.

Peut-être espère-t-on que cette opposition entre la démocratie et la science, qui, assurément, ne promet pas beaucoup de longévité au gouvernement populaire, pourra se trouver neutralisée par

Henry Sumner Maine

l'ascendant de chefs sérieusement instruits. Il se pourrait bien, au contraire, - et je ne crois pas l'assertion trop hasardée, - que celui qui se prétend ami de la démocratie, parce qu'il espère qu'elle suivra toujours une sage direction, soit, en réalité, qu'il le sache ou non, l'ennemi de la démocratie. Mais, en tout cas, les signes de notre temps sont loin d'être d'un augure favorable pour la perspective optimiste de voir passer un jour la direction des grandes multitudes aux mains d'hommes d'Etat plus sages qu'elles. Les rapports des chefs politiques avec leurs adhérents me paraissent subir un double changement. Les chefs peuvent être aussi capables et aussi éloquents qu'ils l'ont jamais été, et certes, on en voit qui paraissent posséder, à un degré sans précédent, «un merveilleux outillage de lieux communs et une rare facilité pour s'en servir.» Mais ils sont manifestement obligés d'appliquer l'oreille, dans une attente nerveuse, à l'extrémité d'un tube acoustique qui reçoit à l'autre bout les suggestions d'une intelligence inférieure. D'autre part, les sectateurs, qui ont en réalité la direction, s'impatientent manifestement devant les hésitations de leurs chefs nominaux et devant les résistances de leurs représentants. Je désire instamment ici me tenir en dehors des questions discutées entre les deux grands partis qui se partagent l'opinion publique en Angleterre ; mais assurément il me semble que, dans toute l'Europe continentale, et, dans une certaine mesure, aux Etats-Unis, les débats parlementaires deviennent de plus en plus une pure affaire de forme, une cérémonie superficielle ; qu'ils sont de plus en plus susceptibles de tourner court, d'être péremptoirement interrompus ; que les vrais ressorts de la politique se concentrent de plus en plus dans les clubs et dans des associations situées fort au-dessous du niveau d'une éducation élevée et d'une expérience supérieure. Il est, entre autres, un Etat ou groupe d'Etats dont la situation politique mérite une étude spéciale. Je veux parler de la Suisse ; que les esprits curieux des sciences politiques trouveront toujours avantage à observer comme offrant les dernières formes et les derniers résultats des expériences démocratiques. Il y a environ quarante ans, M. Grote, au moment même où il donnait au monde lettré les premiers volumes de son histoire de la Grèce, publiait *Sept lettres sur les récents événements politiques de la Suisse;*» il y motivait l'intérêt qu'il éprouvait pour les cantons suisses par ce fait

Chapitre I : L'AVENIR DU GOUVERNEMENT POPULAIRE

qu'ils présentaient, avec les anciens Etats de la Grèce, «une certaine analogie que l'on n'eût retrouvée nulle part ailleurs en Europe.» Or, si Grote avait une chose à cœur en écrivant son histoire, c'était assurément de montrer, par l'exemple de la démocratie athénienne, que les gouvernements vraiment populaires, loin de mériter le reproche d'inconstance, se caractérisent quelquefois par une extrême ténacité d'attachement, qu'ils suivront au besoin volontiers les conseils d'un chef éclairé, tel que Périclès, au prix de n'importe quelles souffrances, et que même ils se laisseront guider par un chef mal avisé, comme Nicias, jusqu'au bord de l'anéantissement. Mais il avait assez de perspicacité pour discerner en Suisse une institution tout particulièrement démocratique et de nature à tenter probablement les démocraties de se soustraire à une domination prudente et indépendante. Il parle avec la plus vive désapprobation d'une clause de la Constitution de Lucerne, d'après laquelle toutes les lois passées par le Conseil législatif devaient être soumises au vote du peuple dans tout le canton, pour obtenir sa sanction ou son veto. C'était là, à l'origine, une invention du parti ultra-catholique, et elle avait pour but de neutraliser l'opinion des catholiques libéraux en les assujettissant à l'opinion moyenne de toute la population cantonale. Un an après que M. Grote eut publié ses «*Sept lettres*,» éclatait en France la Révolution de 1848 ; et, trois ans plus tard, le renversement violent des institutions démocratiques établies par l'Assemblée nationale française fut approuvé, sous le nom de plébiscite, par le mode de vote qu'il avait condamné. Les objections des libéraux français contre le plébiscite, durant les vingt années de despotisme sévère que ce système valut à la France, m'ont toujours paru aller en réalité contre le principe même de la démocratie. Après les mésaventures de 1870, les Bonaparte et le plébiscite tombèrent également dans la plus profonde impopularité ; mais il est, à mon sens, impossible de douter que Gambetta, en provoquant une agitation en faveur du *scrutin de liste,* ait essayé de restaurer tout ce qu'il pouvait sauver du système de vote plébiscitaire. Entre temps, ce système est devenu, sous des formes diverses, l'une des caractéristiques de la Constitution suisse. Un article de la Constitution fédérale porte que, si cinquante mille citoyens suisses ayant le droit de voter demandent la revision, la question de savoir si la Constitution

Henry Sumner Maine

doit être revisée sera soumise à la votation du peuple suisse par «oui» ou par «non.» Un autre article établit que, sur la pétition de trente mille citoyens, n'importe quelle loi ou ordonnance fédérale qui n'est pas d'application urgente peut être soumise au *referendum,* c'est-à-dire au vote populaire. Ces diverses clauses, d'après lesquelles le pays tout entier doit être appelé à se prononcer, lorsqu'un certain nombre de votants désirent une mesure spéciale, ou exigent une sanction nouvelle pour une mesure déjà votée, me semblent destinées à un brillant avenir dans les sociétés gouvernées démocratiquement. Lorsque M. Labouchère déclarait à la Chambre des Communes, en 1882, que le peuple était fatigué du déluge des discussions et les remplacerait un jour par la consultation directe des collèges électoraux, il pouvait avancer à l'appui de son opinion plus de faits que ne le soupçonnaient peut-être ses auditeurs.

Ici, nous arrivons à la grande infirmité inhérente aux gouvernements populaires, infirmité facile à déduire du principe de Hobbes, que la liberté n'est autre chose que le pouvoir fragmenté. Les gouvernements populaires ne peuvent fonctionner qu'au moyen d'un procédé qui implique incidemment la subdivision ultérieure des bribes du pouvoir politique ; aussi la tendance de ces gouvernements, à mesure qu'ils élargissent leur base électorale, les abaisse-t-elle au niveau désormais invariable d'une opinion vulgaire qu'ils sont tenus d'adopter comme

critérium de législation et de politique. Les maux qu'engendrera vraisemblablement ce régime sont plutôt ceux qu'on associe avec l'ultra-conservatisme qu'avec l'ultra-radicalisme. Autant que nous l'enseigne l'expérience de l'espèce humaine, ce ne sont point des sociétés politiques modelées sur le type de ce que l'on appelle aujourd'hui *démocraties* qui ont jamais poursuivi sérieusement le progrès des choses humaines. «L'histoire,» dit Strauss, - et étant donné le rôle qu'il a joué en ce monde, c'est peut-être la dernière opinion qu'on eût pu attendre de lui, - «l'histoire est foncièrement aristocrate [1].» Il peut y avoir des oligarchies assez fermées et assez jalouses pour étouffer la pensée aussi complètement qu'un despote oriental, qui se trouve exercer, outre son pouvoir, le pontificat d'une

---

1 L'opinion de Strauss semble partagée par M. Renan. On la rencontre deux fois dans la pièce singulière qu'il intitule *Caliban* : «Toute civilisation est d'origine aristocratique» (p. 77). «Toute civilisation est l'œuvre des aristocrates» (p. 91).

Chapitre I : L'AVENIR DU GOUVERNEMENT POPULAIRE

religion ; mais le progrès de l'humanité s'est effectué jusqu'ici par l'élévation et la décadence d'aristocraties, tantôt par la formation d'une aristocratie au sein d'une autre, tantôt par la succession d'une aristocratie à une autre. On a vu de soi-disant démocraties rendre des services inappréciables à la civilisation, mais ce n'était que des formes particulières d'aristocraties.

La démocratie athénienne, - dont les jours furent si courts, et à l'abri de laquelle l'art, la science et la philosophie poussèrent une végétation si merveilleuse, - n'était qu'une aristocratie élevée sur les ruines d'une autre aristocratie beaucoup plus stricte. Les splendeurs qui attiraient à Athènes tout le génie original du monde alors civilisé s'alimentaient par l'imposition de taxes impitoyables sur un millier de cités sujettes ; et les travailleurs habiles qui, sous la direction de Phidias, bâtirent le Parthénon, étaient de simples esclaves.

On a souvent insisté sur les infirmités du gouvernement populaire, qui le portent parfois à détruire capricieusement au hasard ; aussi n'y a-t-il guère lieu de s'y arrêter. A la longue, la question la plus intéressante qu'elles suggèrent est de savoir à quels résultats sociaux le renversement progressif des institutions existantes promet de conduire l'humanité. Ici encore, je citerai M. Labouchère, dont les paroles ne perdent rien de leur valeur instructive, parce qu'on peut le soupçonner de prendre un certain plaisir malicieux à déclarer carrément ce que bien des gens, qui adoptent le même mot d'ordre politique, hésitent à dire en public, et n'oseraient même parfois s'avouer en leur propre particulier :

«On nous dit que les démocrates sont des rêveurs ; et pourquoi? parce qu'ils soutiennent que si le pouvoir était placé entre les mains du nombre, le nombre l'exercerait à son bénéfice. Mais ne serait-ce pas un rêve encore plus incohérent, de supposer que le nombre, qui possédera un jour le pouvoir, s'en servirait, non pour s'assurer ce qu'il regarde comme, de son intérêt, mais pour servir l'intérêt d'autrui ?... Imagine-t-on que les ouvriers de nos grandes villes manufacturières soient si satisfaits de leur position présente qu'ils s'empressent de courir au scrutin pour donner leur vote en faveur d'un système qui nous divise, au point de vue

Henry Sumner Maine

social, politique, économique, en classes différentes, et qui les relègue dans les bas-fonds, en leur laissant à peine la possibilité de s'élever d'un cran ? ... Son lot (celui du travailleur agricole) est-il donc si heureux qu'il se fasse un devoir de venir humblement et joyeusement marquer d'une croix le nom de l'individu qui lui déclare que son sort ne peut s'améliorer ? ... Nous savons que les artisans et les travailleurs agricoles abordent la considération des problèmes sociaux et politiques avec un esprit neuf et vigoureux. Pour le moment, nous demandons l'égalisation de la franchise électorale ; - nous demanderons ensuite une nouvelle répartition des districts électoraux, des élections à bon marché, l'indemnité des députés, et l'abolition des législateurs héréditaires. Quand vous nous aurez accordé nos demandes, nous vous remercierons, mais nous ne nous en tiendrons pas là ; au contraire, après avoir forgé un instrument solide pour la législation démocratique, nous saurons nous en servir [1].»

Ceux qui ont accusé M. Labouchère de rêver parce qu'il prédisait ainsi le cours probable, et définissait les principes naturels, de la future législation démocratique, me. paraissent bien injustes à son égard. Ses prévisions des événements politiques sont extrêmement rationnelles; et je ne puis que convenir avec lui qu'il serait absurde de supposer que, si les gens qui peinent, les besogneux, l'ouvrier des villes et le travailleur des champs, deviennent un jour les dépositaires du pouvoir, s'ils peuvent trouver des agents par l'intermédiaire desquels il leur soit possible de l'exercer, ils ne l'emploieraient pas pour ce qu'on leur fera croire être de leur propre intérêt. Mais quand on recherche si, indépendamment de l'alarme ou de l'enthousiasme qu'elles excitent dans certains esprits ou dans certaines classes, les institutions démocratiques contiennent un germe de dissolution, les spéculations de M. Labouchère deviennent précisément intéressantes juste à partir du point où il s'arrête. Quelle doit être la nature de la législation au moyen de laquelle le sort de l'ouvrier et du travailleur agricole doit non seulement s'améliorer, mais se remplacer par le degré d'élévation et de fortune qu'ils croiront possible de s'attribuer, de par leur propre autorité suprême ? Le langage de M. Labouchère, dans le passage

1 Fortnightly Review, 1er mars 1883.

Chapitre I : L'AVENIR DU GOUVERNEMENT POPULAIRE

déjà cité, et en d'autres parties de son article, ainsi que le langage de bien des gens qui s'accordent à croire avec lui qu'un gouvernement peut indéfiniment accroître le bonheur de l'homme, suggère indubitablement la conviction que le stock des biens de ce monde est pratiquement illimité sous le rapport de la quantité ; qu'il est (pour ainsi dire) renfermé dans un vaste magasin ou grenier ; et qu'à l'heure présente, on le distribue en portions inégales et en proportions injustes. C'est cette injustice et cette inégalité que la loi démocratique doit corriger quelque jour. Or, je n'ai point charge de nier qu'à différentes époques, durant l'histoire de l'humanité, des oligarchies étroites aient gardé beaucoup trop pour elles-mêmes les richesses de ce monde, - ou que des systèmes économiques erronés aient parfois diminué la somme totale de la richesse, et, par leur action indirecte, en aient amené la distribution irrationnelle. Rien n'est cependant plus certain que l'entière fausseté du tableau imaginaire qui enchaîne aux idées démocratiques les enthousiastes de la bienfaisance gouvernementale ; et il est positif que, si l'humanité tout entière tentait de repartager la masse commune des biens matériels, elle ressemblerait moins à un certain nombre de créanciers insistant sur l'égale division d'un capital, qu'à un équipage mutiné, banquetant avec les provisions de la cambuse, se gorgeant de viandes, se grisant de liquides fermentés, et refusant de manœuvrer le navire jusqu'au port. Il est au nombre des vérités économiques les plus simples que la partie de beaucoup la plus large des richesses de ce monde s'anéantit constamment par la consommation, et que si elle n'était renouvelée par une continuité perpétuelle de travail et d'entreprise aventureuse, l'espèce humaine, ou la communauté particulière qui essaierait de s'abandonner au repos, sans en avoir la reconnaissance, finirait bientôt par s'éteindre ou se trouverait bientôt à la veille de disparaître.

Cette thèse, bien qu'elle repose en partie sur une vérité dont on ne saurait d'habitude se rendre parfaitement compte, au dire de John Stuart Mill [1], si l'on n'a quelque peu creusé la matière, comporte une démonstration bien simple. C'était jadis une question débattue avec ardeur parmi les économistes que le point de savoir pourquoi les pays désolés par les guerres les plus destructrices se relevaient avec une rapidité si surprenante des ravages qu'ils avaient subis.

---

1 Mill, *Principles of Political Economy*. Londresm Longmans, I, 5, 5.

Henry Sumner Maine

«L'ennemi dévaste un pays par le fer et le feu, détruit ou emporte presque toute la richesse mobilière qui s'y trouve, et cependant, au bout de quelques années, tout y est à peu près dans le même état qu'auparavant.» Mill, adoptant ici l'opinion de Chalmers, nous offre de ce fait une explication décisive [1] : c'est que rien n'arrive en. pareil cas qui ne fût advenu en toute autre circonstance. «Ce que l'ennemi a détruit l'aurait été en peu de temps par les habitants eux-mêmes. La richesse qu'ils reproduisent si rapidement, il leur aurait fallu la reproduire, et ils l'auraient reproduite en tout cas, probablement même en un laps de temps aussi court.» En réalité, le fonds qui fournit à la subsistance de l'espèce humaine et de chaque société en particulier ne demeure jamais à l'état stationnaire. Il ne saurait pas plus se maintenir dans cet état qu'un nuage s'immobiliser dans le ciel au lieu de s'y dissoudre perpétuellement pour s'y reconstituer à nouveau. «Tout ce qui se produit se consume, aussi bien ce que l'on épargne que ce que l'on prétend dépenser, et l'un se dissipe aussi rapidement que l'autre.» La richesse de l'humanité est le résultat d'une évolution continue, partout complexe et délicate, mais nulle part d'une complexité et d'une délicatesse plus grandes que dans les Iles Britanniques. Tant que cette évolution se poursuit sous les influences ambiantes, ni tremblements de terre, ni inondations, ni guerres, ne peuvent, comme nous l'avons vu, parvenir à l'interrompre ; et, à chaque pas en avant, la richesse, qui périt et renaît tour à tour, tend à s'accroître. Mais si nous altérons le caractère ou si nous affaiblissons la force de ces influences, sommes-nous sûrs que la richesse ne diminuera pas, au point peut-être de s'anéantir ? Mill cite un seul cas d'exception à la résurrection d'un pays ravagé par la guerre. Il se peut que ce pays ait été dépeuplé, et s'il n'y a plus assez d'hommes pour entretenir la reproduction, elle s'arrête. Mais ne peut-elle être entravée par des incidents moins extrêmes que l'extermination d'un peuple ? Une expérience, aujourd'hui bien rare heureusement dans le monde, prouve que la richesse peut approcher presque l'anéantissement par suite d'une diminution d'énergie dans les mobiles qui poussent les hommes à la reproduire. Vous pouvez, pour ainsi dire, enlever aux travailleurs le cœur à l'ouvrage, si bien qu'ils ne se soucieront plus de travailler. Jeremy Bentham observait, il y a près d'un siècle,

---

[1] Ibid., I, 5, 7.

que le gouvernement turc avait, de son temps, appauvri quelques-uns des plus riches pays du monde, bien plus par son action sur les mobiles de la volonté que par ses exactions positives ; et il m'a toujours semblé que la destruction de l'immense richesse accumulée sous l'empire romain, l'un des gouvernements les mieux ordonnés et les plus efficaces qui aient jamais été, ainsi que la chute de l'Europe occidentale dans la destitution sordide et la pauvreté du Moyen Age, ne pouvaient se comprendre que par l'effet du même principe. L'insuffisance de la reproduction, à cause du relâchement des mobiles, a été jadis un phénomène quotidien en Orient ; et par là s'explique, aux yeux de qui étudie l'histoire asiatique, pourquoi, tout du long de son cours, la réputation des hommes d'Etat s'y confond toujours avec la notoriété de leurs aptitudes financières. Dans les premiers temps de la Compagnie des Indes orientales, les villages, «écrasés par des impôts dont l'assiette leur était trop lourde,» appelaient constamment l'attention du Gouvernement. Leurs taxes ne paraissaient pourtant pas excessives, d'après les règles fiscales du budget anglais ; mais elles étaient assez élevées pour décourager les mobiles du travail, de sorte que c'est à peine si l'on pouvait les recouvrer. Ce phénomène, toutefois, n'est pas l'apanage exclusif de l'Orient, où sans doute les mobiles du travail s'affectent plus facilement que dans les sociétés occidentales. En France, pas plus tard qu'à la fin du siècle dernier, quantité de paysans cessèrent de cultiver leurs terres et bon nombre d'ouvriers cessèrent de travailler, réduits qu'ils étaient au désespoir par les énormes réquisitions du Gouvernement révolutionnaire, pendant l'époque de la Terreur ; et, comme il fallait s'y attendre, on dut recourir aux lois pénales pour les forcer de retourner à leurs occupations ordinaires [1].

Il est, je crois, très possible, comme l'a montré récemment M. Herbert Spencer dans un admirable petit livre [2], de raviver, même de nos jours, la tyrannie fiscale qui faisait autrefois douter, même aux populations européennes que la vie valût la peine d'être entretenue à force de tourments et de privations [3]. Vous n'avez qu'à

---

1 Taine, Origines de la France contemporaine, La Révolution, t. III. Paris, Hachette). Voir p. 75 (note), pour les artisans, et p. 511 pour les cultivateurs.

2 *L'individu contre l'Etat*, trad. Gerschel. Paris, Alcan, 1885é

3 [Les gouvernements actuels, quoique plus ou moins parlementaires, offrent des

induire une partie du peuple en tentation de paresse momentanée, par la promesse d'une part des trésors fictifs renfermés (comme le dit Mill) dans le coffre-fort imaginaire que l'on suppose détenir toute la richesse de l'humanité. Vous n'avez qu'à enlever le cœur à ceux qui travailleraient et économiseraient volontiers, en les taxant *ad misericordiam* dans les buts philanthropiques les plus louables. Car, ce ne fait pas une ombre de différence, aux yeux de la partie industrieuse et prévoyante de l'humanité, que son oppresseur fiscal soit un despote asiatique, un baron féodal ou une législature démocratique, et que la taxe lui soit imposée au bénéfice d'une corporation qui s'appelle Société ou pour l'avantage égoïste d'un individu qui s'intitule Roi ou Seigneur. Ici donc se pose la grande question relative à la législation démocratique, lorsqu'elle franchit les bornes rationnelles. Comment va-t-elle affecter les mobiles de la société humaine ? Quels mobiles substituera-t-elle à ceux qui influent maintenant sur l'homme ? Les mobiles qui, à l'heure présente, excitent l'humanité au travail et à la peine, pour ressusciter la richesse en quantité toujours croissante, sont de nature à entraîner infailliblement l'inégalité dans la distribution même de cette richesse. Ce sont des ressorts d'action mis en jeu par la lutte ardue et incessante pour l'existence, par la guerre privée, mais bienfaisante, qui pousse un homme à grimper sur les épaules d'un autre, et à garder le poste où il s'élève de par le droit de survivance du plus capable.

Les meilleures preuves de ces vérités nous viennent de la partie du globe où le penseur superficiel s'attendrait peut-être à voir le triomphe du principe opposé. Les Etats-Unis ont été justement appelés la patrie des déshérités ; mais si les immigrants, vaincus sous le ciel de leur pays dans la lutte pour l'existence, n'avaient pas continué, sous un autre ciel, le combat dans lequel ils avaient eu

---

exemples de misère engendrée par des exactions absolument légales. M. Herbert Spencer, dans l'ouvrage citë plus haut, raconte que l'ancienne taxe des pauvres enlevait jusqu'à la moitié du revenu foncier, et qu'à Cholesbury, dans le comté de Buckingham, en 1832, les propriétaires renoncèrent à leurs fermages, les fermiers à leur bail, le pasteur à son clos et à ses dîmes (p. 55). -Tout récemment, en Sardaigne, dans la petite ville d'Ottana, l'impôt était en retard de dix-huit ans. Les propriétaires épuisés, y compris le syndic et le curé, se laissèrent exproprier en masse. Mais il fallut renoncer à la vente des biens : pas un acquéreur ne se fût présenté, et l'Etat se serait vu forcé de les prendre à son compte. (Em. de Laveleye, *Nouvelles Lettres d'Italie*. Londres, Hachette, 1884, p, 52,.)]

Chapitre I : L'AVENIR DU GOUVERNEMENT POPULAIRE

d'abord le dessous, on n'aurait jamais été témoin du merveilleux exploit que les Américains ont accompli en défrichant leur énorme territoire, de bout en bout et. d'une plage à l'autre. Ce serait la plus grossière des illusions que de supposer que ce résultat ait été atteint par une législation démocratique. Il a été obtenu, en réalité, par le triage des plus vigoureux, grâce à la sélection naturelle. Le gouvernement des Etats-Unis, que j'étudierai plus loin dans ce volume, repose sur le suffrage universel, mais ce n'est qu'un simple gouvernement politique. C'est un gouvernement sous lequel, sauf en politique, toutes les restrictions coercitives se réduisent au minimum. On n'a guère vu jusqu'ici de communauté où le faible ait été plus impitoyablement rejeté contre le mur, où ceux qui ont réussi aient été aussi uniformément de la race des forts, où, dans un temps aussi court, il se soit élevé une aussi grande inégalité de fortunes privées et de luxe domestique. Et, en même temps, il n'y a jamais eu de pays où, en somme, les individus distancés à la course aient si peu souffert de leur insuccès. Cette prospérité bienfaisante est le fruit de la reconnaissance du principe de la population et de l'émigration continue pour unique remède de ses excès. Elle repose tout entière sur la sainteté du contrat et la stabilité de la propriété privée : le premier, instrument, et le second, récompense du succès dans la concurrence universelle. Ce sont là pourtant autant. de principes et d'institutions que les amis de *l'artisan* et de *l'ouvrier rural,* en Angleterre, semblent passablement inclinés à traiter comme leurs ancêtres traitaient les machines agricoles et industrielles. Les Américains professent encore l'opinion que l'on doit attendre plus de l'énergie privée que de la législation publique pour le bonheur de l'humanité. Cependant les Irlandais, même aux Etats-Unis, sont d'un autre avis, et la manière de voir irlandaise gagne manifestement de plus en plus de faveur en Angleterre. Or, il s'agit précisément de savoir si la future législation démocratique se conformera à cette nouvelle opinion, et de ce point dépend en grande partie l'avenir du gouvernement. populaire. Il existe deux catégories de mobiles, et il n'en existe que deux, sous l'influence desquelles a pu jusqu'ici se produire et se reproduire l'énorme quantité de matériaux nécessaires à la subsistance et au confort de l'humanité. L'une a abouti au défrichement du territoire des Etats du Nord de l'Union américaine, de l'Atlantique au Pacifique.

Henry Sumner Maine

L'autre a pris une part considérable dans le progrès industriel et agricole des Etats du Sud, et, plus anciennement, elle avait engendré la merveilleuse prospérité du Pérou, sous les Incas. Le premier système est celui de la libre concurrence économique ; l'autre consiste à remplir simplement sa tâche journalière, tâche fixée peut-être par des maîtres doux et équitables, mais imposée aux récalcitrants par la prison ou par le fouet. Autant que nous l'enseigne l'expérience, nous sommes forcés de conclure que toute société doit adopter l'un ou l'autre système, à moins de tomber de la pénurie dans l'inanition.

Je crois avoir ainsi montré que les gouvernements populaires du type moderne n'avaient pas jusqu'ici témoigné autant de stabilité que les autres formes de gouvernement politique, et qu'ils renferment certains germes de faiblesse qui ne leur promettent pas grande sécurité pour un avenir proche ou éloigné. Ma principale conclusion ne peut être que négative. On ne découvre pas jusqu'à présent de preuves suffisantes à l'appui de la croyance vulgaire que ces gouvernements soient vraisemblablement de nature à durer indéfiniment. Il est toutefois une conclusion positive à laquelle on ne saurait se soustraire, pour peu que l'on veuille baser ses pronostics quant à l'avenir du gouvernement populaire, moins sur des préférences morales ou des hypothèses à *priori*, que sur l'expérience actuelle confirmée par le témoignage de l'histoire. S'il est quelque raison de croire à la durée de la liberté constitutionnelle, ce ne peut être qu'une raison motivée par une série de faits qui devraient être familiers aux Anglais, mais dont beaucoup d'entre eux, sous l'empire des idées régnantes, sont très portés à perdre de vue la signification. La Constitution anglaise existe depuis un laps de temps considérable ; par conséquent, les institutions libres en général peuvent continuer de subsister. Je ne me dissimule pas que cette conclusion paraîtra bien terre-à-terre aux yeux de certaines gens, aussi terre-à-terre que celle de M. Taine, qui, Après avoir raconté la conquête de la France par le club des Jacobins, avoue que sa conclusion est si simple qu'il hésite à la formuler :

«Jusqu'à présent, je n'en ai guère trouvé qu'un (principe) si simple qu'il semblera puéril et que j'ose à peine l'énoncer. Il consiste tout entier dans cette remarque qu'une société humaine, surtout une société moderne, est une chose vaste et compliquée.»

Chapitre I : L'AVENIR DU GOUVERNEMENT POPULAIRE

Cette remarque «qu'une société humaine, notamment une société moderne, est une chose vaste et compliquée,» n'est, au fond, que la thèse déjà prêchée par Burke, avec toute la splendeur de son éloquence et toute la force de sa dialectique. Mais, comme le dit M. Taine, elle semble maintenant trop simple et trop vulgaire pour valoir la peine d'être énoncée. De même, quantité de gens, en qui l'habitude engendre le dédain, regarderont peut-être comme une observation triviale la remarque que la Constitution .britannique est, sinon une chose sacré (comme le prétendent quelques-uns), du moins une chose unique et remarquable en son genre. Une suite de changements non prémédités l'avaient amenée à un point tel que la satisfaction et l'impatience, les deux principaux mobiles de conduite en politique, pouvaient obtenir sous son égide la gratification de leurs désirs raisonnables. Sous cette forme, elle était devenue, non par métaphore mais à la lettre, un objet d'envie pour le monde entier, et, de toute part, le monde s'était mis à la copier. Ces imitations, en général, n'ont pas été heureuses. Un seul peuple, composé d'Anglais, a su mettre en pratique, avec un rare bonheur, une modification de ce modèle, au milieu d'une singulière plénitude d'abondance matérielle. Ce ne serait pas trop de dire que les seules preuves de durée qui méritent d'être citées en faveur du gouvernement populaire se trouvent dans le succès de la Constitution britannique, pendant deux siècles, sous l'influence de conditions toutes spéciales, et dans le succès de la Constitution américaine, pendant un siècle, sous l'action de circonstances encore plus particulières, mais, plus vraisemblablement encore, de nature. à ne plus se représenter. Et cependant, en ce qui regarde notre Constitution, ce délicat équilibre des attractions, qui lui a permis de parcourir majestueusement sa route avec le calme de la régularité, pourrait bien être destiné à subir des perturbations. L'une des forces qui le gouverne gagne dangereusement aux dépens de l'autre ; et le système politique de l'Angleterre, avec la grandeur nationale et la prospérité matérielle qui l'accompagnent, peut se trouver lancé dans l'espace, pour n'y rencontrer ses dernières affinités que dans le silence et le froid éternels.

Henry Sumner Maine

Chapitre II : NATURE DE LA DÉMOCRATIE

John Austin, dont le nom est en grand honneur dans les annales du Droit anglais, publiait peu de temps avant sa mort un pamphlet intitulé : *Plaidoyer pour la Constitution* [1]. Dans cette publication, qui marque la limite extrême du bond qu'un esprit vigoureux peut faire pour s'évader du radicalisme philosophique propre aux disciples immédiats de Jeremy Bentham, Austin applique la puissance d'analyse qui lui a valu sa réputation, à un certain nombre d'expressions usitées déjà de son temps, comme du nôtre, dans toute discussion politique. Il examine, entre autres, les mots «Aristocratie» et «Démocratie;» et, à propos de ce dernier, il se livre aux réflexions suivantes :

«Le mot «Démocratie» est encore plus ambigu que le mot «Aristocratie.» Il signifie, à proprement parler, une forme de gouvernement, c'est-à-dire un gouvernement où la classe dirigeante représente une fraction relativement étendue de la nation tout entière. Tel qu'on l'emploie communément, et surtout avec le sens que lui attribuent les auteurs français, il signifie soit l'ensemble de la nation, soit ses couches inférieures, soit une façon de sentir et de penser favorable au gouvernement démocratique. Il comporte assez fréquemment l'acception que l'on donne au mot «Peuple,» ou aux mots «Peuple souverain,» c'est-à-dire une portion assez large de la nation qui, sans être effectivement souveraine, devrait néanmoins, dans l'opinion de celui qui parle, se trouver investie de la pleine souveraineté.»

Or, cette définition de la Démocratie, prise au seul sens propre et logique, nous la retrouvons dans le vigoureux pamphlet de M. Edmond Schérer intitulé : *La Démocratie et la France* [2], - pamphlet qui a reçu du public un accueil très bienveillant. Je me réserve de signaler tout à l'heure les divers moyens à l'aide desquels, d'après M. Schérer, le nouveau régime politique de la France parvient à s'acquitter de ses devoirs gouvernementaux. Mais, en attendant, je dois dire que le grand mérite de cette publication n'est pas tout

---

1 *A Plea for the Constitution.* Londres, 1859.

2 *La Démocratie et la France*, études par Edmond Schérer. Paris, 1883.

entier, selon moi,

dans la façon dont elle dévoile la servilité des députés devant les comités électoraux, ou les extravagances publiques au prix desquelles on achète leur appui. Son intérêt consiste plutôt dans l'examen qu'entreprend M. Schérer de certaines propositions vagues ou abstraites, acceptées d'ordinaire sans discussion par les politiciens républicains en France, et même sur tout le continent. De nos jours, où l'extension du gouvernement populaire jette dans une extrême confusion tous les systèmes politiques antérieurs, un homme de mérite ne saurait guère rendre un meilleur service à son pays que d'analyser et de redresser les idées qui circulent d'esprit en esprit, parmi la multitude, sans inspirer le moindre doute sur leur justesse ni sur leur pureté de titre. Une partie de cette monnaie intellectuelle s'est trouvée fausse dès le début ; une autre, d'excellent aloi à l'origine, paraît maintenant usée et rognée sur toutes les faces ; une autre se compose de simples signes fiduciaires, auxquels on conserve un vieux nom parce qu'il est tacitement admis que l'on continuera de s'en servir. Il est urgent de fixer cette monnaie courante à sa juste valeur ; et Sir James Stephen a déjà rempli, du moins en partie, cette tâche, une fois pour toutes, dans son admirable volume sur *La Liberté, la Fraternité et l'Egalité*. Mais les faux-monnayeurs politiques continuent leur œuvre, et leurs dupes vont toujours se multipliant, alors qu'on est loin de manifester la même activité quand il s'agit de soumettre à la touche convenable ces produits d'une manufacture suspecte. Nous autres, Anglais, nous passons sur le Continent pour des maîtres dans l'art de gouverner ; et cependant on peut se demander si, même chez nous, la science qui répond à l'art n'est pas, à très peu près, dans la condition où se trouvait l'économie politique avant qu'Adam Smith la prît en main. En France, l'état des idées politiques est encore pire. Les Anglais s'empressent d'abandonner un dogme politique quand il les a conduits à quelque désastre matériel. Mais le malheur des Français a toujours été de ne pouvoir fixer leur attention que sur les onze dernières années du dernier siècle et sur les quinze premières du siècle présent, à l'exclusion de presque tout le reste de leur histoire ; et les idées politiques nées durant cette période restreinte ont à peine desserré leur prise sur l'intelligence des Français, après soixante et dix ans d'expérience subséquente. .

Henry Sumner Maine

M. Schérer, autant que je sache, est le premier auteur français qui ait mis clairement en lumière la vérité si simple formulée par Austin, que la Démocratie ne signifie, à proprement parler, qu'une forme spéciale de gouvernement [1]. Cette vérité est, dans la politique moderne du Continent, le commencement de la sagesse. Il n'est pas de mot qui ait été obscurci par une brume plus dense d'expressions nébuleuses, ni étouffé sous un plus lourd amoncellement de métaphores diffuses. Et pourtant, bien que la démocratie signifie quelque chose d'indéterminé, il n'y a rien de vague à son endroit. C'est tout simplement et tout uniment une forme de gouvernement. C'est le gouvernement de l'État par la Foule, en opposition, d'après la vieille analyse des Grecs, à son gouvernement par la Minorité ou par Un seul. La limite entre la minorité et la foule, ou encore entre les divers genres de foules, demeure nécessairement indécise. Mais la démocratie n'en reste pas moins une pure forme de gouvernement ; et comme, entre ces formes, la mieux définie, la mieux déterminée est la monarchie, - le gouvernement de l'État par une seule personne, - la démocratie peut être représentée très exactement comme une monarchie renversée, et cette description répond précisément à l'histoire réelle de l'évolution qui a formé les. grandes républiques contemporaines.

Villari [2] a montré que, sur le Continent, le type de l'État moderne, avec les départements administratifs nettement dessinés qui lui servent d'organes, s'était d'abord constitué en Italie. Il descend, non des républiques municipales du moyen âge, - qui n'avaient rien de commun avec un gouvernement moderne, - mais du plus mal famé de tous les systèmes politiques, la Tyrannie ou principauté italienne. La fameuse science gouvernementale née en Italie, et vulgarisée dans toute l'Europe par des hommes d'État italiens, pour la plupart hommes d'Eglise, fut appliquée en France par Louis XIV et Colbert, élèves du cardinal Mazarin ; et du contact de cette science nouvelle avec un système administratif en déroute sortit la France monarchique. Les Républiques qui se succèdent en France ne sont autre chose que la monarchie française du dernier siècle prise à rebours. De même, les Constitutions et systèmes

---

1 Schérer, p. 3.

2 *Nicolò Machiavelli e i suoi tempi*. Florence, Le Monnier, t. I, 1877, pp. 15, 36, 37.

Chapitre II : NATURE DE LA DÉMOCRATIE

juridiques des Etats particuliers de l'Amérique du Nord et de leur Union Fédérale seraient absolument inintelligibles pour quiconque ignorerait que les ancêtres des Anglo-Américains vivaient jadis sous un roi, incarnant lui-même la tradition de rois plus anciens et infiniment plus autocrates, comme pour celui qui aurait néglige d'observer que, dans ces divers corps de lois et plans d'organisation gouvernementale, le peuple avait été simplement assis sur le trône du prince, qu'il remplace assez gauchement en plus d'une occasion. Le radical à tous crins d'aujourd'hui semble persuadé que la démocratie diffère essentiellement de la monarchie. Il ne saurait y avoir d'erreur plus grossière ni plus fertile en illusions ultérieures. La Démocratie, - le gouvernement du pays par une portion nombreuse, mais indéterminée, de la communauté mise à la place du monarque, - doit exactement satisfaire aux mêmes conditions que la Monarchie. Elle a les mêmes fonctions à remplir, bien qu'elle les remplisse à l'aide d'organes différents. Les marques de réussite dans l'accomplissement des devoirs nécessaires et naturels d'un gouvernement sont précisément les mêmes dans l'un et l'autre cas.

Ainsi, tout d'abord, la démocraties comme la monarchie, l'aristocratie ou tout autre gouvernement, doit travailler à sauvegarder l'existence nationale. Pour un Etat, la première nécessité est d'être durable. Au sein de l'humanité considérée comme un assemblage d'individus, on dit que ceux qui meurent jeunes sont aimés des dieux ; mais personne n'a jamais osé prétendre qu'il en fût de même d'une nation. Dès la plus haute antiquité, les prières que les peuples adressent au ciel implorent une longue vie nationale, une vie continue de génération en génération, une vie prolongée très au delà de celle des enfants de leurs enfants, une vie perpétuée comme celle des montagnes éternelles. L'historien célèbre parfois des gouvernements admirables par l'élévation de leurs vues et par les brillants génies qu'ils ont évoqués, et cependant condamnés à une trop courte existence. L'éloge n'est au fond qu'un paradoxe ; car, en matière de gouvernement, tous les projets sont vains et tous les talents gaspillés s'ils ne réussissent à assurer la stabilité nationale. On pourrait tout aussi bien complimenter un médecin sur l'assiduité de ses visites et la beauté scientifique de sa médication lorsque le patient lui meurt entre les mains. Immédiatement peut-être après le devoir primordial de maintenir l'existence nationale, se présente l'obligation qui incombe aux démocraties comme à tout autre gouvernement, de protéger la grandeur et la dignité nationales. Les pertes de territoire, pertes d'autorité, pertes de respect général, pertes du respect de soi-même, sont peut-être des maux inévitables, mais ce sont des maux terribles si l'on en juge par les peines qu'ils infligent et la distinction des esprits qui en ressentent la douleur. Et le gouvernement qui faillit à la tâche de susciter en nombre suffisant des généraux, des hommes d'Etat, des soldats et des administrateurs pour prévenir et guérir ces maux, est un gouvernement avorté. Il n'aura pas moins avorté, s'il ne peut trouver à sa commande certaines qualités essentielles au triomphe des entreprises nationales. Dans leurs relations mutuelles (et c'est ici l'un des principes fondamentaux du droit international), les Etats doivent agir comme autant d'individus. Ce qui est défaut, et peut-être même défaut véniel dans l'individu, devient faute dans un Etat, et souvent faute des plus graves. En guerre comme en diplomatie, en chaque département de la politique étrangère, le caprice, l'entêtement, le manque d'empire sur soi-même, la timidité, la témérité, l'inconsistance, l'indécence, le cynisme, sont des faiblesses qui s'élèvent au rang de vices destructeurs ; et si la démocratie y est plus sujette que toute autre forme de gouvernement, elle lui est d'autant plus inférieure. Mieux vaut, pour une nation, au dire d'un prélat anglais, être libre qu'être sobre [1]. S'il faut choisir, et s'il existe le moindre lien positif entre la démocratie et la liberté, mieux vaut pour un peuple être susceptible de déployer des vertus vraiment nationales que même d'être libre. .

Si des devoirs extérieurs d'une nation nous passons à ses devoirs domestiques, nous trouvons que le premier de tous est de posséder un gouvernement capable d'imposer le respect des lois civiles et criminelles. Le vulgaire s'imagine sans doute que la loi se fait respecter d'elle-même. On se représente certaines communautés comme obéissant naturellement à la loi, tandis que d'autres sont loin d'être dociles. Mais la vérité est (et ce paraît un lieu commun aux yeux du juriste moderne) que c'est toujours l'Etat qui force d'obéir à la loi. Il est parfaitement vrai que dans la très grande majorité des sociétés civilisées, cette obéissance s'obtient sans le moindre

---

1 [Allusion à la tyrannie des «Sociétés de tempérance.»]

Chapitre II : NATURE DE LA DÉMOCRATIE

effort ; elle est tout à fait inconsciente. Mais c'est uniquement parce que, durant le cours de siècles sans nombre, l'Etat a su, par l'accomplissement rigoureux de ses devoirs essentiels, créer des habitudes et inspirer des sentiments qui lui épargnent la nécessité de recourir aux châtiments légaux, du moment que presque tout le monde se conforme à sa manière de voir. Les vénérables formules légales d'après lesquelles la loi s'administre au nom du roi, formules que les républiques modernes ont empruntées à leur tour, sont un témoignage du service le plus signalé que les gouvernements aient rendus et continuent de rendre à l'humanité. Si un gouvernement quelconque éprouvait la tentation de négliger, ne fût-ce qu'un instant, sa fonction propre d'imposer l'obéissance à la loi, - si une démocratie, par exemple, devait permettre à une fraction de la multitude dont elle se compose, de braver une loi qui se trouve lui déplaire, - ce serait un crime que toutes les autres vertus pourraient à peine racheter, et que des siècles sur des siècles seraient peut-être impuissants à réparer.

En somme, quand on étudie sans passion la politique, quand on s'est mis une fois dans la tête que la démocratie n'est qu'une forme gouvernementale, quand on se fait une idée nette des devoirs fondamentaux d'un gouvernement, et quand on voit que toute la question consiste à choisir celui qui, à la longue, est le plus capable de remplir ces devoirs, on a le droit d'être quelque peu surpris des sentiments qu'inspire l'avènement de la démocratie. Le problème que pose cet avènement, à supposer qu'il soit prochain, est d'une nature plus pratique que sentimentale ; et l'on aurait pu s'attendre à voir les partis, suivant leur humeur, se répandre moins en malédictions, ou pousser moins de «hourras,» et jeter moins de bonnets en l'air. Le fait est d'ailleurs qu'au moment où le courant des prédilections politiques qui, pendant la suite des âges, a entraîné l'humanité dans toutes sortes de directions, se dirige résolument vers un point donné, il y a toujours une explosion de terreur ou d'enthousiasme ; et les sentiments qui se font jour à ce propos, s'expliquent par un état d'esprit que justifie le mouvement actuel vers la démocratie, et qui n'est sans doute pas moins légitime de tout temps. La grande qualité de la démocratie aux yeux de certaines gens, son grand vice aux yeux des autres, est qu'on la croit plus active que les autres formes de gouvernement dans l'accomplissement de certaines fonctions particulières. Il s'agit ici de la modification et de la transformation des lois et coutumes, - autrement dit de ce que nous appelons chez nous la «réforme législative.» En réalité, cette opération, - qui relève aujourd'hui d'une attribution essentielle, quoiqu'en définitive subalterne de tout gouvernement régulier, - n'est rien moins que propre aux démocraties. Si nous passions en revue l'histoire authentique de l'espèce humaine, nous verrions que les grands changements législatifs ont eu pour auteurs des monarchies puissantes. L'interminable litanie des iniquités de Ninive et de Babylone, qui remplit les dernières pages de l'Ancien Testament, exprime la rancune des Juifs contre la «législation monstre» dont les peuples qui, de nos jours, étudient le plus assidûment la Bible, passent précisément pour enthousiastes. La trituration des vieux usages fut poussée infiniment plus loin sous les Empereurs romains ; elle alla toujours croissant à mesure que leur despotisme devenait plus fort. L'Empereur était vraiment la Bête symbolique que le Prophète voyait «dévorer, lacérer et piétiner ce qui restait.» Nous-mêmes, nous vivons dans la poussière de l'Impérialisme romain ; et la portion de beaucoup la plus importante du droit moderne n'est rien autre qu'une formation sédimentaire déposée par les réformes légales des Romains. Cette règle générale continue de se vérifier tout le long de l'histoire ultérieure. Le seul réformateur radical du droit au Moyen Age fut Charlemagne. Ce fut aussi l'Empire des Bonaparte qui donna cours à la nouvelle législation française, laquelle a comme inondé toute la surface du monde .civilisé ; car les gouvernements immédiatement issus de la Révolution n'ont guère laissé derrière eux que des projets de lois, ou des lois pratiquement inapplicables par suite des contradictions qu'elles renfermaient.

La vérité semble bien être que les formes extrêmes de gouvernement, la monarchie et la démocratie, offrent une particularité que l'on ne retrouve pas dans les systèmes politiques d'une nature plus tempérée et qui se fondent sur un compromis, tels que la monarchie constitutionnelle et l'aristocratie. Dès que leur avènement s'est affermi dans sa plénitude d'absolutisme, elles deviennent éminemment destructions. Il s'opère comme un soulèvement général, parfois comme une sorte de chaos, tandis que les *nouvelles couches* prennent la place des anciennes dans la république transformée. Les nouveaux maîtres insistent avec une impitoyable rigueur pour que chaque chose se conforme strictement au principe cardinal du régime dont ils ont la présidence ; en quoi ils se trouvent soutenus par quantité de gens auxquels les anciens principes étaient odieux, soit par fantaisie pour des réformes idéales, soit par impatience d'une stabilité monotone, soit par goût naturel de leur tempérament pour la destruction. C'était contre l'obstination religieuse et l'esprit de tribu qu'avaient à lutter les vieilles monarchies implantées dans les vallées des grands fleuves d'Orient ; et, pour ruiner ces obstacles, elles se virent obligées de transporter des populations entières. Ce qu'attaque une démocratie moderne, c'est le privilège ; et elle ne connaît point de repos qu'elle ne l'ait écrasé sous ses pieds. Mais les lois de l'absolutisme, démocratique ou autre, sont transitoires. Les Juifs, avant même d'avoir rapporté de Babylone leurs harpes dans la demeure de leurs pères, se trouvaient assujettis à la puissance d'une autre monarchie conquérante, et c'est alors qu'ils s'émerveillèrent de constater que les lois des Mèdes et des Perses ne changeaient point. Il n'est pas d'opinion moins conforme à l'expérience que celle qui veut qu'une république démocratique, après son installation première, s'adonne indéfiniment à la réforme des lois. Comme ne l'ignore aucun esprit lettré, les anciennes républiques légiféraient à peine. Leur énergie démocratique se dépensait en guerres, en diplomatie et en administration judiciaire ; mais elles accumulaient des obstacles presque insurmontables au-devant des moindres modifications légales. Les Américains des Etats-Unis se sont barricadés exactement de la même façon ; ils ne font de lois que dans les limites de leurs Constitutions, et spécialement de la Constitution fédérale. Et si l'on en juge d'après le criterium anglais, leur législation, même dans ces limites restreintes, est presque insignifiante. Ainsi que j'ai essayé de le montrer dans mon premier chapitre, la stérilité législative de la démocratie tient à des causes permanentes. Les préjugés du peuple sont bien plus enracinés que ceux des classes privilégiées, outre qu'ils sont d'une nature beaucoup plus vulgaire ; et ils offrent beaucoup plus de danger, parce qu'ils courent risque d'aller à l'encontre de toute conclusion scientifique. Cette thèse se confirme singulièrement devant les phénomènes politiques du jour. La plus récente des inventions

Henry Sumner Maine

démocratiques est le *Referendum* de la Constitution fédérale de la Suisse, et de plusieurs Constitutions cantonales. A la demande d'un certain nombre de citoyens, telle ou telle loi votée par la législature est soumise au vote du peuple tout entier, de peur que le «mandat» qu'il confie à ses députés ne se trouve excédé dans la circonstance. Mais à la grande confusion et au grand désarroi des chefs radicaux de la législature, les mesures qu'ils appréciaient le plus, soumises à cette épreuve, ont toujours été repoussées.

La démocratie étant ce qu'elle est, le langage dont on use aujourd'hui vis-à-vis d'elle, quel que soit le déguisement dont elle s'affuble sous le nom de Liberté, Révolution, République, Gouvernement populaire, Règne du peuple, est des plus curieux à noter. Ses amis comme ses ennemis lui ont appliqué toute sorte de métaphores propres à signifier l'idée d'une force irrésistible, et impliquant tantôt l'admiration tantôt la crainte. Un grand orateur anglais la comparait un jour à la tombe qui engloutit tout et ne rend rien. Le plus populaire des historiens américains se perd lui-même dans ses propres figures de rhétorique. «Le changement préordonné par la Sagesse divine et qu'aucune politique humaine n'aurait pu retarder se manifestait aussi uniformément, aussi majestueusement que les lois de l'être ; il était aussi certain que les décrets de l'éternité [1].» Et plus loin, «l'idée de liberté n'a jamais été totalement inconnue ;... le soleil levant rayonnait la joie jusqu'au milieu des âges les plus sombres, et son énergie croissante s'observe et se suit dans la tendance des siècles [2].» Ces espérances se sont même fait jour parmi les lieux communs des desserts oratoires. «Le grand flot de la démocratie continue de monter, et jamais main humaine ne pourra l'arrêter dans son cours majestueux,» disait naguère Sir Wilfrid Lawson, à propos du bill de franchise électorale [3]. Mais le plus singulier exemple de l'intoxication où peut jeter quelques esprits une expérience gouvernementale qui

---

1 Bancroft , *History of the United States,* "The American Revolution," t. I, p. 1. M. Bancroft, dans ce passage, avait été précédé presque mot pour mot par un personnage auquel il ne ressemble en rien, sauf par son amour de. la phrase. «Français républicains,» disait Maximilien Robespierre dans son discours à la Fête de l'Etre suprême, «n'est-ce pas l'Etre suprême qui, dès le commencement des temps, décréta la République ?»

2 Bancroft, ibid., p. 2.

3 15 avril 1884.

Chapitre II : NATURE DE LA DÉMOCRATIE

est vieille comme le monde et n'a jamais été particulièrement heureuse, nous est offert par un petit volume intitulé : «*Vers la Démocratie.*» L'auteur ne manque pas de force poétique, mais la moindre idée de ce qu'est réellement la démocratie suffit pour rendre ses rapsodies étourdissantes. «Liberté !» chante ce disciple de Walt Whitman [1].

«Et jusque dans le sein des nations lointaines s'entend un bruissement comme le bruissement des feuilles de la forêt.

«La joie, la joie se lève sur la terre.

«Voyez ! Les bannières se dressent de partout, et les esprits des anciennes races regardent à l'horizon - les filles de Dieu qui, dans leur divine beauté, descendent auprès de leurs enfants...

«Voyez ! Le divin Orient nous apporte du fond des âges ce joyau sans prix de la pensée, -

le germe de la démocratie ! ...

«O yeux brillants ! O splendeur des cascades ! Puis-je ignorer, ô démocratie, que tu contrôles et inspires toute chose, et que toi aussi tu en procèdes,

«Aussi sûrement que le Niagara procède de l'Erié et de l'Ontario ?»

Vers la fin du poème, on trouve cette petite ligne : «J'entends une voix me dire : Qu'est-ce que la liberté ?» La voix ne pourrait, en effet, imaginer une question plus pertinente. Si l'auteur de *Vers la Démocratie* avait jamais ouï citer la réponse de Hobbes, que la liberté est «le pouvoir politique divisé en menus fragments,» s'il avait gagnais connu l'axiome de John Austin et de M. Schérer, que «la démocratie est une simple forme de gouvernement,» sa veine poétique en aurait peut-être été noyée, mais son intelligence aurait été fortifiée par une douche salutaire d'eau froide.

L'idée que la démocratie est irrésistible, inévitable, et probablement perpétuelle, eût semblé un paradoxe extravagant, pas plus tard qu'au siècle dernier. Il y a plus de deux mille ans que l'histoire politique nous fournit des renseignements d'une

---

1 [Sur Walt Whitman, «le poète de démocratie moderne,» voir un curieux article de M. Henry Cochin. - *Correspondant*, 25 nov. 1877].

Henry Sumner Maine

certitude suffisante ; et, dès ses débuts, monarchie, aristocratie et démocratie se discernent dans une égale et parfaite clarté. De cette longue expérience il résultait que quelques monarchies et certaines aristocraties avaient fait preuve d'une vie très dure. La monarchie française et l'oligarchie vénitienne, en particulier, remontaient à une antiquité fort respectable ; l'Empire romain lui-même n'était pas encore tout à fait éteint. Mais les démocraties qui. tour à tour s'étaient élevées et flétries, ou qui, languissaient dans une complète insignifiance, semblaient démontrer que cette forme de gouvernement, d'une rencontre rare dans l'histoire politique, se caractérisait par une extrême fragilité. Telle était l'opinion des pères de la république fédérale d'Amérique, qui trahissent à mainte reprise leurs regrets que la seule forme de gouvernement possible pour eux fût justement celle qui promettait si peu de stabilité. Ce devint bientôt aussi la conviction des révolutionnaires en France, car la monarchie constitutionnelle était à peine tombée que déjà la croyance à une ère nouvelle pour l'humanité offrait des symptômes d'un prochain évanouissement ; et le langage des écrivains révolutionnaires s'imprégnait bientôt d'une sombre méfiance, qui se développait de plus en plus, manifestement inspirée par la crainte sincère de voir la démocratie périr, si on ne la sauvait par une indomptable énergie et par une impitoyable sévérité. Néanmoins l'idée que la démocratie est irrésistible est d'origine française, comme presque toutes les généralisations tranchantes de la politique. On en découvrirait peut-être les premières traces en remontant une cinquantaine d'années en arrière, et l'ouvrage de Tocqueville sur la démocratie en Amérique a surtout contribué à la répandre dans le monde. Quelques esprits spéculatifs de la jeune génération française avaient été vivement frappés de la renaissance des idées démocratiques en France au moment de la Révolution de 1830, - entre autres Alexis de Tocqueville, qui par sa naissance appartenait à la noblesse, et par son éducation au légitimisme. Il semblait jusqu'alors que tout l'édifice des doctrines révolutionnaires eût été ruiné sans espoir, ruiné par les crimes et les usurpations de la Convention, par les mœurs et les idées militaires, par la tyrannie de Napoléon Bonaparte, par le retour, avec les Bourdons, d'une grande partie de l'ancien régime monarchique, par la répression sévère de la Sainte-Alliance. Et cependant, une provocation aussi

Chapitre II : NATURE DE LA DÉMOCRATIE

légère que la tentative de Charles X pour refaire ce que son frère avait fait [1] sans la moindre résistance sérieuse, suffit pour ramener le torrent des idées et des dogmes révolutionnaires qui avait autrefois inondé toute l'Europe continentale. Assurément, il semblait qu'il y eût dans la démocratie quelque chose d'irrésistible ; et pourtant, comme nous le montre M. Schérer dans l'un des meilleurs passages de son excellent livre, les Français qui partageaient alors cette idée n'attribuaient point à ce mouvement la signification qu'y attache aujourd'hui le politicien français d'extrême gauche ou le radical anglais pérorant sur la démocratie. Au point de vue positif, ils entendaient tout au plus constater l'avènement de la classe moyenne ; au point de vue négatif, ils s'imaginaient assister simplement à l'enterrement définitif de la société féodale. Il fallut longtemps aux Français pour se guérir de la crainte que les avantages matériels conquis par la première Révolution eussent encore quelques risques à courir ; et, comme nous l'apprennent les lettres de Mallet du Pan [2], ce fut cette crainte qui les réconcilia avec la tyrannie des Jacobins, en leur rendant profondément suspects les plans des souverains alliés contre la République. La démocratie, toutefois, prit peu à peu un nouveau sens, notamment sous l'influence de l'étonnement que causait le succès miraculeux de la fédération américaine, où la plupart des Etats avaient déjà adopté le suffrage universel ; et, dès 1848, ce mot s'employait fréquemment avec son ancienne acception, le gouvernement de la communauté par la foule. C'est peut-être la nuance scientifique que la pensée reflète de plus en plus chez nous, qui amène tant de gens, en Angleterre, à considérer la démocratie comme inévitable, parce qu'on s'en est déjà considérablement approché dans ce pays sur nombre de points. Sans doute, si des causes adéquates y travaillent, l'effet ne manquera pas de s'ensuivre; mais, en politique,

1 Par une Ordonnance de septembre 1816.

2 La correspondance récemment publiée de Mallet du Pan avec la cour de Vienne, de 1794 à 1798, est du plus vif intérêt et de la plus haute valeur. M. Taine, qui y a joint une préface, a plus d'une fois affirmé que Mallet du Pan était l'une des très rares personnes qui eussent compris la Révolution. Il paraît évident qu'à l'heure où ces lettres étaient écrites, la République était tombée dans le plus profond discrédit, atténué seulement par les appréhensions dont nous venons de parler. Elle a été indubitablement sauvée par le génie militaire de Napoléon Bonaparte. La seule erreur sérieuse de Mallet est d'avoir aveuglément méconnu ce génie. Il regardait le général Bonaparte comme un charlatan.

Henry Sumner Maine

de toutes les causes le plus puissantes sont la timidité, l'insouciance, la superficialité des esprits en général. Si un bon nombre d'Anglais appartenant aux classes qui n'ont de pouvoir autant qu'elles se remuent pour l'acquérir, continuent de se dire à eux-mêmes et de répéter aux autres que la démocratie est irrésistible et doit régner quoi qu'on fasse, nul doute qu'elle finisse par régner effectivement.

L'enthousiasme pour la démocratie, que supposent les figures de rhétorique prodiguées à sa louange, n'est pas moins récent que la conviction de son avènement inévitable. En réalité, si l'on considère les heures radieuses qui marquent dans l'histoire d'un certain nombre de communautés auxquelles s'associe le souvenir de la démocratie, rien ne frappe comme le peu de respect qu'elle inspire aux observateurs qui ont eu l'occasion de la voir à l'œuvre et les qualités nécessaires pour la juger en connaissance de cause. M. Grote fit de son mieux pour expliquer et dissiper la médiocre opinion que professaient, au sujet de la démocratie athénienne, les philosophes qui remplissaient les écoles d'Athènes ; et cependant il est de fait que les fondateurs de la philosophie politique, mis en présence de la démocratie, la regardaient comme une forme mauvaise de gouvernement, quoiqu'elle fût alors dans toute sa vigueur juvénile. Les panégyriques dont .elle est aujourd'hui l'objet sont encore d'origine française. Ils nous ont été transmis avec les débris oratoires et littéraires de la première révolution française, qui, nonobstant, cessa bientôt de glorifier sur le mode lyrique la renaissance du genre humain, pour se livrer à une complainte où abondent les noirs soupçons et les dénonciations homicides. Le langage admiratif qui fut quelque temps à la mode avait des sources encore plus lointaines ; et l'on peut noter, à titre de singularité, que, tandis que les Jacobins empruntaient généralement leur phraséologie à l'histoire légendaire de la vieille république romaine, les Girondins préféraient chercher leurs métaphores dans la littérature émanée de Rousseau. Au fond, j'estime que l'ignorance historique qui érigeait en héros Brutus et Scœvola était moins abjecte et moins inepte que la niaiserie philosophique toujours prête à vanter les vertus de l'humanité à l'état de démocratie naturelle. Si l'on veut savoir quelle fut la part de Rousseau dans la diffusion de la croyance à un Age d'or, où les hommes vivaient comme des frères, en pleine égalité et en liberté complète, il faut

Chapitre II : NATURE DE LA DÉMOCRATIE

lire, moins les écrits du Sage lui-même, que les innombrables Essais publiés en France par ses disciples, à la veille même de 1789. On y recueille la preuve très désagréable que la fleur intellectuelle d'une nation cultivée peut se trouver réduite, à force d'admiration fanatique pour une théorie politique et sociale, à l'état de parfaite imbécillité [1]. Il semble que le langage emphatique des Jacobins et des Girondins aurait dû succomber sous le ridicule et le dégoût ; mais, en réalité, il eut la chance d'une réhabilitation pareille à celle qu'ont obtenue Catilina, Néron et Richard III. Tocqueville regardait la démocratie comme inévitable, mais il en observait l'approche avec méfiance et crainte. Cependant, au cours des quinze années suivantes, deux livres parurent qui, en dehors de leur plus ou moins grande popularité, peuvent se comparer avantageusement aux écrits dont nous venons de parler, pour leur manque total de sens commun. Louis Blanc [2] prit pour héros le pédant assassin qui se nomme Robespierre ; Lamartine s'enthousiasma pour la clique faible et éphémère des Girondins ; et de leur œuvre procède en très grande partie le flot de louanges en faveur de la démocratie qui imprègne dans des régions plus humbles la littérateurs politique du Continent, et .même aujourd'hui celle de la Grande-Bretagne.

Il est d'ailleurs un genre de flatterie que la démocratie a toujours reçue et continue de recevoir en extrême abondance : c'est la flatterie qu'adresse au roi Démos ceux qui le craignent, ou qui désirent l'amadouer, ou qui espèrent l'exploiter. Quand on s'est pénétré une bonne fois de cette vérité que la démocratie n'est

---

1 Brissot, le futur chef de la Gironde, pendant sa jeunesse, alors qu'il était encore ardent royaliste, avait déjà soutenu, avant Proudbon, que «la propriété est le vol.» On a, suivant lui, le droit naturel de corriger par le vol l'injustice des institutions ; mais il soutenait la thèse encore plus extraordinaire que le cannibalisme est non moins naturel et justifiable. «Si,» disait-il, «le mouton a le droit d'avaler des milliers d'insectes qui peuplent les herbes des prairies, si le loup peut dévorer le mouton, si l'homme a la faculté de se nourrir d'autres animaux, pourquoi le mouton, le loup et l'homme n'auraient-ils pas également le droit de faire servir leurs semblables à leur appétit ? (*Recherches philosophiques sur le droit de propriété et sur le vol considéré dans la nature*, par M. Brissot de Warville. - Chartres, 1780.)

2 *L'Histoire des Girondins* de Lamartine parut en 1847. La publication de *l'Histoire de la Révolution française* de Louis Blanc commença en 1847 et continua jusqu'en 1862 ; l'*Histoire de Dix Ans,* du même auteur, avait été publiée de 1841 à 1844. La première partie du livre de Tocqueville a paru en 1835, la seconde en 1839.

Henry Sumner Maine

qu'une forme de gouvernement, on comprendra aisément à quoi répond le panégyrique de la multitude. La démocratie est une monarchie à rebours, et les formes pour s'adresser à la multitude sont les mêmes que pour s'adresser aux rois. Plus le souverain est puissant et jaloux, plus l'éloge est illimité, plus le tribut de louange est extravagant. «O roi, vis à tout jamais !» telle était la formule de début ordinaire quand on s'adressait à un roi mède ou babylonien, qu'il fût à jeun ou qu'il fût ivre. «Votre avènement au pouvoir suit des voies aussi uniformes et majestueuses que les lois de l'être, et il était aussi certain que les décrets de l'Eternel,» dit M. Bancroft au peuple américain. Ces flagorneries procédant fréquemment des instincts les plus vils de la nature humaine, mais pas toujours. Ce qui nous semble bassesse, passait à Versailles, il y a deux cents ans, pour politesse et usage des cours ; et bien des gens ont chaque jour sous les yeux un monument de ce que l'on regardait alors comme un style convenable à l'égard d'un roi d'Angleterre, dans la dédicace de la Bible nationale à Jacques Ier, Il n'y a pas lieu de supposer que la génération présente éprouve le moindre embarras à se servir de la flatterie, encore que la flatterie s'adresse au peuple et non au roi. Elle peut même devenir plus fréquente, grâce au progrès des idées scientifiques. Le Doyen Church, dans son récent volume sur Bacon [1], remarque spirituellement que Bacon se conduisait avec les puissants du jour comme il se conduisait envers la nature. *Parendo vinces*. Si vous tenez tête à la nature, elle vous écrasera; mais si vous vous conformez à son humeur, elle mettra ses forces redoutables à votre disposition. C'est folie que de vouloir résister directement à la volonté d'une virago couronnée ou d'un pédant royal ; mais avec un peu de servilité vous finirez par vous emparer de l'un et de l'autre. Il entre beaucoup de ce tempérament dans la tournure d'esprit des radicaux intelligents et instruits qui se trouvent en présence de la populace. Ils choisissent alternativement, suivant la composition de leur auditoire, l'une des deux théories étonnantes qui circulent aujourd'hui. - La première est que l'ouvrier des villes sait tout parce que sa besogne est ultramontaine, et qu'il a grandement le temps de réfléchir pendant que ses doigts sont occupés ; l'autre, que le travailleur de la campagne sait tout parce que sa besogne est extrêmement variée, et que cette variété même

---

1 [Londres, Macmillan, 1884].

Chapitre II : NATURE DE LA DÉMOCRATIE

entretient l'activité constante de ses facultés. D'où il résulte qu'un homme instruit viendra dire effrontément à un auditoire de rustres et de paysans qu'ils ont plus de connaissances politiques qu'un nombre égal d'érudits. Ce n'est pas qu'au fond l'orateur en soit convaincu, mais il espère qu'on en pourra convaincre la populace; et il n'ignore pas que si jamais elle veut agir d'elle-même en prenant cette opinion pour vraie, elle ne pourra rien faire sans recourir aux savants qu'elle dédaigne.

La meilleure sauvegarde contre ces illusions et ces extravagances serait une connaissance un peu plus sérieuse de la pente exacte qu'ont toujours suivie les admires politiques de l'humanité. En Angleterre, dans l'opinion d'un certain nombre de personnes, dont l'autorité est d'ailleurs quelque peu sur son déclin, l'histoire politique ne daterait que de 1688. Si je ne m'abuse, M. Bright s'exprime bien souvent comme s'il imaginait qu'elle est née avec l'agitation pour faire repousser les lois sur les céréales, et comme si, au point de vue des leçons à en tirer, on la pouvait croire vraiment close, à partir du jour où ces lois ont été abrogées [1]. On trouve aussi des gens plus jeunes convaincus qu'elle commence seulement avec une certaine crise dans l'histoire municipale de Birmingham. La vérité est que nous vivons à une heure où se défait de lui-même un câble qui s'était lentement et longuement tordu. Il est domicile de rêver des généralisations historiques plus futiles que celle dont M. Bancroft gratifie ses lecteurs d'Amérique. Durant toute la période où se préparait un de ces changements «qu'aucune politique humaine ne peut arrêter,» le mouvement des affaires publiques, - ce que M. Bancroft appelle la «tendance des âges,» - allait aussi distinctement à la monarchie qu'il se porte maintenant vers la démocratie. Il semble qu'à l'heure où l'humanité abordait ces parages lointains de l'histoire que nous commençons aujourd'hui

---

1 [«Je n'ai jamais étudié la littérature classique ni pendant ma jeunesse, ni depuis lors... Je considère ce genre d'études comme un simple luxe. C'est un luxe, - luxe innocent, - que de savoir quantité de choses sur le Passé, non qu'on en soit plus apte à agir, mais cela fait plaisir à celui qui sait.» (Discours de .M. John Bright à Birmingham, le 31 octobre 1879). - Ce dédain démocratique pour l'Histoire et ses enseignements a passé jusque dans les programmes scolaires de certains pays du Nouveau Monde, comme la République argentine, où les plus brillants lauréats ne reçoivent au collège aucune culture classique et peuvent sortir de l'Université sans connaître les noms d'Antoine et de Cléopâtre. Cf. Daireaux, *Bullet. de la Soc. De lég. comparée,* février 1886, p. 161].

Henry Sumner Maine

à discerner plus ou moins clairement, chaque société portait en son sein le germe des trois formes définies de gouvernement, - monarchie, aristocratie et démocratie. Partout le roi et l'assemblée populaire apparaissent côte à côte, le premier investi d'un rôle sacerdotal et judiciaire, après n'avoir été primitivement qu'un simple batailleur ; la seconde, quelquefois placée sous le contrôle d'un sénat aristocratique, et variant elle-même depuis la forme d'une petite oligarchie jusqu'à une sorte de réunion comprenant la totalité des hommes libres. A l'aube de l'histoire, l'aristocratie semble gagner sur la monarchie et la démocratie sur l'aristocratie. Et cette étape de l'évolution politique nous est surtout familière grâce au hasard qui nous a conservé une partie des annales de deux sociétés célèbres, - la république athénienne, berceau de l'art et de la philosophie, et la république romaine, qui se lança dans des conquêtes destinées à embrasser une grande portion du globe. Cette dernière a toujours conservé, plus ou moins , le caractère d'une aristocratie ; mais à partir de sa chute et de la fondation de l'Empire romain, il y eut, en somme, pendant dix-sept siècles, un mouvement presque universel vers la monarchie. On a vu, sans doute, alors, des résurrections momentanées de gouvernements populaires. Les races barbares, quand elles envahirent jusqu'au cœur le territoire de Rome, apportèrent très généralement avec elles une certaine dose d'ancienne liberté tribale qui, une fois réintroduite dans l'Europe méditerranéenne, parut quelque temps prédestinée à devenir la semence de la franchise politique. Le régime municipal des Romains, abandonné à lui-même sans entraves à l'abri des murs qui protégeaient les cités du nord de l'Italie, finit par engendrer une sorte de démocratie. Mais, républiques italiennes, seigneuries féodales, parlements, tout s'écroula, sauf une exception mémorable, devant le pouvoir et le prestige sans cesse grandissant des despotismes militaires. L'historien d'aujourd'hui est assez enclin à moraliser et à se lamenter sur ce changement ; mais la transformation fut partout éminemment populaire, et partout elle excita un enthousiasme tout aussi naïf que celui des radicaux modernes pour la démocratie future. L'Empire romain, les Tyrannies italiennes, la Monarchie anglaise des Tudors, la Royauté française avec sa centralisation, le Despotisme napoléonien, tous ont été salués par des acclamations, pour la plupart, d'une franche

Chapitre II : NATURE DE LA DÉMOCRATIE

sincérité, soit parce que l'anarchie venait d'être muselée, soit parce que de petites tyrannies locales et domestiques se trouvaient contraintes d'abdiquer, soit parce qu'une énergie nouvelle allait s'infuser dans la politique nationale. En Angleterre même, le gouvernement populaire, né de la liberté tribale, revint à la vie plutôt qu'ailleurs. Protégé par l'isolement insulaire de son nouveau séjour, il sut se réserver des moyens d'existence. Et c'est ainsi que la Constitution britannique devint la seule contradiction importante à «la tendance des âges;» que, par son influence indirecte, cette tendance fut renversée ; et que le mouvement reprit vers la démocratie. Néanmoins, même en Angleterre, encore que le roi pût inspirer de la crainte ou de l'antipathie, les fonctions royales n'ont jamais perdu de leur popularité. La République et le Protectorat n'ont jamais obtenu un seul instant la faveur réelle du peuple. Le véritable enthousiasme fut réservé pour la Restauration. Ainsi, depuis le règne de César Auguste jusqu'à la fondation des Etats-Unis, c'est la démocratie qui avait toujours décliné, en règle générale, sans que le déclin subît un seul temps d'arrêt avant l'implantation en Amérique du gouvernement fédéral, rejeton lui-même de la Constitution britannique. En ce moment, la démocratie reçoit les éloges hyperboliques dont on inondait jadis la monarchie ; et quoique, sous sa forme moderne, elle soit le produit d'une longue série d'accidents, il est encore des gens qui la regardent comme poussée dans son progrès continu par une force irrésistible.

Indépendamment de la curiosité tout historique de savoir d'où vient la mode de s'incliner aussi profondément devant la démocratie, il y aurait à se demander dans quelle mesure la monarchie à rebours qui prend ce nom mérite le respect qu'on lui témoigne. Parmi les philosophes de valeur, c'est encore Jeremy Bentham qui la tenait en meilleure estime. Son autorité est entrée pour quelque chose dans l'énorme extension des suffrages, au sein de la plupart des Etats de l'Union américaine ; il est, en outre, le père intellectuel de cette mâle école de radicaux anglais, qui s'est éteinte avec M. Grote. Il réclamait, pour les gouvernements doués des caractères essentiels de la démocratie, le privilège d'échapper mieux que les autres gouvernements à ce qu'il appelait des influences «sinistres.» Et par influences sinistres, il entendait les motifs qui induisent un gouvernement à préférer les intérêts de telle ou telle portion minime

Henry Sumner Maine

de la communauté aux intérêts de l'ensemble. Je crois certainement que, sauf une réserve très importante dont je parlerai tout à l'heure, Bentham avait raison de réclamer pour la démocratie le crédit de cet avantage ; et c'était spécialement justice de le faire, eu égard aux circonstances de son temps. Durant la période la plus active de sa longue existence, il avait vu la Révolution française arrêter net toute espèce de progrès ; et, au milieu du relâchement dans la surveillance des affaires générales qui s'en était suivi, des intérêts mesquins et égoïstes de toute sorte s'étaient nichés dans le budget anglais, comme les barons pillards de l'Italie et de l'Allemagne au Moyen Age se créaient des repaires au sommet de chaque roche escarpée. Bentham trouvait naturel qu'il en fût ainsi. Le plaisir et la peine sont les vrais maîtres de la vie, disait-il. Chacun suit son intérêt comme il l'entend ; et la partie de la communauté qui détient le pouvoir politique en usera pour son propre bénéfice. Le seul remède à la situation est de transférer le pouvoir à la communauté tout entière. Il est impossible qu'elle en abuse, car l'intérêt qu'elle s'efforcera de poursuivre sera l'intérêt de tous; or l'intérêt de tous forme le but légitime et l'objet rationnel de toute législation.

A ce raisonnement, en apparence irrésistible, on peut opposer une ou deux remarques. En

premier lieu, l'avantage que l'on réclame ici pour la démocratie appartient également à la monarchie, notamment sous sa forme la plus absolue. Il est indubitable que l'Empereur romain s'inquiétait plus du bien-être général des nombreux groupes de peuples soumis à sa puissance que ne l'avait jamais fait la République aristocratique. La popularité des grands princes qui ont broyé la féodalité européenne provient de ce qu'ils témoignaient à la totalité de leurs vassaux beaucoup plus d'impartialité qu'on n'en eût pu obtenir des petits feudataires; et, de nos jours même, si vagues et si nuageux que soient les titres d'une prétendue *nationalité* à notre attention, un Etat fondé sur ce principe possède d'ordinaire une supériorité pratique, par cela seul qu'il nivèle les petites tyrannies ou oppressions locales. Il faut observer, en outre, que l'expérience d'un demi-siècle nous a révélé une lacune sérieuse dans le raisonnement de Bentham, expérience que l'on pourrait faire remonter beaucoup plus haut à l'aide de ces recherches historiques que Bentham négligeait, et que peut-être il dédaignait.

Chapitre II : NATURE DE LA DÉMOCRATIE

Les gouvernements démocratiques s'efforcent sans doute de légiférer et d'administrer suivant les intérêts de la démocratie, pourvu que l'on veuille bien entendre par là les intérêts que la démocratie suppose réellement tourner à son avantage. Quand il s'agit du gouvernement effectif, le criterium de l'intérêt ne répond à aucune des idées que Bentham eût approuvées ; mais il se conforme simplement à l'opinion populaire. Personne n'eût été plus prompt que Bentham à reconnaître ce fait, si sa vie étonnamment longue se fût encore prolongée jusqu'à ce jour. Il est l'aïeul des libéraux avancés ou radicaux, qui priment aujourd'hui sur toute la ligne. Leur instrument favori en politique sort tout entier de sa fabrique intellectuelle. Le suffrage domestique [1] (auquel il donnait une légère préférence sur le suffrage universel), le vote au scrutin, les Parlements à court terme, jadis en si grande faveur, reçurent son plus énergique appui ; ajoutez qu'il détestait la Chambre des Lords. Et cependant il n'est pas d'écrivain politique dont les convictions les plus enracinées et les plus fondamentales soient en opposition plus directe avec les idées radicales du jour. On n'a qu'à ouvrir ses livres pour y

trouver en abondance la preuve de cette assertion. A chaque page, on tombe sur une démonstration nouvelle de ce fait que tout le mécanisme de la société humaine repose sur la satisfaction des aspirations raisonnables, et, par conséquent, sur le strict maintien du droit de propriété et sur l'inviolabilité du contrat. On y trouve les conseils les plus prudents pour mettre l'Etat en garde contre l'acquisition à la légère de la propriété privée, dans un but d'utilité publique, et des protestations véhémentes contre la suppression des vieux abus sans le paiement d'une ample et préalable indemnité à ceux qui y ont quelque intérêt. Au milieu de ses diatribes contre les fautes capitales du législateur, il est amusant de lire ses explosions [2]

---

1 [*Household suffrage*, c'est-à-dire, suffrage par «feu,» ou suffrage des chefs de famille].

2 «L'un des progrès les plus importants et les mieux compris en Angleterre est la clôture des communaux. Quand nous traversons les terres qui ont subi cette heureuse transformation, nous sommes dans l'enchantement comme à la vue d'une colonie nouvelle : moissons , troupeaux , maisons souriantes, succèdent maintenant à la tristesse et à la stérilité du désert. Heureuses conquêtes d'une industrie paisible ! Nobles agrandissements qui n'inspirent aucune alarme et ne provoquent aucune inimitié !» (Bentham, *Oeuvres,* t. I, p. 342)

Henry Sumner Maine

d'enthousiasme pour le partage et la clôture des communaux, que l'on nous représente parfois comme le vol de l'héritage du pauvre. Les vices même des raisonnements politiques qu'il s'imaginait avoir réfutés pour toujours ont pris un regain de vitalité au sein de l'école dont il est précisément le fondateur. Les sophismes anarchiques qu'il clouait au pilori ont émigré de France en Angleterre, et peuvent se lire dans la littérature du libéralisme avancé, côte à côte avec les erreurs parlementaires qu'il raillait si vertement dans les débats d'une Chambre des communes imprégnée d'idées tories.

Le nom de Jeremy Bentham, l'un de ces hommes d'élite qui consacrent toute leur vie à ce qu'ils regardent comme le bonheur de l'espèce humaine, est devenu, même près des gens instruits, un mot d'ordre pour stigmatiser ce que l'on appelle son «opinion terre à terre» de la nature humaine. Le fait est plutôt qu'il a grandement surfait la nature humaine, sous ses aspects les plus importants. Il a trop attendu de son intelligence. Il supposait à tort que les vérités dont il avait lui-même la perception claire et nette à la vive lumière de son esprit pouvaient frapper également les yeux de tous les autres hommes ou du moins de la plupart d'entre eux. Il ne comprenait pas qu'elles n'étaient visibles qu'à un petit nombre, à la seule aristocratie intellectuelle. Son illusion fut d'autant plus profonde qu'il ne prêtait aucune attention aux faits tant soit peu en dehors de sa sphère visuelle. Sachant médiocrement l'histoire et ne s'en inquiétant guère, il négligea par là une méthode facile de vérifier le degré d'erreur extrême auquel peut atteindre une multitude quand il s'agit de la conception de ses intérêts, «Le monde,» dit Machiavel, «se compose de vulgaire.» Aussi, la thèse fondamentale de Bentham se tourne-t-elle contre lui. Elle prétend que si vous confiez le pouvoir aux mains d'un homme, il s'en servira dans son propre intérêt. Appliquez la règle à l'ensemble d'une communauté politique, - vous devriez obtenir un système parfait de gouvernement. Mais ai vous la rattachez à ce fait notoire que les multitudes sont beaucoup trop ignorantes pour entendre leur propre intérêt, elle fournit le meilleur des arguments contre la démocratie.

L'immunité des influences sinistres, la résistance à la tentation de préférer les petits intérêts aux grands, toutes ces qualités que

Bentham réclamait pour la démocratie, il aurait dû

par conséquent les étendre aux formés les plus absolues de la monarchie. Et pourtant, si on lui en avait suggéré l'idée, il eût probablement répondu que la monarchie avait une tendance manifeste à prodiguer d'injustes faveurs à l'armée, au fonctionnarisme, à la cour, en un mot aux classes qui l'approchent de plus près. Cependant, la monarchie comptait déjà une bien longue histoire, du vivant de Bentham, et la démocratie n'avait qu'une histoire très courte. Et ce n'est qu'à mesure que s'est développée l'histoire politique de l'Union américaine qu'il nous a été possible de reconnaître, dans les gouvernements foncièrement populaires, les infirmités qui caractérisent les monarchies, dont ils ne sont que la reproduction inverse. A l'abri de l'un comme à l'abri de l'autre, toutes sortes d'intérêts égoïstes prospèrent et se multiplient, spéculant sur ses faiblesses tout en prétendant n'être que ses serviteurs, ses agents et ses délégués. Néanmoins, sous les réserves nécessaires, je ne refuse pas d'accorder aux démocraties quelques-unes des qualités qu'un penseur viril comme Bentham croyait devoir inscrire à leur actif. - Mais en calculant ces avantages au maximum, ils sont plus que compensés par un énorme inconvénient. De toutes les formes de gouvernement, la démocratie est de beaucoup la plus difficile. Si peu que la multitude régnante ait conscience de cette difficulté, portées comme le sont les masses à l'aggraver par leur avidité à prendre de plus en plus le pouvoir sous leur coupe directe, c'est un fait que l'expérience a mis hors de doute. C'est la difficulté des gouvernements démocratiques qui explique surtout la durée si éphémère de leur ascendant.

Mais de toutes les difficultés que rencontre une démocratie, la plus grave, la plus constante, la plus fondamentale, tient aux entrailles .mêmes de la nature humaine. La démocratie n'est qu'une forme de gouvernement, et dans tout gouvernement l'action de l'Etat est déterminée par l'exercice d'une volonté. Mais en quel sens une multitude peut-elle faire acte de volition ? Qui voudrait étudier la politique ne saurait se poser une question plus topique. Sans doute, l'opinion vulgaire est persuadée que la multitude prend son parti comme le prend un individu. Le Démos se détermine à agir comme tout autre monarque. Une foule d'adages et d'expressions populaires attestent cette croyance. «La volonté du peuple,» «l'opinion publique,» «le bon plaisir de la nation,» *Vox populi, vox Dei,* appartiennent à cette catégorie de clichés qui constituent, à vrai dire, la meilleure part du bagage usuel de la presse et des réunions électorales. Mais, en somme, que signifient ces expressions ? Elles doivent signifier qu'un grand nombre de gens, sur un grand nombre de questions, arrivent à une conclusion identique, et sur cette conclusion peuvent appuyer une décision unanime. Mais ceci n'est manifestement vrai que des questions les plus simples. Le moindre accroissement de difficulté diminue sensiblement, du coup, les chances d'accord ; et si la difficulté devient considérable, l'identité d'opinion n'est plus le lot que des esprits exercés qui s'aident de raisonnements plus ou moins rigoureux. Sur les questions complexes de la politique, - que l'on dirait calculées pour mettre à l'épreuve les aptitudes des plus puissants esprits, et que cependant, au fond, les hommes d'Etat les plus experts ont tant de peine à comprendre et à formuler exactement, si bien qu'ils les tranchent, le plus souvent, de la façon la plus hasardée, - la communauté de décision, de la part d'une multitude, est un espoir chimérique. Et d'ailleurs, s'il était réellement possible d'extraire d'une masse d'individus une opinion certaine sur ces questions, et de conformer à cette opinion, comme à l'ordre d'un souverain, les actes administratifs et législatifs d'un Etat, il est probable que l'on commettrait les bévues les plus ruineuses et que tout progrès social en serait arrêté. La vérité est que les enthousiastes de la démocratie moderne font une confusion capitale. Ils confondent, avec la croyance que le Démos est capable de volition, le fait qu'il est capable d'adopter les opinions d'un homme ou d'un nombre d'hommes restreint , et de donner ses instructions en conséquence aux agents de son pouvoir.

Le fait que la prétendue volonté du peuple réfléchit simplement l'opinion d'une ou de quelques personnes adoptée par lui, comporte une preuve décisive tirée de l'expérience. Le gouvernement populaire et la justice populaire ont été, à l'origine, une seule et même chose. Les anciennes démocraties consacraient beaucoup plus de temps à l'exercice de la juridiction civile et criminelle qu'à l'administration de leurs affaires publiques ; et il est de fait que la justice populaire a duré plus longtemps et avec plus de continuité, et qu'elle a été l'objet de plus d'attention et de plus de soins que

Chapitre II : NATURE DE LA DÉMOCRATIE

le gouvernement populaire proprement dit. En bien des pays, elle a cédé la place à la justice royale, qui était d'une antiquité pour le moins égale ; mais elle ne lui a pas cédé la place aussi universellement, ni aussi complètement que le gouvernement populaire à la monarchie. Nous avons, en Angleterre, conservé un reste de l'ancienne justice populaire dans les fonctions du jury. Le jury, - qu'en termes techniques on appelle «le pays,» - n'est autre que la vieille démocratie dans son rôle judiciaire, limitée, modifiée et améliorée suivant les principes suggérés par l'expérience des siècles, de manière à la mettre en harmonie avec les idées modernes sur l'efficacité de la justice [1]. Le changement qu'il y a fallu introduire est éminemment instructif. Les jurés sont au nombre de douze au lieu d'être une multitude. Leur principale fonction est de répondre «oui» ou «non» à des questions, sans doute d'une certaine importance, mais qui relèvent de faits appartenant au cercle de la vie quotidienne. Pour obtenir un résultat positif, les jurés sont soumis à un système d'inventions et de règles tout artificielles, d'une élaboration extrême. Un expert préside à leur enquête, - savoir, le juge, qui représente la justice rivale, c'est-à-dire la justice royale ; - et une littérature volumineuse est consacrée aux conditions dans lesquelles peuvent leur être présentées les preuve relatives aux faits litigieux. Tout témoignage qui tendrait à les influencer déloyalement se trouve rigoureusement exclu. Comme jadis, les plaideurs ou les avocats s'adressent directement à eux, mais leur enquête s'opère et se termine avec une sécurité inconnue des temps antiques, grâce au résumé de l'expert-président, qui est tenu par sa profession à la plus stricte impartialité [2]. S'il se trompe pour son compte, ou s'ils tombent dans une erreur flagrante, la procédure peut être cassée par une cour supérieure composée d'experts. Telle est la justice populaire après des siècles de culture intellectuelle. Or, il se trouve que le plus ancien des poètes grecs nous a laissé un tableau, pris certainement sur le vif, de ce qu'était la justice populaire dans son

---

1 Cette question complexe a été étudiée par Stephen (*History* of *Criminal Law*, t. I, p. 254) ; Stubbs (*Constiutional History*, Oxford, Clarendon Press, 1874-78, t. I, p. 685, spécialement note 3) ; Maine, *Etudes Sur l'ancien droit et la Coutume primitive,* trad. fr., Paris, Thorin , 1884, ch. V1).

2 [On sait qu'en Angleterre le président des assises a le droit, dans son résumé, d'indiquer au jury sa propre opinion sur les faits de la cause, à titre de direction pour le verdict].

Henry Sumner Maine

enfance. La cour primitive est en séance ; la question posée est : «Coupable» ou «non coupable.» Les anciens de la communauté opinent à tour de rôle ; la démocratie chargée de conclure, c'est-à-dire le commun du peuple, debout à l'entour, applaudit l'opinion qui la frappe le plus, et ses applaudissements déterminent la sentence. La justice populaire des anciennes républiques offrait essentiellement les mêmes caractères ; la démocratie-juge suivait simplement l'opinion qui l'impressionnait le plus dans le discours de l'avocat ou du plaideur. Et il n'y a pas l'ombre de doute que, sans le droit de répression sévère qui appartient au juge-président, le jury moderne en Angleterre céderait aveuglément son verdict au talent persuasif de l'un ou l'autre des conseils qui ont été retenus pour lui expliquer la cause.

La démocratie gouvernante d'aujourd'hui n'est autre que la vieille démocratie judiciaire, sauf des changements minimes. On ne saurait dire, il est vrai, qu'aucun effort n'a été tenté pour introduire dans le gouvernement de la multitude des modifications analogues à celles qui ont transformé le tribunal de la foule en jury, puisque nombre d'expédients pour mitiger les difficultés du gouvernement populaire ont été proposés, voire même appliqués, aussi bien en Angleterre qu'aux Etats-Unis. Mais, de nos jours, un courant semble s'établir très distinctement, qui nous porte vers une démocratie sans frein, vers le gouvernement de la foule attentive à garder en main l'administration générale de ses propres affaires. Pareil gouvernement ne peut trancher les questions qui lui sont soumises qu'à la façon des vieilles cours de justice populaires, en applaudissant l'éloquence de quelque beau parleur. La foule dirigeante ne se formera une opinion qu'en suivant l'opinion préalable d'une personnalité quelconque, - soit le chef d'un grand parti, - soit un petit politicien local, - soit une association solidement organisée, - soit un journal impersonnel. L'habitude de décider suivant les plausibilités (au sens strict du mot) gagne chaque jour un énorme terrain, devient de plus en plus confuse ou capricieuse, et donne des résultats d'autant plus informes et ambigus que le nombre des gens consultés le multiplie.

Les expériences les plus intéressantes et, somme toute, les plus heureuses en matière de gouvernement populaire sont celles où l'on a franchement reconnu les difficultés inhérentes à ce

Chapitre II : NATURE DE LA DÉMOCRATIE

régime. Au premier rang de ces expériences nous devons placer la découverte (virtuellement anglaise) du gouvernement par «représentation,» qui nous a permis de soustraire, dans les Iles Britanniques, les institutions parlementaires à la destruction qui les a surprises partout ailleurs, et de les transmettre en héritage aux Etats-Unis. Suivant ce système, tel qu'il était encore en son printemps, un corps électoral qui, en Angleterre du moins, n'a jamais été très considérable, choisissait un certain nombre de personnes pour le représenter au sein du Parlement, sans prétendre les enchaîner par des instructions expresses, quoiqu'il fût entendu, par une sorte d'accord général, qu'elles s'efforceraient d'imprimer aux affaires publiques une direction donnée. Le résultat en a été de diminuer les difficultés du gouvernement populaire dans l'exacte proportion où diminuait le nombre des personnes chargées de décider sur les questions publiques. Mais ce fameux système est évidemment en voie de déclin, grâce à l'ascendant que gagne progressivement à son encontre la doctrine courante que de grandes masses d'individus sont aptes à trancher directement toutes les questions nécessaires. Le mécanisme, au moyen duquel on s'efforce de réduire le représentant à n'être que le porte-voix des opinions collectives de la localité qui l'expédie à la Chambre des communes, est, nous avons à peine besoin de le rappeler, celui-là même que l'on suppose en général nous avoir été importé des Etats-Unis, sous le nom de *caucus,* quoiqu'il pût fort bien avoir un modèle domestique dans l'organisation cléricale du méthodisme wesleyen. On raconte que les vieux toxicologues italiens rangeaient toujours leurs découvertes chimiques en séries de trois termes : d'abord le poison ; puis l'antidote ; en dernier lieu, la drogue destinée à neutraliser l'antidote. L'antidote contre les infirmités fondamentales de la démocratie était la représentation ; mais on a maintenant trouvé dans le *caucus,* la drogue qui l'annihile. Et, par une double malchance, la conversion rapide du représentant jadis libre de chaînes en un simple délégué chargé d'instructions est survenue juste au moment où la Chambre des communes elle-même commençait à ressentir les difficultés que devait inévitablement amener le nombre excessif de ses membres. Jeremy Bentham avait l'habitude de critiquer comme un grave abus la non-présence des membres du Parlement à toutes les

Henry Sumner Maine

séances. Mais il paraît aujourd'hui qu'une assiduité médiocre de la part des membres et une participation encore plus sobre de la plupart d'entre eux aux débats étaient choses essentielles à la bonne gestion des affaires par la Chambre des communes, qui était dès lors, comme elle est maintenant, l'assemblée délibérative la plus nombreuse du monde. L'obstruction, que les politiciens expérimentés déplorent avec tant de doléances et de surprise, n'est rien autre qu'un symptôme de la maladie familière aux grands corps gouvernants. Elle provient du nombre des députés à la Chambre des communes et de la diversité des opinions qui luttent pour s'y faire jour. Les remèdes tentés jusqu'ici pour guérir de l'obstruction ne sont, à mon sens, - et l'avenir le prouvera, - que de simples palliatifs. Jamais une assemblée nombreuse et désireuse de gouverner réellement ne pourra en demeurer indemne ; et le mal aboutira probablement à une révolution constitutionnelle, la Chambre des communes abandonnant la plus grande partie de son autorité législative à un cabinet de ministres exécutifs.

Un autre expédient, basé, comme le système représentatif, sur la reconnaissance des difficultés fondamentales, a été plus d'une fois mis à l'essai du vivant même de notre génération, bien qu'en dehors de notre pays. Sous l'une de ses formes, on l'appelle «plébiscite». On prend une question ou une série de questions ; on les simplifie autant que possible ; et toute la portion de la communauté qui jouit de la franchise électorale est priée d'y répondre : «Oui» ou «Non». Les bigots de la démocratie commencent par oublier, ou par écarter pour les besoins de la cause, les énormes majorités avec lesquelles, hier encore, le peuple français, - dont le gouvernement passe aujourd'hui pour démocratique, - donnait à un despote militaire toutes les réponses que ce dernier souhaitait. Mais on peut leur accorder que la question soumise au vote des citoyens n'était pas honnêtement formulée, quelque simplifiée qu'elle parût en la forme. Louis-Napoléon Bonaparte devait-il être nommé Président à vie avec de larges pouvoirs législatifs ? Devait-il devenir Empereur héréditaire ? Devait on lui permettre d'abdiquer une portion de l'autorité qu'il avait assumée ? Ce n'étaient là rien moins que des questions simples. C'étaient, au contraire, des questions d'une complexité telle qu'il était impossible d'y répondre par un «oui» ou par un «non» tout pur. Mais le principe du plébiscite s'est greffé sur la Constitution fédérale de la Suisse ; et même, dans quelques-unes des Constitutions cantonales, le *Referendum,* comme on l'appelle, existait depuis une date antérieure. Ici, il n'y a pas lieu de formuler une accusation de déloyauté. Une loi nouvelle est d'abord consciencieusement débattue, votée ou amendée par la législature ; puis, la connaissance des débats est portée par les journaux dans tous les recoins de la Suisse. Mais la loi n'entre pas immédiatement en vigueur. Si un certain nombre de citoyens le désire, le corps électoral tout entier est appelé à répondre «oui» ou «non» à la question de savoir si la loi sera mise en œuvre. Je ne prétends pas dire que l'expérience ait échoué, mais elle ne saurait être regardée comme absolument heureuse que par ceux qui désirent voir la législation réduite au minimum. Contrairement à toute attente [1], et à l'amer désappointement des auteurs du *Referendum,* des lois de la plus haute importance, parfois même rédigées ouvertement dans un but de popularité, ont dû subir le *veto* du peuple, après avoir été adoptées par la législature fédérale ou cantonale. Ce résultat est assez intelligible. Il se peut qu'à force d'agitation ou d'objurgations, on provoque dans l'esprit des citoyens ordinaires l'impression plus ou moins vague qu'ils souhaitent du changement sur un point donné. Et quand l'agitation s'est calmée jusqu'à la lie, quand l'excitation s'est éteinte, quand le sujet a été rebattu, quand la loi est sous les yeux de l'électeur dans tous des détails, ce dernier est sûr d'y trouver quantité de choses de nature à troubler ses habitudes, ses idées, ses préjugés, ou ses intérêts, si bien qu'à la longue il finit par voter «non» sur tout ce qu'on lui propose. L'illusion que la démocratie, une fois maîtresse de piétiner toute chose, deviendrait une forme progressive de gouvernement, n'existe plus à l'état de conviction enracinée que dans le cerveau d'une certaine école

---

1 Ce qu'étaient ces espérances, on en peut juger d'après le langage de M. Numa Droz. M. Droz appelle le *Referendum* «l'essai le plus grandiose qu'une république ait jamais tenté.» Et cependant tel en a été l'effet, depuis le début de l'expérience, en 1874, que l'on a vu repousser, entre autres lois votées par la législature fédérale : une loi électorale (deux fois) ; une loi sur le cours monétaire ; une loi créant un ministère spécial pour l'Instruction publique ; une loi créant un ministère de la Justice ; une loi attachant un traitement au poste de secrétaire de légation à Washington ; et une loi permettant de transférer la *venue* d'une affaire criminelle au tribunal fédéral, lorsqu'il y a lieu de suspecter l'impartialité d'un tribunal cantonal. Il est assez curieux que, sous le régime du *referendum* cantonal, une loi établissant l'impôt progressif sur le revenu ait été repoussée.

Henry Sumner Maine

politique. Mais il ne saurait y avoir d'illusion plus grossière. Elle ne s'appuie ni sur l'expérience ni sur les probabilités. En Orient, les Anglais se trouvent en contact avec d'immenses populations naturellement douées d'une intelligence élevée, et pour lesquelles cependant la simple idée d'une innovation est chose répulsive. Le seul fait qu'il existe des populations de ce caractère devrait nous porter à penser que la différence capitale entre l'Orient et l'Occident consiste uniquement en ceci, que l'Occident possède une minorité plus nombreuse d'esprits exceptionnels qui, pour des raisons bonnes ou mauvaises, éprouvent le désir sincère de voir s'opérer des changements. Tout ce qui a rendu l'Angleterre célèbre, tout ce qui lui a donné la richesse a été l'œuvre de minorités, parfois infimes. Il me paraît absolument certain que si, depuis quatre siècles, il avait existé dans ce pays une franchise électorale très étendue et un corps d'électeurs très nombreux, il n'y aurait eu ni réforme religieuses ni changement de dynastie, ni tolérance pour les dissidents, ni même un calendrier exact. La machine à battre, le métier à tisser, la mule-jenny, et peut-être la machine à vapeur, auraient été prohibés. Aujourd'hui même, la vaccine est en très grand danger ; et nous pouvons dire qu'en thèse générale l'intronisation graduelle de la foule, l'avènement des masses au pouvoir est du plus fâcheux augure pour toute législation basée sur des doctrines scientifiques, qui réclament de la tension d'esprit pour être comprises et de l'abnégation pour être obéies.

La vérité est que les difficultés inhérentes à la démocratie sont si nombreuses et si formidables, dans les sociétés vastes et complexes comme nos sociétés modernes, qu'elle ne peut ni durer ni fonctionner si elle n'appelle à son aide certaines forces qui ne lui sont pas exclusivement associées, mais dont elle stimule grandement l'énergie. Parmi ces forces, celle à laquelle elle est le plus redevable est incontestablement l'esprit de parti.

Parmi les forces qui agissent sur l'humanité, aucune n'a été moins étudiée que l'Esprit de Parti, et cependant il n'en est pas qui mérite une attention plus soutenue. La difficulté que les Anglais éprouvent notamment à en examiner la nature rappelle l'embarras qu'éprouvaient jadis les gens expérimentés quand on leur parlait du poids de l'air. Il les enveloppait si uniformément, et pesait sur eux si également, que la théorie nouvelle leur semblait

Chapitre II : NATURE DE LA DÉMOCRATIE

incroyable. Néanmoins il n'est pas malaisé de montrer que l'esprit et le gouvernement de parti sont choses très extraordinaires. Supposons qu'il fût encore de mode d'écrire des apologues comme ceux dont raffolait le siècle dernier, où quelque étranger venu de l'extrême Orient ou de l'extrême Occident, - un Persan plein d'une curiosité intelligente, un Huron dont l'ingénuité n'avait pas encore été corrompue par la civilisation, un bonze sans préjugés arrivant de l'Inde ou de la Chine, - entreprenait de décrire à ses parents de l'autre bout du monde les croyances et coutumes des pays européens, telles qu'elles frappaient ses yeux. Supposons que, dans une de ces bagatelles à la manière de Voltaire ou de Montesquieu, le voyageur expose le mécanisme d'une communauté politique d'Europe, instruite et puissante, où le secret du gouvernement consiste en ceci : que la moitié des gens les plus habiles du pays se donnent toutes les peines du monde pour empêcher l'autre moitié de gouverner. Ou encore, imaginons qu'un auteur moderne, avec l'impitoyable pénétration d'un Machiavel, analyse le tempérament d'un héros de parti, - chef ou agitateur, - de même que l'illustre Italien analysait le personnage non moins curieux et non moins. important qu'on appelait à son époque le Tyran ou Prince. Pas plus que Machiavel, notre auteur ne perdrait son temps à approuver ou à condamner en vertu de principes moraux ; il se bornerait à «suivre la vérité réelle des choses plutôt que leur aspect imaginaire [1].» «On a inventé,» dirait-il, «bien des héros de parti qui n'ont jamais existé en réalité, du moins à la connaissance de personne.» Quant à lui, il les représenterait tels qu'ils ont vécu réellement. En leur accordant toutes les vertus privées, il nierait que ces vertus aient exercé sur leur conduite publique la moindre influence, sauf en ce qu'elles leur facilitaient précisément le moyen de convaincre le peuple de la vertu de leur conduite publique. Mais cette conduite publique, il trouverait qu'en somme elle est plutôt non morale qu'immorale ; d'où il conclurait, d'après ses propres observations, que le héros de parti se voit interdire par sa situation la libre pratique des plus nobles vertus, telles que la franchise, la justice, et l'intrépidité morale. Bien rarement le grand homme aurait la latitude de dire la pleine et entière vérité ; il ne pourrait être juste envers personne si ce n'est envers ses partisans et ses associés. Il ne pourrait guère faire

---

1 *Le Prince*, ch. XV.

Henry Sumner Maine

preuve de courage, sauf dans l'intérêt de sa faction. Le tableau tracé par notre auteur serait tel, que peu de nos contemporains oseraient en nier la ressemblance ; quoiqu'ils pussent excuser la rencontre du modèle dans la nature, en arguant d'une sorte de nécessité morale. Et c'est ainsi que, dans un siècle ou deux, quand les démocraties seraient aussi oubliées que les princes italiens d'autrefois, notre Machiavel moderne verrait peut-être son nom marqué d'infamie, et son livre devenir le type proverbial de l'immoralité.

L'esprit de parti offre des affinités nombreuses et intimes avec la religion. Ses dévots, comme ceux d'une confession religieuse, sont assez portés à substituer la conviction factice qu'ils ont adopté ce parti après mûre délibération, au fait qu'ils y sont nés ou qu'ils y sont tombés accidentellement. Mais ils répugnent au plus haut degré à rompre ouvertement avec lui. Ils regardent comme une honte d'avouer ses faiblesses, sauf à des coreligionnaires ; et s'il se trouve dans un embarras sérieux, ils viennent à son aide ou se précipitent à la rescousse pour le sauver. Leurs rapports avec ceux qui vivent hors de l'enceinte sacrée, - les rapports du whig avec le tory, du conservateur avec le libéral, - ressemblent, en somme, étroitement à ceux du Juif avec le Samaritain. Mais entre la discipline d'un parti et la discipline militaire, la ressemblance est encore plus étroite ; et même, historiquement parlant, le parti n'est probablement autre chose qu'une survivance et une conséquence du caractère agressif de l'humanité primitive. C'est la guerre qui faisait rage autour de la cité, transformée en guerre à l'intérieur des murs, non sans avoir subi d'heureux adoucissements au cours de l'évolution. La meilleure justification que l'histoire puisse nous fournir, à cet égard, est que ce genre d'opposition a souvent permis à des fractions ennemies d'un même peuple de n'être que des fractions politiques, quand autrement elles se seraient combattues les armes à la main. L'antagonisme de parti, comme l'antagonisme des armes, développe nombre de vertus élevées, mais imparfaites et partiales ; il engendre en grande abondance l'abnégation et l'esprit de sacrifice. Mais, partout où il règne, les lois de la morale vulgaire se trouvent incontestablement suspendues, du moins pour une bonne part. On admet alors quantité de maximes qui n'appartiennent ni à la morale ni à la religion ; et les individus se permettent des actes qui, s'il ne s'agissait d'ennemis déclarés ou

Chapitre II : NATURE DE LA DÉMOCRATIE

d'adversaires politiques, seraient rangés par tout le monde dans la catégorie des péchés ou des actes d'immoralité pure.

Les querelles de partis étaient à l'origine la distraction exclusive des aristocraties, qui s'y livraient volontiers parce qu'elles aimaient ce genre de sport pour lui-même ; et le reste de la communauté se rangeait d'un côté ou de l'autre, à titre de cliente. Aujourd'hui l'esprit de parti est devenu une force qui agit avec une énergie extrême sur les démocraties nombreuses, et l'on a imaginé quantité d'inventions artificielles pour en stimuler ou en faciliter l'action. Pourtant, dans une démocratie, la part de pouvoir qui incombe à chaque citoyen est si extraordinairement réduite, qu'il serait presque impossible, même avec l'aide du *caucus,* du *stump* [1], et de la campagne menée par les journaux, d'éveiller l'intérêt de milliers ou de millions d'électeurs, si le parti ne s'adjoignait une autre force politique. A parler net, celle-ci n'est autre que la Corruption. Il circule une anecdote curieuse à ce sujet, racontant une conversation entre le fameux Américain Alexandre Hamilton et l'un de ses amis, qui exprimait son étonnement de voir Hamilton professer une admiration extrême pour le système de corruption profonde qui se dissimulait alors sous le couvert de la Constitution britannique. On prétend qu'Hamilton répondit en déclarant qu'à sa conviction la Constitution tomberait en pièces si la corruption prenait jamais fin. La corruption à laquelle il faisait allusion était celle qu'avaient ouvertement pratiquée les ministres whigs, sous Georges Ier et Georges II, soit en distribuant des places, soit en déboursant de l'argent. Mais sous le règne de Georges III, elle se réduisait à de certaines malversations obscures, dont on n'a point la clé, et qu'expliquait en partie l'insolvabilité constante de ce roi parcimonieux. Naturellement, Hamilton entendait dire par là, qu'en présence des nombreuses difficultés du régime populaire, il était douteux que ce dernier pût fonctionner sous sa forme admise en Angleterre, si les divers gouvernements qui se succédaient n'achetaient leurs suppôts. Et cette opinion pouvait sembler très plausible à l'égard des premiers ministres de la dynastie de Hanovre, tant la Révolution et ses conséquences étaient devenues impopulaires aux yeux d'une partie notable de la nation anglaise. Ce qui vint mettre un terme à cette corruption fut, en somme,

---

1 *Stump,* terme d'argot américain pour désigner les orateurs ambulants.

Henry Sumner Maine

un phénomène d'origine française, et non d'origine anglaise, - la Révolution qui date de 1789, et qui, par la répulsion violente qu'elle inspirait à la plus grande partie du peuple, en même temps que par l'attrait à demi avoué qu'elle exerçait sur le reste de la nation, fournit aux partis opposés, en Angleterre, des principes d'action tels, que le concours des promesses corruptrices devint inutile pour augmenter le nombre de leurs partisans. La corruption que nous voyons Bentham anathématiser plus tard, vers la fin de la grande guerre, n'était plus l'achat régulier des consciences, mais la ténacité des intérêts acquis ; et les vieux usages condamnés n'ont jamais reparu en Angleterre sous leur ancienne forme. On continua d'acheter et de vendre les votes électoraux ; mais on ne rencontra plus de votes parlementaires sur le marché.

On ne pourrait dire avec certitude si Hamilton prévoyait une ère d'intégrité continue pour son propre pays. Ni lui, ni ses collaborateurs, n'étaient assurément préparés au développement rapide de l'esprit de parti qui s'y est bientôt manifesté. Ils croyaient évidemment leur pays destiné à rester pauvre ; et ils s'attendaient probablement à voir annihiler toutes les mauvaises influences par les artifices élaborés de la Constitution fédérale. Mais les Etats-Unis s'enrichirent et se peuplèrent rapidement ; et le suffrage universel de tous les blancs, indigènes ou immigrants, se trouva bientôt établi par la législation des plus puissants Etats. Avec la richesse, une population dense, et une large extension des droits électoraux, la corruption prit un vigoureux essor. Le Président Andrew Jackson proclama le principe «Aux vainqueurs les dépouilles,» que chacun des partis ne tarda pas à adopter ; et, par suite, il épura les fonctions administratives de tous les serviteurs des Etats-Unis qui n'appartenaient pas à sa propre faction. Et la foule des employés en place, nécessairement très nombreux pour un territoire aussi vaste, jointe aux groupes de spéculateurs intéressés à la gestion des terres du domaine public et à la multitude d'industries que protège le tarif des douanes, forma dès lors un corps étendu de contribuables, auxquels on extorquait, comme une sorte de taxe, de fortes sommes d'argent que l'on dépensait incontinent pour organiser en gros la corruption. Une réaction contre ce système a porté au pouvoir le Président actuel des Etats-Unis, M. Cleveland ; mais l'opinion des politiciens qui, hier encore, appuyaient son concurrent, M. Blaine, ressemblait, sans douter très étroitement à celle de Hamilton sur la Grande-Bretagne. Ils étaient persuadés que, sans la corruption, les partis ne pouvaient subsister en Amérique. Il est impossible de fermer la brochure de M. Schérer sans acquérir la conviction qu'en France, les hommes d'Etat qui dirigent les affaires de la République partagent la même opinion [1]. Le tableau qu'il nous trace des expédients qu'ont employés tous les cabinets pour s'assurer l'appui de la majorité, depuis la démission du maréchal de MacMahon, est vraiment déplorable. La corruption publique y atteint des proportions incroyables, avec des projets de travaux publics excessifs et extravagants, à l'une des extrémités de l'échelle, tandis qu'à l'autre bout s'ouvre le trafic des votes dans les comités électoraux, pour les innombrables petites places qui sont à la disposition de l'administration française, l'une des plus centralisées que l'on sache. Le principe, emprunté aux Etats-Unis, que «les dépouilles appartiennent aux vainqueurs» y reçoit son application radicale. Toutes les branches du service public, - y compris la magistrature, depuis l'apparition du livre de M. Schérer, - ont été complètement purgées des fonctionnaires qui ne professent pas une allégeance aveugle au parti momentanément au pinacle.

Nous autres, Anglais, seuls parmi les communautés qui se gouvernent populairement, nous avons tenté sous ce rapport un expédient qui nous est propre. Nous avons abandonné tout patronage aux Commissaires du Service Civil, et nous avons promulgué l'Acte contre les

pratiques corruptrices (*Corrupt Practices Act*). C'est un fait bien singulier que les seules influences qui gardent aujourd'hui une parenté quelconque avec la corruption passée, et qui subsistent encore dans la Grande-Bretagne, soient de nature à ne produire leur effet que dans les régions superfines de la société, où les étoiles, les jarretières, les rubans, les titres, et les lord-lieutenances, circulent communément. Quel doit être, sur le gouvernement anglais, l'action des remèdes héroïques que nous nous sommes administrés ? C'est ce que l'avenir nous apprendra. Qu'adviendra-t-il de notre idée d'emprunter le *caucus* aux Etats-Unis, tout en nous refusant à salir nos doigts avec l'huile dont on se sert dans

1 Voir notamment pp. 24, 25, 27, 29, 35.

Henry Sumner Maine

son pays natal pour lubrifier les rouages de la machine ? Peut-être ne sommes-nous pas libres d'oublier qu'il y a deux formes de corruption. On peut lui donner cours en promettant ou en distribuant à des partisans avides des places rémunérées sur le produit de l'impôt ; mais elle peut consister aussi dans le procédé plus simple et plus direct de dépouiller une classe quelconque de ses biens, par mesure législative, pour les transférer à une autre classe. C'est ce dernier mode de corruption qui menace de devenir le procédé favori des temps nouveaux.

L'esprit de parti et la corruption, en tant qu'influences capables d'enrégimenter, comme le démontre l'histoire, des masses de citoyens sous le joug d'une discipline civile, sont probablement aussi vieux que la politique même. Le grand historien de la Grèce nous a décrit, dans quelques-unes de ses pages les plus émouvantes, la férocité sauvage des luttes de parti au sein des Etats grecs ; et rien n'approche, dans les temps modernes, l'échelle grandiose sur laquelle se pratiquait la corruption, lors des élections de la République romaine, en dépit de toutes les entraves accumulées à l'encontre par une forme antique de scrutin. Tout récemment, on a découvert un troisième expédient pour produire, non certes l'accord parfait, mais un semblant d'accord dans une multitude : c'est le recours aux généralisations, l'artifice qui consiste à formuler brièvement, et à émettre d'un ton tranchant, des propositions générales sur les questions politiques. Jadis on regardait l'aptitude à juger des propositions générales comme l'apanage spécial des esprits élevés, qui se distinguaient par là du vulgaire, toujours noyé dans les détails et les minuties. Une ou deux fois, il est vrai, dans le cours de son histoire intellectuelle, l'humanité est tombée à genoux devant des généralisations pour les adorer ; et d'ailleurs, sans leur secours, il est probable que les plus fortes intelligences seraient incapables de porter le poids toujours croissant des faits particuliers. Mais, en ces derniers temps, une foi immédiate dans les généralités est devenue la caractéristique manifeste des esprits qui, sans être assurément dépourvus de toute instruction, n'ont cependant reçu qu'une éducation imparfaite. Au même moment, les ambitieux qui visent à l'autorité politique trouvaient le secret de fabriquer des principes généraux en nombre voulu. Rien de plus simple. Une généralisation quelconque est le produit de l'abstraction ; et l'abstraction consiste à éliminer un certain nombre de faits particuliers, puis à construire une formule qui englobe le reste ; et la valeur comparée des propositions générales dépend entièrement de l'importance relative des faits particuliers que l'on retient et de ceux que l'on rejette. La facilité toute moderne avec laquelle on généralise s'obtient en opérant avec une précipitation et une inattention singulières ce choix et ce rejet des éléments, qui sont pourtant la grande difficulté à vaincre, lorsqu'on procède avec le soin convenable. Les formules générales auxquelles on arrive, en se bornant, comme le prouve leur plus simple analyse, à recueillir quelques traits spéciaux, vulgaires, ou sans portée réelle, sont mises en circulation avec autant de profusion que si elles étaient frappées sans relâche par un balancier intellectuel ; et nous pouvons lire constamment des débats à la Chambre des communes, où toute la discussion consiste à échanger des généralités assez faibles et des personnalités assez violentes. Sur l'imagination d'une démocratie pure, ce genre de formules générales exerce un effet prodigieux. Il sera toujours aisé de faire accepter à une foule des assertions générales présentées en termes saisissants, quoiqu'elles n'aient jamais été vérifiées et ne soient peut-être susceptibles d'aucune vérification. Et ainsi se forme une sorte d'opinion postiche qui prétend représenter l'opinion courante. Il s'est produit une sorte d'adhésion vague à une proposition non moins vague ; après quoi le peuple, dont la voix est la voix de Dieu, est censé s'être prononcé. Si utile qu'elle soit pour les démocraties, cette légèreté d'adhésion est l'une des habitudes les plus énervantes de l'esprit national. Elle a sérieusement affaibli l'esprit des Français. Elle affecte à son grand détriment l'esprit anglais. Elle ne menace rien moins que de ruiner, dès son premier éveil, l'intelligence de l'Inde, où des abstractions politiques - qui reposent uniquement sur des faits empruntés à l'Angleterre, et qui, même dans leur pays d'origine, demanderaient des réserves - sont appliquées par la minorité dite éclairée et par les journaux du cru à une société qui, pour les neuf dixièmes de sa structure, appartient encore au treizième siècle de l'Occident.

Les points que j'ai essayés d'établir sont les suivants. Sans refuser aux gouvernements démocratiques quelques-uns des avantages que leur attribuait le seul penseur de premier ordre qui ait jamais considéré, en principe, la démocratie comme une

Henry Sumner Maine

excellente forme de gouvernement, j'ai voulu montrer qu'elle offre l'inconvénient signalé d'être de tous les gouvernements le plus difficile, et que les meilleurs moyens à l'aide desquels on ait jusqu'ici tenté d'atténuer cette difficulté sont également nuisibles à la moralité et à l'intelligence de la multitude régnante. Si le gouvernement de la foule est réellement inévitable, on aurait pu croire que l'espoir de découvrir des procédés plus salutaires et plus nouveaux pour remplir les fonctions qui justifient seules l'existence de tous les gouvernements serait de nature à exercer les facultés les plus délicates des plus vigoureux esprits, surtout au sein de la communauté qui, par le succès de ses institutions populaires, a pavé la route de la démocratie moderne. Et cependant, c'est à peine si ce sujet a provoqué, en Angleterre ou sur le Continent, quelque travail qui mérite d'être cité. Je devrais toutefois signaler ici une suite de discussions qui se sont engagées dans le petit royaume de Belgique et qui ont abouti à une expérience très remarquable. Alarmées par une agitation irréfléchie en faveur du suffrage universel, les fortes têtes du pays ont imaginé une loi électorale digne de notre plus respectueuse attention [1]. Conformément à sa teneur, on a essayé d'attacher la franchise électorale, non seulement à la propriété, mais à la capacité avérée sous toutes ses formes. On a confié le droit de vote, non seulement à ceux qui contribuent pour une certaine somme aux revenus de l'Etat, mais à quiconque a pris ses grades dans une université ou collège d'enseignement supérieur, à quiconque peut subir un examen d'une façon satisfaisante, et à tout contre-maître d'un atelier ou d'une manufacture. L'idée est de conférer le pouvoir électoral, non à la foule, mais aux meilleurs d'entre la foule. L'expérience a toutefois été limitée jusqu'ici aux élections provinciales et communales ; et il nous reste encore à voir si un système électoral qui se heurterait à des difficultés toutes spéciales en Angleterre, pourra réussir même en Belgique. En somme, il n'est qu'un seul pays où la question de la forme la plus sûre et la plus efficace du gouvernement démocratique ait été convenablement discutée, et où les résultats de la discussion aient subi l'épreuve de l'expérience : ce sont les Etats-Unis d'Amérique. L'expérience américaine a, selon moi, démontré qu'avec une constitution bien pondérée et dont les clauses ont été mûrement

---

1 *Code électoral belge*, p. 289. Loi provinciale et communale du 24 août 1883.

Chapitre II : NATURE DE LA DÉMOCRATIE

réfléchies, on peut rendre la démocratie tolérable. Les pouvoirs publics sont soigneusement définis. Le mode d'après lequel ils doivent fonctionner est fixé d'avance, et les précautions les plus amples sont prises pour qu'aucune disposition fondamentale de la Constitution soit altérée en dehors de toutes les garanties possibles de circonspection et sans la plus grande latitude de délibération. L'effet de ces précautions n'est pas décisif ; car les Américains établis dans un pays d'une richesse inépuisable, n'ont jamais éprouvé la tentation de se lancer dans une législation socialiste. Mais dans la mesure où elles agissent, on ne saurait leur dénier une forte dose de succès, succès qui a presque dissipé le mauvais renom des anciennes démocraties. L'histoire succincte des Etats-Unis a permis, en même temps, d'établir une conclusion négative d'un grand poids. Quand une démocratie gouverne, il est imprudent d'y laisser sans solution prévue la moindre question d'importance sur l'exercice des pouvoirs publics. J'en pourrais citer plusieurs exemples ; mais le plus concluant est la guerre de Sécession, qui est uniquement due à ce fait que les «pères» de la Constitution omirent délibérément de pourvoir d'avance à la solution de certaines questions constitutionnelles, de crainte de provoquer un débat sur l'esclavage noir. Il semblerait que, tenue en bride par une sage constitution, la démocratie peut devenir aussi calme que l'eau dans un réservoir artificiel ; mais, s'il est un seul point faible dans la construction, la force puissante que le barrage enchaîne s'y fera jour par la brèche et répandra ses ravages destructeurs au loin comme à l'entour.

Cet avertissement mérite la plus vive attention des Anglais. Ils ouvrent de tous côtés les portes à la démocratie. Qu'ils prennent garde de ne pas l'introduire dans un récipient de terre meuble et de sable ; et, tout en prenant à cœur ce conseil, ils feront bien de se demander à quelle sorte de Constitution ils doivent recourir pour limiter le pouvoir et neutraliser les faiblesses des deux ou trois millions de votants qui viennent d'être admis à la jouissance du droit de suffrage, et qui s'ajoutent à la multitude affranchie en 1867. Les événements survenus pendant l'été et l'automne de 1884 n'ont guère eu un caractère rassurant. A ce moment, l'atmosphère était lourde et brûlante ; les assertions passionnées des partis adverses se croisaient en l'air. Les points sur lesquels reposait la controverse

Henry Sumner Maine

n'étaient qu'une simple matière d'interprétation constitutionnelle ; mais le fait que les meilleurs esprits du pays se rangeaient, à ce propos, en des camps opposés, prouve que les problèmes agités étaient loin d'être résolus. Il n'existe aucune autorité reconnue qui puisse trancher les questions par une décision catégorique. Inutile d'en appeler à la Loi, car le principal chef d'accusation contre la Chambre des Lords était précisaient alors l'application abusive de la loi. Inutile d'alléguer la volonté du corps électoral, car le principal chef d'accusation contre la Chambre des communes était précisément qu'elle ne représentait plus les collèges électoraux. Dire d'une pareille discussion qu'elle a été sérieuse serait à peine lui rendre justice. Mais, afin de mieux mettre en lumière la portée et le nombre des questions douteuses dont elle a révélé l'existence, je vais prendre tour à tour les principaux dépositaires de l'autorité publique en Angleterre, - la Couronne, le Cabinet, la chambre des Lords et la Chambre des communes ; - et je vais noter les diverses opinions qui semblent, à l'heure actuelle, se partager l'esprit public, quant au rôle que chaque dépositaire doit jouer dans la législation destinée à altérer la structure de la Constitution.

Les pouvoirs que la loi reconnaît à la couronne, en matière législative, sont le droit d'opposer son *veto* aux bills votés à la fois par la Chambre des communes et par la Chambre des Lords, et le pouvoir de dissoudre le Parlement. Le premier de ces pouvoirs s'est probablement éteint faute d'usage ; mais il n'y a pas l'ombre de raison de supposer qu'il ait été abandonné pour cause d'incompatibilité avec le gouvernement populaire. On a cessé de l'employer parce qu'il n'y avait pas lieu de s'en servir. Le règne des premiers princes hanovriens avait été une période de grande activité diplomatique au dehors ; mais la législation de l'époque se trouvait réduite à la plus complète insignifiance. Le gouvernement royal accaparait d'ailleurs assidûment l'initiative de la législation ; et, pendant plus d'un siècle, les rois réussirent, en somme, à gouverner par l'intermédiaire de ministres de leur choix. Quant au droit de dissoudre le Parlement, de par l'exercice indépendant de la volonté royale, on ne saurait affirmer, avec confiance, qu'il soit tombé définitivement en désuétude. La question a été très discutée dans les colonies, où l'on s'essaie à copier les procédés de la Constitution anglaise ; et il semble généralement admis que le représentant

Chapitre II : NATURE DE LA DÉMOCRATIE

de la couronne ne saurait être blâmé s'il persiste à dissoudre une législature, malgré l'opposition de ses ministres. Il est toutefois probable qu'en Angleterre on pourrait atteindre en partie le même résultat par un procédé différent. La couronne nommerait des ministres prêts à assumer le risque, d'ailleurs très peu sérieux, d'un nouvel appel au corps électoral. Le dernier précédent en la matière est des plus récents. Guillaume IV, oncle et prédécesseur immédiat de Sa Majesté régnante, remplaça Lord Melbourne par Sir Robert Peel en 1834 ; et Sir Robert Peel, comme il l'avoua plus tard à la Chambre des communes, n'hésita pas à prendre sur lui la responsabilité de dissoudre le Parlement.

Le cabinet qui, par une série de fictions constitutionnelles a hérité les nombreux pouvoirs de la couronne, s'est attribué, entre autres, sur la législation, tout le pouvoir royal, et quelque chose en sus. Il peut dissoudre le Parlement ; et, s'il lui plaisait de conseiller à la couronne le veto d'un bill déjà voté par les deux chambres, rien ne prouve clairement que cet acte pût rencontrer la moindre résistance. Qu'il puisse retirer une mesure à n'importe quel moment de son passage à travers l'une ou l'autre chambre du Parlement, c'est ce que tout le monde est prêt à lui accorder ; et, du reste, on a vu ce droit exercé sur la plus vaste échelle à la fin de la session de 1884, où un grand nombre de bills de la plus haute importance ont été brusquement abandonnés, pour déférer à une décision du cabinet. Le cabinet est devenu la seule source de législation sérieuse ; d'où, par la seule force des choses, il est la seule source de législation constitutionnelle. Et comme un amendement à la Constitution doit franchir au passage la Chambre des communes, le maintien ou la modification de ses détails dépend entièrement du premier ministre du jour. Quoique le cabinet, en tant que cabinet, soit complètement ignoré de la loi, il est manifestement, de toutes les institutions anglaises, la seule dont l'autorité et l'influence aillent sans cesse en croissant. Et, déjà, outre le maniement de pouvoirs législatifs supérieurs à ceux de la couronne, il a su accaparer presque tous les pouvoirs législatifs du Parlement ; et, notamment, il a privé ce dernier de son droit d'initiative. La longue familiarité des Anglais avec cette institution et avec les copies qu'on en a faites dans les divers pays de l'Europe, nous dissimule son extrême singularité. Il est de mode, chez les historiens, d'exprimer un

Henry Sumner Maine

étonnement, légèrement nuancé d'antipathie, devant les corps et conseils secrets qu'ils rencontrent parfois, investis d'une grande autorité dans quelques Etats célèbres. Dans l'histoire ancienne, on critique, à ce point de vue, les éphores de Sparte ; dans l'histoire moderne, le conseil des Dix, à Venise. Bon nombre de ces auteurs sont Anglais ; et cependant ils ne semblent pas avoir conscience de ce fait que leur propre pays est gouverné par un conseil secret. Il n'est guère douteux que dans le secret de ses délibérations gît la force du cabinet [1]. Les faiblesses de la démocratie dérivent, en grande partie, de la publicité donnée aux discussions, et quiconque a jamais mis la main aux affaires publiques ne peut avoir manqué d'observer que les chances d'accord, même entre un petit nombre d'individus, croissent en proportion presque mathématique des chances de secret. Si jamais l'augmentation de pouvoir du cabinet rencontre un obstacle, il sera dû probablement à des causes d'une origine toute récente. Un cabinet est essentiellement un comité composé des hommes qui tiennent la tête du parti auquel appartient la majorité dans la Chambre des communes. Mais on perçoit déjà des symptômes qui trahissent le transfert de son autorité sur son parti, à d'autres comités choisis moins en raison de leur supériorité dans les débats parlementaires ou de leurs talents administratifs, que pour leur adresse à manipuler les affaires de la politique locale.

La Chambre des Lords, en droit strict, a la faculté de rejeter ou d'amender toute mesure qui lui est soumise ; et ce pouvoir légal n'a été ni perdu faute d'usage, ni explicitement abandonné sous aucune de ses deux formes, sauf en ce qui regarde les lois de finances. Mais, dans ces derniers temps, il est devenu évident que, lorsque ce droit doit s'exercer sur des mesures destinées à amender la Constitution, on se heurte à des divergences marquées d'opinion, quant au mode et aux conditions de cet exercice. Et, comme la chose arrive fréquemment en Angleterre, il est très difficile, étant

---

1 Jamais secret n'a été mieux gardé que celui des délibérations du cabinet. A part les ministres, passés et présents, on ne trouverait peut-être pas dans le pays une douzaine d'hommes qui sachent exactement comment le cabinet dirige ses discussions, ni comment il aboutit à une décision. On peut tirer cependant, sur ce point, quelques renseignements des Mémoires du second Lord Ellenborough, des Mémoires imprimés, mais non publiés, de Lord Broughton (sir J. Cam Hobhouse) et, dans une certaine mesure, des *Mémoires d'un ancien ministre*, par Lord Malmesbury.

Chapitre II : NATURE DE LA DÉMOCRATIE

donnée la violence des adversaires, de savoir s'ils prétendent que la loi même de ces attributions doit être altérée, ou s'ils pensent que l'exercice du pouvoir qu'ils attaquent est interdit par l'usage, les précédents, une entente conventionnelle, ou simplement l'utilité courante. Les différences d'opinion, à ce propos, sont nombreuses et très tranchées. D'un coté, l'un des partis extrêmes compare le rejet d'un bill par la Chambre des Lords au *veto* d'un bill par la couronne, et insiste pour que le pouvoir de l'une soit abandonné aussi complètement qu'on suppose abandonné le pouvoir de l'autre. A l'inverse, les membres les plus influents de la Chambre des Lords accordent qu'elle agirait inopportunément en rejetant une mesure constitutionnelle dont le corps électoral aurait intimé son approbation par le résultat d'une élection générale [1]. Entre ces deux thèses, il paraît exister plusieurs systèmes intermédiaires, formulés toutefois, pour la plupart, en termes des plus vagues et des plus nuageux. Certaines personnes paraissent croire que la Chambre des Lords n'a le droit ni de rejeter, ni de retarder, une mesure constitutionnelle qui affecte les pouvoirs de la Chambre des communes, ou ses rapports avec les collèges électoraux, ou les collèges électoraux eux-mêmes. D'autres, semble-t-il inclinent à penser que le droit de rejet peut s'exercer sur une mesure de ce genre, si la majorité qui l'a votée à la Chambre des communes est peu nombreuse, mais non si elle excède un certain chiffre. Enfin viennent des controversistes dont on ne saurait guère rien tirer de positif, tant leur langage est violent, si ce n'est que la Chambre des Lords ne devrait jamais mal agir, et qu'elle a précisément mal agi, suivant eux, en telle ou telle circonstance.

Le pouvoir législatif de la Chambre des communes, y compris la législation constitutionnelle, pourrait sembler à première vue complet et sans réserve. Néanmoins, comme je l'ai déjà fait remarquer, elle a, depuis quelque temps, abandonné son initiative en matière de législation, et, quant à la discussion même, elle en abandonne de plus en plus la conduite aux soi-disant ministres de la couronne. On peut observer en outre, si l'on tient compte du langage de ceux qui luttent, en définitive, pour étendre le plus

---

1 Lord Salisbury insista fortement sur cet aspect de la question, devant la Chambre des Lords, quand on lui présenta le Bill pour *désétablir* l'Eglise d'Irlande et supprimer ses dotations. Il est probable que ce discours assura le vote du bill.

Henry Sumner Maine

possible ses pouvoirs, qu'une nouvelle théorie vient d'apparaître, qui soulève un certain nombre de questions embarrassantes en ce qui regarde l'autorité de la Chambre des communes, au point de vue de la législation constitutionnelle. C'est la fameuse théorie du Mandat. Il semble acquis désormais que le corps électoral doit pourvoir la Chambre des communes d'un mandat spécial pour altérer la Constitution. On a soutenu qu'un mandat pour introduire le suffrage domestique dans les comtés avait été délivré à la Chambre des communes élue en 1880, mais non un mandat pour accorder le droit de suffrage aux femmes. Or, qu'est-ce qu'un mandat ? Tel qu'on l'emploie ici, ce mot n'a pas le sens qui lui appartient d'ordinaire en anglais, en français ou en latin. Je suppose que c'est un fragment de l'expression française «mandat impératif,» qui signifie que des instructions expresses ont été délivrées par un collège électoral à son représentant, sans qu'il soit permis à ce dernier de s'en écarter ; et j'imagine que le retranchement du mot d'impératif implique que les instructions ici données sont d'une teneur assez vague et d'une portée générale. Mais sous quelle forme sont-elles données ? Veut-on dire que si un candidat, dans sa circulaire électorale, se déclare en faveur du suffrage domestique ou du suffrage féminin, et, s'il est ensuite élu, il aura mandat de voter pour ce suffrage et non de voter pour un autre ? Et s'il en est ainsi, combien faudra-t-il de circulaires électorales contenant des propositions analogues, et combien faudra-t-il d'élections sur ce terrain pour constituer un mandat à la Chambre des communes tout entiers ? Et encore, si l'on suppose le mandat délivré de la sorte, combien de temps restera-t-il en vigueur ? La Chambre des communes peut siéger pendant sept ans, d'après les clauses de l'Acte Septennal ; mais la loi stricte a rarement été respectée, et, dans la grande majorité des cas, la Chambre des communes n'a pas même duré la presque totalité de cette période. Peut-elle donner suite à son mandat dans sa quatrième, sa cinquième ou sa sixième session, ou faut-il que l'altération de la Constitution soit une des premières mesures auxquelles s'adonne le Parlement chargé de l'opérer ?

Ces questions indécises formèrent le fonds de la controverse qui et rage en Angleterre pendant des mois entiers. Mais l'importance qu'on lui accorda n'était rien moins qu'arbitraire ou accidentelle.

Chapitre II : NATURE DE LA DÉMOCRATIE

La question de savoir dans quelle mesure et de quelle façon le corps électoral doit être averti d'un changement projeté dans la Constitution ; la question de savoir s'il doit alors délivrer l'équivalent d'un «mandat» à la législature ; la question de savoir si les collèges électoraux, tels qu'ils sont actuellement formés, auront pleine juridiction sur les innovations constitutionnelles que l'on propose ; la question de savoir quelle sera la majorité nécessaire pour que la législature prenne une décision sur le chapitre de la Constitution : toutes ces questions appartiennent à l'essence même de la science constitutionnelle. Il n'en est pas une qui soit particulière à l'Angleterre ; ce qui est propre à ce pays, c'est le vague extrême avec lequel on conçoit et formule ces problèmes. Les Américains des Etats-Unis, soumis de tous côtés à la forte pression de la démocratie, et nantis d'une superbe richesse de science constitutionnelle héritée de leurs ancêtres, ont dû prendre et résoudre tour à tour chacun d'eux. Je vais essayer de montrer quels sont leurs modes de solution. Je n'irai pas dès maintenant prendre exemple dans la Constitution fédérale des Etats-Unis, abondante comme elle est en restrictions multiples que ses rédacteurs avaient jugées nécessaires pour assurer à une société destinée probablement à demeurer démocratique l'empire sur elle-même, sans lequel elle ne pouvait devenir ou rester une nation. Il me suffira, pour le moment, de citer les articles sur la procédure à suivre en matière d'amendements constitutionnels, que l'on rencontre dans les constitutions d'Etats particuliers qui, je n'ai pas besoin de le dire, ne peuvent légiférer que dans les limites permises par la Constitution fédérale. Or, l'un des sujets sur lesquels les différents Etats possédaient jusqu'à ces derniers temps des pouvoirs exclusifs, et possèdent encore des pouvoirs assez étendus, est la franchise électorale ; et ceci communique une valeur et un intérêt particulier aux clauses que je vais emprunter à la Constitution du grand Etat de New-York.

L'article 13 de la Constitution de New-York, encore en vigueur, est ainsi conçu :

«Tout amendement ou tous amendements à cette Constitution peuvent être présentés au Sénat et à l'assemblée ; et si ledit amendement ou lesdits amendements sont acceptés par la majorité des membres élus dans chacune des deux chambres, cet amendement ou ces amendements seront enregistrés dans leurs procès-verbaux, avec les «oui» et les «non» afférents, puis renvoyés à la législature qui doit être choisie à la prochaine élection générale, et publiés trois mois avant le moment fixé pour l'élection de ladite législature ; et si, dans la législature ainsi élue comme il est dit, l'amendement ou les amendements proposés sont acceptés par la majorité de la totalité des membres élus dans chaque chambre, il sera alors du devoir de la législature de soumettre au peuple l'amendement ou les amendements proposés, en telle manière et à tel moment que la législature le prescrira ; et si 1e peuple approuve et ratifie cet amendement ou ces amendements, à la majorité des électeurs ayant le droit de choisir les membres de la législature qui a déjà voté à ce sujet, cet amendement ou ces amendements deviendront partie intégrante de la Constitution.»

La section 2 du même article offre un mode alternatif d'amendement.

«Au moment de l'élection générale qui doit avoir lieu (tous les vingt ans), comme aussi à tel moment que la législature peut fixer par une loi, la question «Doit-on réunir une convention pour reviser et amender la Constitution ?» sera soumise à la décision des électeurs ayant droit de voter pour les membres de la législature ; et, dans le cas où la majorité des électeurs ainsi qualifiés au moment de l'élection déciderait la réunion d'une convention dans ce but, la législature, en sa prochaine session pourvoirait par une loi à l'élection de délégués en vue de cette convention.»

Ces clauses de la Constitution de New-York, qui règlent la procédure à suivre pour les amendements constitutionnels, et, par suite, pour les mesures qui étendent ou altèrent la franchise électorale, se répètent en substance dans la Constitution de presque tous les Etats anglo-américains. Partout où l'on rencontre des variantes, elles tendent en général à imposer des restrictions plus sévères. La Constitution de L'Ohio, par exemple, exige une majorité des 3/5 dans chacune des branches de la législature qui propose un amendement, et une majorité des 2/3 est nécessaire quand il s'agit de réunir une convention. Si l'on propose un amendement dans le Massachusetts, il faut une majorité des 2/3 dans la chambre basse ;

et la même majorité est requise dans les deux chambres avant que l'on ait le droit d'amender la Constitution de la Louisiane. La Constitution de New-Jersey donne encore plus de précision, s'il se peut, à la clause de la Constitution de New-York sur la ratification définitive des amendements proposés, par les corps électoraux, en insérant, après les mots «Le peuple approuve et ratifie,» ces autres mots «à une élection spéciale faite uniquement dans ce but.» La même Constitution déclare qu'»aucun amendement ne sera soumis au peuple plus d'une fois en cinq ans;» et, de même que les Constitutions de plusieurs autres Etats, elle ne laisse aucun moyen de réunir une convention.

On ne saurait donc entretenir aucun doute sur la façon dont ces Constitutions d'Etat américaines tranchent les questions formidables dont la discussion de 1884 nous a révélé le caractère encore problématique en Angleterre. Tout d'abord, il faut noter que le corps électoral auquel toutes les Constitutions, sans exception, reconnaissent une juridiction exclusive sur les amendements constitutionnels, est le corps électoral actuel, et non un corps électoral quelconque de l'avenir. Puis on l'avertit avec toute la publicité possible qu'un amendement à la Constitution sera porté devant la prochaine législature qu'il va être appelé à élire. Les deux branches de la législature sortante doivent enregistrer leur conclusion sur ce point, avec le nombre des voix acquises à chacune des opinions divergentes ; et cette conclusion doit être rendue publique trois mois au moins avant l'élection générale. Il est donc parfaitement clair que les représentants choisis au moment de cette élection, recevront ce que l'on peut appeler un «mandat.» L'amendement doit être ensuite accepté à la majorité absolue des deux chambres de la nouvelle législature, ou, comme il est requis dans certains Etats, par une majorité des 2/3 ou des 3/5, soit dans les deux chambres, soit dans l'une d'entre elles. Mais il s'y ajoute encore une garantie décisive. Le mandat doit être ratifié. L'amendement doit être soumis au peuple sous telle forme que la législature juge convenable ; et, comme on peut le voir dans la Constitution de New-Jersey, la ratification est d'ordinaire abandonnée aux mains d'une législature spéciale, nommément élue pour la donner ou pour la refuser.

Telles sont les garanties contre la surprise ou l'entraînement, dans l'élaboration des parties les plus importantes de la législation, que la sagacité politique des Américains a su imaginer. Elles sont bien propres à inspirer de graves réflexions aux politiciens anglais. Le fait le plus remarquable, dans la discussion soulevée récemment, était moins le langage violent et incendiaire employé pour la circonstance, que le vague extrême des considérations sur lesquelles roulait la controverse. On menaçait, par exemple, la Chambre des Lords de la supprimer ou de la mutiler pour la punir d'une certaine offense ; et cependant, à regarder de prés cette offense, on s'apercevait bientôt qu'elle ne consistait que dans la violation d'une sorte de règle ou d'accord tacite, qui n'avait jamais été rédigé par écrit, qui même était contraire au droit strict, et qu'il n'y avait peut-être pas deux esprits réfléchis, dans le pays, capables d'interpréter dans le même sens. L'histoire politique nous montre que, de tout temps, les hommes se sont querellés avec plus d'acharnement à propos de phrases et de formules qu'à propos d'intérêts matériels proprement dits ; et il semblerait que la discussion relative au droit constitutionnel anglais se distingue des discussions sur n'importe quel autre chapitre de la législation, en ce qu'elle n'offre aucun point d'appui solide, et que, par suite, elle laisse cours à une violence irrationnelle. Il est donc oiseux d'espérer qu'une heure plus calme vienne, - maintenant qu'on a créé défensivement deux ou trois millions d'électeurs nouveaux, - où nous osions emprunter quelques-unes des garanties américaines contre la surprise et l'irréflexion, en matière de législation constitutionnelle, et où nous puissions les formuler avec une précision plus où moins analogue à celle des Américains. Est-il, oui ou non, toujours possible d'essayer, en Angleterre, de faire passer un amendement sérieux à la Constitution, en convoquant des réunions tumultueuses de la population affranchie, ou non affranchie, - puis, de lui faire traverser les Chambres, suivant un procédé rapide qui enlève au Parlement lui-même la moindre part dans la rédaction de ses clauses, - puis, enfin, de l'altérer précipitamment dès qu'il est devenu loi, dans le seul but d'accorder le droit de vote à une classe particulière de pauvres et d'indigents ? Certaines personnes imaginent que le vrai remède à la situation serait de convertir la Constitution non écrite de la Grande-Bretagne en une Constitution écrite. Mais notre Constitution est déjà écrite en grande partie. La plupart des

Chapitre II : NATURE DE LA DÉMOCRATIE

pouvoirs de la couronne, la plupart des pouvoirs de la Chambre des Lords, y compris tous ses pouvoirs judiciaires, bon nombre d'éléments constitutionnels de la Chambre des communes, entre autres toutes ses relations avec le corps électoral, - sont depuis longtemps définis par Acte du Parlement. Quant à moi, je ne vois aucune difficulté insurmontable, d'abord à établir une distinction entre la législation ordinaire et la législation qu'en tout autre pays on appellerait «constitutionnelle;» puis à exiger pour cette dernière une procédure législative spéciale, destinée à garantir la maturité et la liberté de discussion, avec une approximation d'impartialité aussi grande que le comporte le système du gouvernement de parti. Sinon, nous n'avons d'autre alternative que de laisser sans solution toutes les questions mises en lumière par la controverse de 1884, et d'abandonner libre jeu à un certain nombre de tendances qui opèrent déjà trop activement. On voit très clairement où elles nous conduisent. Le courant nous emporte vers un type de gouvernement qui s'associe au souvenir d'événements terribles, - vers une assemblée unique, armée, contre la Constitution, de pleins pouvoirs qu'elle peut exercer suivant son bon plaisir. Ce sera une Convention toute puissante en théorie, mais gouvernée par un comité secret de Salut public tout puissant en réalité, et garantie uniquement d'un asservissement complet à l'autorité du cabinet par l'obstruction parlementaire, à laquelle le parti au pouvoir cherchera toujours un remède dans une sorte de guillotine morale.

Chapitre III : L'ÂGE DU PROGRÈS

Il est incontestable que, à l'heure présente, quelques-unes des familles les plus inventives, les mieux policées, et les plus instruites de l'espèce humaine se trouvent dans un état d'esprit d'où l'on pourrait conclure, à premiers vue, qu'il n'est rien dont la nature de l'homme soit aussi tolérante, ou aussi profondément entichée, que la transformation des lois et des institutions. La majeure partie des communautés civilisées regarde aujourd'hui comme d'un avenir positif une série de changements sociaux et politiques que personne, il y a un siècle, n'aurait cru susceptibles d'être effectués, sauf par les convulsions furieuses d'une révolution. Un certain nombre de gens envisage cette perspective avec une grande exaltation d'espérance; un plus grand nombre, avec tranquillité d'esprit ; d'autres, en nombre beaucoup plus grand, avec indifférence ou résignation. A la fin du dernier siècle, une révolution éclata en France, qui vint ébranler l'ensemble du monde civilisé; et les événements terribles qui l'escortèrent, outre l'amer désenchantement qui s'ensuivit, eurent pour conséquence d'entraver tout progrès en Angleterre, pendant trente ans, simplement parce que le progrès constituait une innovation. Puis, en 1830, survint en France une seconde explosion, que suivit, en 1832, la reconstruction du système électoral anglais ; et de la réforme du parlement britannique date cette période de législation continue que semblent traverser non seulement l'Angleterre, mais, par un singulier contre-coup, tout le reste de l'Europe occidentale. On n'a pas assez remarqué combien est rare, dans l'histoire du monde, une activité législative soutenue, sauf depuis une époque qui ne remonte guère au delà de cinquante ans ; et c'est ainsi que l'on a négligé d'accorder une attention suffisante aux divers traits caractéristiques de cette forme de pouvoir souverain que nous appelons Législation. Comme instrument de changement, elle offre évidemment nombre d'avantages sur une révolution ; et, tout en ayant d'ailleurs un fil aussi tranchant, elle est plus douce, plus juste, plus équitable, parfois même mieux calculée dans ses efforts. Mais, à de certains égards, et suivant l'idée qu'on s'en fait aujourd'hui, elle peut se montrer plus dangereuse qu'une révolution véritable. L'insanité prend en politique des formes étranges. Il peut se rencontrer quelque part des gens qui regardent la *Révolution* comme impliquant une série de révolutions successives. Cependant, on doit considérer qu'en somme une révolution accomplit son œuvre d'un seul coup. La législation, au contraire, se présente de nos jours à l'imagination comme un travail sans fin. Il en est d'ailleurs une étape que l'on entrevoit plus ou moins distinctement aujourd'hui. La marche ne s'arrêtera point tant que le pouvoir législatif lui-même et les diverses attributions d'autorité qui aient jamais été exercées par l'Etat ne se trouveront pas complètement dévolues au Peuple, au nombre, à la grande majorité des êtres humains qui composent chaque communauté. Au delà, l'avenir s'enfonce dans la brume; et peut-être sera-t-il aussi fertile en désappointements que l'est toujours le lendemain d'une révolution. Mais, sans aucun doute,

Chapitre III : L'ÂGE DU PROGRÈS

le populaire s'attend qu'après l'établissement d'une démocratie, la législation continuera d'être aussi réformatrice que par le passé.

Cet enthousiasme pour le mouvement politique, qui s'identifie graduellement avec un goût

marqué pour la démocratie, n'a pas encore obtenu son libre jeu dans toutes les sociétés de l'Europe occidentale. Mais il y a déjà grandement affecté les institutions de quelques-unes. Même lorsqu'il s'y trouve contrarié ou arrêté, il demeure encore le partage d'une minorité considérable de leur population ; et quand ces minorités, comme en Russie, sont très peu nombreuses, l'excessive concentration de la passion qu'elles éprouvent pour le changement tend manifestement à la transformer en un agent d'explosion dangereuse. Si l'on veut chercher dans le passé quelque analogue à cet état d'esprit, il faut consulter plutôt l'histoire religieuse que l'histoire politique. Il existe une certaine ressemblance entre la période des réformes politique au dix-neuvième siècle et la période de la réforme religieuse au seizième. Aujourd'hui, comme alors, un petit groupe de chefs entreprenants se distingue de la multitude des sectateurs dociles. Aujourd'hui, comme alors, on rencontre un certain nombre de bigots zélés qui désirent avant tout le règne de la vérité. Il en est pour qui le mouvement qu'ils activent n'est qu'un moyen de se soustraire à ce qui est franchement mauvais ; d'autres y voient le moyen de sortir d'une situation à peine tenable pour gagner une situation meilleure; pour un petit nombre, c'est incontestablement une élévation à un état idéal, qu'ils conçoivent tantôt comme un état de nature, tantôt comme une sorte millénium plein de promesses. Mais derrière eux, aujourd'hui comme alors, vient une foule qui se grise du plaisir de changer pour changer ; qui réformerait le mode de suffrage, ou la Chambre des Lords, ou les lois sur la propriété foncière, ou l'Acte d'Union avec l'Irlande, de même précisément que, derrière les réformateurs religieux, la plèbe brisait le nez d'un saint de pierre, allumait un feu de joie avec des chapes et des surplis, ou réclamait à cor et à cri une église presbytérienne. La passion de nos ancêtres pour les réformes religieuses se comprend, toutefois, bien mieux que la passion pour les changements politiques, telle que nous la voyons maintenant à l'œuvre. Alors, dans une société ardemment croyante, des pénalités terribles imposaient l'orthodoxie d'opinions ; et le ressentiment

Henry Sumner Maine

de cette contrainte devint la force motrice de la Réforme, tout comme, à une date antérieure, il avait été la force motrice du Christianisme, dont il facilita l'établissement et l'expansion. Mais derrière le mouvement politique d'aujourd'hui, quelle force motrice peut posséder assez d'énergie, - non seulement pour animer la minorité, qui croit indubitablement à ses propres théories en fait de démocratie, de réforme, ou de régénération, - mais pour influer encore sur la multitude qui raisonne à l'aveugle, ou même ne raisonne d'aucune façon ? «Si vous errez en matière de justification, vous serez condamné à la mort éternelle,» voilà une proposition fort intelligible. Mais ce n'est pas précisément une proposition du même ordre que celle par laquelle se traduit le plus souvent la philosophie des démocrates anglais : «Si vous votez carrément pour les bleus, votre arrière petit-fils se trouvera au niveau d'un citoyen ordinaire des Etats-Unis.» La vérité semble bien être qu'un grand nombre de personnes se contentent de croire que la démocratie est inévitable et le mouvement démocratique irrésistible : ce qui signifie, en d'autres termes, que le phénomène existe, qu'elles ne voient. aucun moyen de l'enrayer, et qu'elles ne se sentent aucun désir de se mettre en travers de son chemin. D'autres ont l'air de penser que si l'homme se soumet à l'inévitable, sa résignation «fait grand honneur à sa sagesse,» ainsi qu'il en était du héros maritime de M. Gilbert, lequel restait Anglais parce que le sort l'avait fait naître anglais [1]. Aussi s'empressent-elles de baptiser le mouvement de toutes sortes de noms flatteurs, dont le plus fréquent est celui de *progrès*, mot dont je n'ai jamais rencontré la définition, et qui paraît comporter bien des significations, parfois très extraordinaires. Car certains politiciens d'aujourd'hui semblent l'employer pour désigner un mouvement quelconque au hasard, tandis que d'autres l'appliquent actuellement au mouvement rétrograde vers un état de nature primitive.

C'est donc une étude d'un intérêt considérable que de chercher à savoir si la passion du changement, qui s'est emparée d'un certain nombre de nos contemporains, et si cette facilité d'acquiescement qui en caractérise un plus grand nombre, sont dues à des causes exceptionnelles qui affectent momentanément la sphère de la

---

1 [Allusion à un opéra-bouffe, *H. M. S. Pinafore*, qui a obtenu récemment un immense succès en Angleterre et aux Etats-Unis].

Chapitre III : L'ÂGE DU PROGRÈS

politique, ou si ce sont des phénomènes universels et permanents de la nature humaine. Plus d'un indice frappant semble témoigner que la premiers hypothèse est la plus correcte. Le plus remarquable est assurément l'étendue relativement minime de la fraction de l'espèce humaine dont la tolérance va jusqu'à supporter une proposition ou une tentative à l'effet de changer ses usages, ses lois, ou ses institutions. Des populations innombrables, quelques-unes même possédant une civilisation respectable, quoique étrangère à la nôtre, détestent ce que, dans le langage de l'Occident, on appellerait une réforme. Le monde mulsuman tout entier en déteste l'apparence. Les multitudes d'hommes de couleur qui fourmillent sur le grand continent d'Afrique ne la détestent pas moins ; et la même répulsion se retrouve dans cette vaste partie de l'humanité que nous avons coutume de laisser de côté comme barbare ou sauvage. Les centaines de millions d'hommes qui remplissent l'Empire chinois l'ont en antipathie, et (qui plus est) en profond mépris. Il est peu de faits plus remarquables et plus significatifs, dans leur genre, que l'obstination avec laquelle un homme appartenant aux classes instruites de la société chinoise oppose l'incrédulité ou le dédains aux vanteries de la civilisation occidentale, dont il entend fréquemment les louanges autour de lui ; et sa confiance en ses propres idées semble également à l'épreuve et de l'expérience qu'il a acquise de la supériorité militaire de l'Occident, et du spectacle des inventions ou des découvertes scientifiques des Occidentaux, qui ont réussi à vaincre l'exclusivisme d'un peuple indubitablement plus malléable, le Japon. On rencontre dans l'Inde une minorité qui, élevée aux pieds des politiciens anglais et puisant son instruction dans des livres politiques saturés d'idoles anglaises, a fini par apprendre leur langage. Mais il est douteux que ces néophytes eux-mêmes, s'ils avaient voix consultative en la matière, laissassent toucher du bout du doigt aux sujets dont commence à s'occuper la législation européenne, savoir, les coutumes sociales et religieuses. En tout cas, il n'y a pas l'ombre d'un doute que l'énorme masse de la population indienne déteste et redoute le changement, comme il est naturel dans les différentes parties d'un corps social consolidé par l'esprit de caste. A vrai dire, le grand embarras qu'éprouve le gouvernement indien consiste moins dans la difficulté de concilier ce sentiment profond et persistant avec

Henry Sumner Maine

les sentiments moins intenses de la minorité anglicisée, que dans l'impossibilité pratique de faire comprendre la situation au peuple anglais. Il est très évident que le plus grave incident de l'histoire anglo-indienne, la révolte des Cipayes mercenaires, demeure un mystère aussi inconcevable pour un Occidental d'esprit ordinaire, que peuvent l'être certaines couleurs pour l'homme atteint de daltonisme. Aussi, les historiens eux-mêmes sont-ils obligés de suppléer plus ou moins, par des explications fictives,. aux causes des événements de 1857, pour un public auquel on ne pourra jamais faire croire qu'un grand soulèvement populaire ait pu être occasionné par un simple préjugé contre une cartouche enduite de graisse. Le conservatisme intense de la portion de beaucoup la plus large de l'humanité, s'affirme cependant aussi clairement que l'orgueil de certains peuples dans leurs chemins de fer, leur télégraphe électrique, ou leur gouvernement démocratique.

«Malgré l'énormité des preuves qui attestent ce fait,» écrivais-je en 1861, «il est bien difficile à un habitant de l'Europe occidentale de bien comprendre que la Civilisation qui l'entoure est une rare exception dans l'histoire du monde. Toutes nos pensées courantes, toutes nos espérances, toutes nos craintes, toutes nos spéculations, seraient matériellement affectées, si nous avions cette conception nette de la différence qui existe entre les races progressives et le reste du genre humain. Il est incontestable que la plus grande partie du genre humain n'a jamais montré le moindre désir de voir améliorer ses institutions civiles, depuis l'époque où elles se sont complétées extérieurement en prenant la forme d'un corps durable de droit écrit. Une série de coutumes a pu être violemment renversée et remplacée par une autre ; çà et là, un code primitif, avec des prétentions à une origine surhumaine, a pris une grande extension et une forme surprenante... ; mais si l'on excepte une très petite partie du monde, on n'a rien vu qui ressemblât à une amélioration graduelle de la législation. On a eu la civilisation matérielle ; mais, au lieu que la civilisation ait développé le droit, le droit a limité la civilisation [1].»

A ce fait que le culte du changement est d'une rareté relative, il

---

1 *L'Ancien Droit* (traduction Courcelle-Seneuil, pp. 22-23). - Cette opinion a, depuis lors, été adoptée par M. Grote. Voir son *Platon* (Londres, Murray), t. II, ch. V, p. 253, en note.

Chapitre III : L'ÂGE DU PROGRÈS

faut ajouter cet autre fait qu'il est d'apparition toute moderne. Il n'est connu que d'une petite partie de l'humanité, et, pour cette partie même, il ne représente qu'une période bien courte dans une histoire d'une incalculable longueur. Il ne remonte pas au delà du jour où commence le libre maniement de la législation par les gouvernements populaires. On rencontre peu d'erreurs historiques plus graves que celle qui consiste à croire que les gouvernements populaires ont toujours été des gouvernements législateurs. Sans doute, il en est qui ont légiféré sur une échelle que l'on regarderait aujourd'hui comme très restreinte ; mais, en somme, leur vigueur s'est surtout manifestée par des luttes pour restaurer ou maintenir quelque antique constitution, tantôt ensevelie dans un passé lointain, en partie réel, en partie imaginaire, tantôt plus ou moins conforme à un état de nature absolument nié par l'histoire, tantôt associée au grand nom d'un législateur original. Nous autres Anglais, nous avons eu pendant des siècles, un gouvernement qui renfermait une forte dose d'élément populaire ; et, depuis deux siècles surtout, nous jouissons d'un gouvernement populaire presque sans restriction [1]. Et cependant, l'objet des réclamations de nos aïeux n'était pas une constitution typique de l'avenir, mais une constitution typique du passé. Les périodes où nous avons manifesté dans la législation le plus d'activité réformatrice, comme on dirait aujourd'hui, remontent, non aux moments de vive émotion politique, mais à ceux de vive émotion religieuse, - à l'explosion de la Réforme, à la domination de Cromwell et de ses Indépendants (les vrais précurseurs des Irréconciliables modernes), enfin à la résurrection des sentiments de défiance et d'antipathie contre l'Eglise romaine sous le règne de Jacques II. A l'heure même où le gouvernement populaire de l'Angleterre s'attirait l'admiration des classes élevées par tout le monde civilisé, le Parlement de notre dynastie hanovrienne s'absorbait dans le contrôle du pouvoir exécutif, dans la discussion de la politique extérieure, dans de violents débats sur les guerres étrangères et les expéditions lointaines ; mais c'est à peine s'il légiférait, à proprement parler. La vérité est que l'enthousiasme pour les changements législatifs a pris naissance, non dans un pays doté d'un gouvernement populaire, mais dans un pays gouverné autocratiquement, - non

---

1 Voir plus haut, p. 18.

Henry Sumner Maine

en Angleterre, mais en France. Les institutions politiques des Anglais, objet de tant d'envie et de panégyrique sur le continent, ne pouvaient être copiées sans des innovations législatives radicales. Mais les motifs et les principes sur lesquels on s'appuyait pour réclamer ces innovations différaient totalement, comme nous le verrons, de ceux qu'aurait jamais pu imaginer n'importe quelle école de politiciens anglais. Nonobstant, ces doctrines françaises ont, en fin de compte, provoqué la fermentation profonde des idées politiques en Angleterre, tout en s'y mêlant avec un autre courant d'opinion qui est d'origine plus récente, quoique également anglaise.

Ainsi, l'impatience absolue même du genre de changement que, dans le langage moderne, nous appelons politique, caractérise la portion de beaucoup la plus large de l'espèce humaine, outre qu'elle en a caractérisé l'ensemble durant la plus grande partie de son histoire. Aurions-nous donc quelque raison de croire que cet amour du changement, que l'on tient communément aujourd'hui pour irrésistible, et que notre capacité d'adaptation, quels vulgaire suppose infinie, doivent se limiter, en somme, à une très étroite sphère d'action humaine, la sphère dite *politique*, et que, peut-être même, ils ne puissent s'étendre à cette sphère tout entière ? Regardons un instant ces côtés de la nature humaine, qui ne touchent en aucun point à la politique, parce que l'autorité souveraine de l'Etat n'est pas admise à y faire sentir son influence, sauf tout au plus d 'une façon indirecte et lointaine. Considérons, pendant un moment, ces usages, ces façons d'agir, ces manières mondaines, auxquels nous nous conformons, soit avec une naïve inconscience, soit sans pouvoir donner aucune raison de notre obéissance, si ce n'est que nous leur avons toujours obéi. Avons-nous l'habitude de changer brusquement nos usages ? L'homme est une créature d'habitude, dit un adage qui résume sans doute une vaste expérience. Il est vrai que la ténacité avec laquelle on adhère aux vieux usages n'est pas précisément la même dans toutes les parties du globe. Elle se montre beaucoup plus stricte en Orient. Elle se relâche quelque peu en Occident ; et, de toutes les races humaines, ce sont encore les Anglais et leurs descendants, les Américains, qui se plient avec le moins de répugnance à un changement considérable dans leurs habitudes pour atteindre un but qui leur semble légitime. Pourtant, cette exception est plutôt de celles qui confirment la règle. L'Anglais qui se transporte en Australie ou dans l'Inde s'entoure, malgré d'innombrables difficultés, d'une imitation aussi exacte que possible de la vie anglaise, et se soumet tout du long à un exil désagréable dans l'espoir de revenir un jour à la vie qu'il vivait dans sa jeunesse ou dans son enfance, et de la mener encore, quoique dans des conditions un peu plus favorables. La vérité est que l'homme peut bien altérer ses habitudes, mais seulement dans des limites très étroites, et presque toujours avec plus ou moins de peine et de résistance. Et c'est un bonheur pour lui que d'être ainsi constitué, car la plupart de ses habitudes ont été acquises par la race à laquelle il appartient, à la suite d'une expérience très prolongée et probablement au prix de beaucoup de souffrances. On ne saurait, en toute sécurité, manger ou boire, descendre un escalier, traverser une rue, à moins d'être guidé par des habitudes qui sont le résultat d'un long espace de temps. Parmi ces habitudes, il en est d'une nature particulière, et peut-être ne sont-ce pas les moins surprenantes, celles qui nous permettent de manier sans danger l'élément destructeur du feu, que l'humanité n'a probablement pas dû acquérir sans des peines risques infinis. Or, autant que nous le sachions, tout cela peut être également vrai des usages publics auxquels chacun obéit de concert avec ses congénères.

Passons maintenant des habitudes aux manières, c'est-à-dire à ces diverses règles de conduite auxquelles non seulement nous nous astreignons en personne, mais que nous nous attendons à voir tout le monde adopter. Pouvons-nous y apercevoir rien qui suggère que les hommes soient portés naturellement à tolérer la moindre infraction à un usage où à une ligne de conduite reçue ? Si rarement qu'on ait entrepris d'examiner la question, elle n'en est pas moins très curieuse. Quelle est la véritable cause de cette répulsion qu'engendre sans conteste, un solécisme de manières ou de langage, et d'où vient la rigueur du jugement qui le condamne ? Pourquoi une irrégularité commise en se servant d'une fourchette ou d'un rince-bouche, la prononciation vicieuse d'une voyelle ou d'une lettre aspirée, ont-elles pour effet d'éteindre instantanément l'ardeur d'une sympathie déjà sensible ? Nous connaissons de source certaine l'existence de ce sentiment. Il est loin d'être

Henry Sumner Maine

d'apparition moderne ; son origine est, au contraire, très ancienne, probablement aussi vieille que l'humanité. Les distinctions, d'antiquité incalculable, entre une race et une autre race, entre le Grec et le Barbare, avec toute la réciprocité d'antipathie qu'elles entraînaient, semblent n'avoir eu, en principe, d'autre fondement qu'une certaine répulsion occasionnée par des variantes de langage. Notez, d'ailleurs, que ce sentiment ne se confine pas aux régions oisives, ou, si l'on veut, superfines de la société. Il pénètre jusque dans la plus humble sphère sociale, où le cadre des manières, quoique différent, s'impose peut-être avec plus de rigueur. Quelles que soient les déductions que l'on tire de ces faits, assurément ils sont loin de supposer un esprit changeant dans la nature humaine.

D'autres faits cependant, encore plus remarquables et plus instructifs peut être, tendent à la même conclusion. Une moitié de l'espèce humaine - qui, à cette heure, et dans notre partie du monde, forme, on peut le dire, la majorité, - a jusqu'ici été tenue à l'écart de la politique ; et, jusqu'à ces derniers temps, rien ne prouvait que cette portion de l'humanité se souciât plus de s'embarquer dans la politique que de s'aventurer à la guerre. Il existe donc, dans toutes les sociétés humaines, une classa nombreuse et influente, douée partout d'une incontestable vigueur intellectuelle, et possédant même chez nous une grande culture d'esprit, qui demeure essentiellement étrangère à la politique. Or, peut-on dire que les femmes se caractérisent par une passion démesurée pour le changement ? Certes, s'il est un fait appuyé sur une profonde expérience, c'est bien que, dans toutes les communautés, elles représentent les conservateurs les plus endurcis des usages et les censeurs les plus impitoyables des moindres infractions aux règles courantes de la morale, des manières ou de la mode. *Souvent femme varie,* prétend, il est vrai, une chanson française attribuée à François Ier ; mais des observateurs de la nature féminine, plus délicats que ne devait l'être un roi particulièrement dissolu, sont arrivés à une conclusion toute différente, et, même dans les relations des sexes, ils vont jusqu'à proclamer la constance, l'apanage spécial et la vertu caractéristique de la femme. C'était là semble-t-il un article de foi pour Thackeray et Trollope ; mais déjà l'art que professaient Thackeray et Trollope nous fournit, à lui seul, des exemples frappants du conservatisme féminin. Durant les quinze dernières années, il est tombé surtout entre leurs mains. Or, quelle conception de la vie et de la société rencontre-t-on, en somme, dans cette littérature de la fiction, dont les produits augmentent de jour en jour en énorme abondance et sont dévorés par une multitude de lecteurs ? Du moins pouvons-nous dire que, si rien autre dans l'œuvre écrite de notre générations ne devait survivre, la dernière impression à tirer de cette branche de la littérature serait que nous avons vécu dans un âge de progrès fiévreux. Car, dans le monde des romans, ce sont les choses anciennes, sacrées par l'auréole de l'âge, qui semblent, en règle générale, appeler l'admiration et l'enthousiasme. Les distinctions conventionnelles de la société y prennent beaucoup plus d'importance qu'il ne leur appartient dans la vie réelle ; la

richesse y est en définitive regardée comme ridicule, à moins de s'associer à la naissance ; et le zèle pour les réformes y court grand risque d'être confondu avec une témérité injuste, absurde et criminelle. Ces livres, écrits de plus en plus exclusivement par des femmes et lus par un public féminin de plus en plus nombreux, ne laissent planer aucun doute sur le caractère fondamental du goût et de l'opinion des femmes. D'autre part, il faut avouer qu'une catégorie spéciale de coutumes, celle que nous connaissons en bloc sous le nom de *modes,* a toujours été abandonnée à la tutelle spéciale des femmes. Or, sans nul doute, la conviction générale est que la mode change à chaque instant. Est-il vrai cependant que la mode change aussi rapidement et aussi complètement qu'on l'assure ? Qu'elle change, cela est indubitable. Dans quelques grandes villes d'Europe, elle évoque, pour ainsi dire, un véritable génie. On se livre à des expériences sans nombre dans le but d'inventer quelque chose de nouveau, sans heurter pourtant l'attachement sincère qu'inspirent les formes anciennes. Une bonne part de cette ingéniosité s'exerce en pure perte, parfois aussi elle atteint en partie son but. Néanmoins, il est. rare que le changement soit très marqué ; il offre presque aussi souvent un retour à une vieille mode que l'adoption d'une mode nouvelle. «Il est toujours question des caprices de la mode,» disais-je dans un précédent ouvrage ; «pourtant, si on les étudie le long de l'histoire, on les trouve extraordinairement limités, à tel point que nous sommes parfois tentés de regarder la mode comme traversant des cycles de

Henry Sumner Maine

formes qui se répètent indéfiniment [1].» On peut signaler encore aujourd'hui des excentricités de costume féminin déjà stigmatisées dans l'Ancien Testament. La dame grecque, que représentent les figures dites de Tanagra, ressemble d'une façon surprenante [2] à une dame de nos jours ; et, si nous feuilletons un volume de costumes du moyen âge, nous y retrouvons des fragments de toilette qui, sous un déguisement léger, ressuscitent à chaque instant, grâce à l'imagination inventive d'un couturier parisien. Ici encore nous pouvons remarquer qu'il est fort heureux, pour une grande partie de la race humaine, que les modes féminines ne s'altèrent ni sur une vaste échelle ni avec une extrême rapidité. Car des changements soudains et fréquents, - changements qui affecteraient plus ou moins une moitié de l'humanité dans les régions les plus riches du globe, - entraîneraient des révolutions industrielles du caractère le plus formidable. Si l'on se demande quelle est la plus terrible calamité qui puisse tomber sur une population, peut-être répondra-t-on que ce doit être une guerre sanguinaire, une famine désolante, une épidémie mortelle. Pourtant, aucun de ces désastres ne causerait de souffrances aussi intenses et aussi prolongées qu'une révolution de la mode imposant à la toilette des femmes une seule étoffe ou une seule couleur, comme il en est aujourd'hui du vêtement des hommes. Mainte cité florissante et opulente, soit en Europe, soit en Amérique, se trouverait par là condamnée à la faillite et à l'inanition ; et la catastrophe serait pire qu'une famine ou une épidémie survenue en Chine, dans l'Inde, et au Japon [3].

Cette croyance à la variabilité minime, au peu d'instabilité de

1 Voir la note A, à la fin du chapitre, qui reproduit en entier le passage où se trouve cette phrase.

2 La principale différence est que la dame grecque ne se sert jamais d'appui en marchant, et qu'elle porte parfois une sorte de parasol fixé sur sa coiffure.

3 [D'après la dernière enquête industrielle, la fabrication des boutons de soie et de métal n'occuperait pas moins de quatre mille personnes , hommes et femmes, à Paris seulement, et elle demanderait annuellement à Lyon, pour les besoins de son industrie, 900,000 mètres de tissus de soie, représentant une somme de 14 millions. Pour jeter toute une population sur le pavé, sans moyens d'existence, il suffit ainsi du plus léger changement dans la mode. L'événement le plus insignifiant peut avoir un contre-coup redoutable. M. Worth, le grand couturier parisien , estime à 15 millions les pertes subies par l'Industrie parisienne, à raison du deuil que la mort du duc d'Albany, fils de la reine Victoria, avait imposé à la cour d'Angleterre, en l 883].

Chapitre III : L'ÂGE DU PROGRÈS

la nature humaine lorsqu'elle suit sa propre pente, s'est trouvée fort corroborée par des recherches récentes qui ont étendu l'histoire de l'espèce humaine dans de nouvelles directions. Les investigations appelées si mal à propos «préhistoriques» tendent à élargir effectivement le domaine de l'histoire, en réunissant pour elle des matériaux en dehors des limites où commence son incorporation dans l'écriture. Elles s'occupent d'examiner le genre de vie et les usages sociaux d'hommes qui vivent à l'état sauvage, dans la barbarie, ou dans une demi-civilisation ; et elles partent de l'hypothèse que les races civilisées se trouvaient jadis dans le même état ou dans un état analogue. Incontestablement, ces études ne sont pas encore parvenues à un point de certitude satisfaisante. Comme il arrive souvent lorsque les travailleurs sont relativement peu nombreux et les matériaux presque aussi rares, elles abondent en conclusions prématurées et en assertions trop péremptoires. Mais elles ont indubitablement augmenté notre connaissance des divers états sociaux qui ne sont plus nôtres et des civilisations qui diffèrent de la nôtre. Elles donnent, en somme, lieu de penser que les différences qui, après des siècles de changements, séparent l'homme civilisé du sauvage ou du barbare, ne sont pas aussi profondes que s'imaginerait le vulgaire. Certes, l'homme a beaucoup changé, dans l'ouest de l'Europe ; mais il est étrange de voir combien il reste encore du sauvage en lui, indépendamment de l'identité de constitution physique qui a toujours été son partage. Les gens civilisés s'adonnent avec le plus grand empressement à des occupations, et s'abandonnent avec le plus vif plaisir à des amusements qu'ils seraient incapables d'expliquer au point de vue rationnel, ou de concilier avec les préceptes de la morale courante. Ces occupations et ces distractions sont, en général, communes à l'homme civilisé et au sauvage. Tout comme le sauvage, l'Anglais, le Français, l'Américain fait la guerre ; tout comme le sauvage, il chasse ; tout comme le sauvage, il danse ; tout comme le sauvage, il se plaît aux délibérations qui n'en finissent pas ; tout comme le sauvage, il attache un prix extravagant à la rhétorique ; tout comme le sauvage, il est homme de parti, avec un journal pour *totem*, au lieu d'un tatouage sur le front ou sur le bras ; et, tout comme le sauvage, il est fortement porté à faire de son totem son dieu. Il se résigne à voir ses goûts et ses occupations dénoncés dans les livres,

Henry Sumner Maine

les discours et les sermons ; mais il en tire probablement un plaisir plus vif que de toute autre chose à sa portée.

Si, donc, il existe la moindre raison de supposer que, au fond, la nature humaine n'est pas inféodée au changement, et que, dans la plupart des cas, elle ne change que par degrés lents, ou dans d'étroites limites, - si la maxime de Sénèque sur ce point est vraie, *non fit statim ex diverso in diversum transitus,* - il ne sera peut-être pas inutile de rechercher les causes probables de l'enthousiasme exceptionnel pour le changement politique, qui semble grandir par moments, en inspirant à nombre de bons esprits l'impression qu'ils se trouvent en présence d'un phénomène inflexible, inexorable, prédéterminé. Je puis observer d'abord que, dans l'esprit du peuple, il s'établit une association manifeste entre l'innovation politique et l'avancement scientifique. Il n'est pas rare d'entendre un politicien, pour appuyer un argument en faveur d'une réforme radicale, affirmer que nous vivons dans un âge de progrès, et, comme preuve de cette assertion, en appeler aux chemins de fer, aux bateaux à vapeur gigantesques, à la lumière électrique, ou au télégraphe. Or, il est parfaitement vrai que, si l'on veut donner au mot *progrès* le seul sens qui lui convienne, - c'est-à-dire celui d'une production continue d'idées nouvelles, - l'esprit d'invention et les découvertes scientifiques sont des sources abondantes et intarissables d'idées de ce genre. Chacune des conquêtes successives de l'homme sur la nature, en lui donnant le commandement de forces nouvelles, et chaque divination exacte de ses secrets, engendrent un certain nombres d'idées neuves, qui viennent en fin de compte de dissiper les anciennes pour en prendre la place. Mais, en Occident, la simple formation d'idées nouvelles ne crée pas d'ordinaire, ou nécessairement, le goût d'une législation novatrice. Sans doute, en Orient, les choses se passent autrement. Lorsqu'une communauté associe d'abord l'ensemble de ses usages sociaux à une sanction religieuse, pour rattacher ensuite sa religion à une interprétation fausse ou surannée de la nature, la connaissance la plus élémentaire de la géographie ou de la physique peut bouleverser une masse d'idées fixes sur la constitution de la société. Le jeune Hindou apprend à croire qu'un brahmane est un être à demi divin, et que goûter de la chair de vache est un péché mortel. Mais il apprend aussi que Ceylan, quoique située à proximité de l'Inde, est une

île peuplée de démons ; et le redressement facile de pareilles
erreurs peut changer toute sa conception de la vie humaine. C'est
même là probablement l'explication du profond abîme qui, dans
l'Inde, sépare les classes instruites des classes illettrées. Il est très
rare qu'en Occident une révolution analogue se produise dans
les idées ;. et, de fait, l'expérience montre quelles innovations
législatives s'appuient moins sur la science proprement dite que
sur la physionomie scientifique que prennent, de temps à autre,
certaines questions, qui ne sont pourtant pas susceptibles d'être
traitées avec une précision vraiment scientifique. A cette catégorie
de sujets appartiennent le plan de Bentham pour la réforme
du droit et, surtout, l'économie politique telle que la concevait
Ricardo. Ce sont là deux sources d'où la législation a découlé en
extrême abondance durant les cinquante dernières années ; mais
elles sont aujourd'hui presque entièrement passées de mode, et
la défaveur présente qu'elles subissent peut servir à nous mettre
en garde contre la supposition trop hâtive que l'alliance amicale
entre les politiciens avancés et la science avançante continuera de
se maintenir. Toutes les fois que l'esprit d'invention a été appliqué
avec succès aux arts de la vie, le trouble des habitudes et le
bouleversement industriel qu'engendre l'application nouvelle de la
science ont toujours été profondément impopulaires au début. A la
rigueur, on a pu se soumettre à l'éclairage des rues et aux voyages
en chemin de fer, après avoir crié contre eux ; mais les Anglais ne
se sont jamais soumis à la taxe des pauvres (*poor Law*), - le premier
effort sérieux qu'ait tenté la législation économique, - .et il nous
reste à voir maintenant s'ils se sou- mettront au libre-échange.
L'historien déboute avec un sarcasme dédaigneux les préjugés de
la multitude contre les inventions scientifiques [1] ; mais quand la
multitude est toute-puissante, ces préjuges peuvent prendre une
forme qui réserve à l'histoire des matériaux piquants.

On se trompe trop souvent en cherchant où elle n'est pas la cause
principale de l'enthousiasme qu'excite en apparence la législation
réformatrice. La législation est une des formes d'activité d'un

---

1 Macaulay, Histoire d'Angleterre, chap. III : «Il y eut fous à cette époque (1685) qui
s'opposèrent vivement à l'introduction de ce qu'on appelait la *nouvelle lumière*,
comme de nos jours il y a eu des fous qui se sont opposés à l'introduction de
la vaccine et des chemins de fer» (trad. Montégut. Paris, Charpentier , 1866, t.
I, p. 397).

Henry Sumner Maine

gouvernement populaire ; et toutes les communautés gouvernées populairement prennent le plus vif intérêt à cette activité. C'est un grand avantage pour les gouvernements populaires sur les gouvernements de l'ancien type, que d'être aussi violemment intéressants. Pendant vingt ans, nous avons eu prés de nos côtes un exemple frappant de cette infériorité spéciale des monarchies absolues, durant tout le second Empire des Bonaparte en France. Jamais leur gouvernement n'a pu vaincre le désavantage que lui infligeait l'ennui stérile de sa politique intérieure. Les scandales, les personnalités, les commérages, les niaiseries, qui absorbaient ses journaux ne purent suppléer aux discussions politiques qui les avaient remplis pendant le cours de la République ou de la Monarchie constitutionnelle. Les hommes d'Etat du second Empire avaient profondément conscience du danger qu'impliquait ce manque d'excitation et de distraction normale pour des esprits mâles et cultivés. Aussi leurs efforts pour y remédier amenèrent-ils directement leur chute. L'Empire se trouva naturellement induit en tentation de fournir aux Français des distractions d'un ordre plus élevé, en se lançant dans des aventures diplomatiques et dans des guerres hasardeuses. Aujourd'hui même, il ne manque pas de bons esprits qui attribuent l'insécurité politique de la Russie, le caractère agressif de son gouvernement au dehors, et les attentats sauvages qui en ont bouleversé naguère l'intérieur, à la mélancolie générale de la vie russe en temps de paix. Il serait presque impossible pour un Anglais d'imaginer la compensation qu'on pourrait lui offrir pour remplacer le drame palpitant qui se joue devant lui, du matin au soir. Un intarissable flot de discussions publiques, un enchevêtrement de péripéties publiques, une quantité de personnages publics, composent le spectacle. Nonobstant, du moins en Angleterre, l'excès avec lequel on s'abandonne à ce qui est indubitablement devenu une passion pour les esprits d'élite, menace de créer un danger. Car l'intrigue de la comédie qui attire aujourd'hui une si grande foule, repose, presque toujours, sur la fortune d'une mesure législative. Le parlement anglais, comme je l'ai dit, légiférait très peu avant de tomber sous l'influence de Bentham et de ses disciples, il y a une cinquantaine d'années. Depuis le premier Acte de Réforme, le volume de la législation a été sans cesse en augmentant [1], et cela, en grande partie , grâce à l'action imprévue d'une vénérable formalité constitutionnelle, le discours de la Couronne au commencement de chaque session. Jadis c'était le roi qui prenait lui-même la parole ; maintenant c'est le cabinet, organe du parti qui le porte au pouvoir. Or, les partis ont pris rapidement l'habitude d'enchérir l'un sur l'autre, en s'efforçant d'allonger à qui mieux mieux le programme législatif qu'ils s'engagent à poursuivre dans la série successive des discours royaux.

L'habitude de regarder la politique comme un jeu très intéressant, comme une interminable partie de cricket entre les «Bleus» et les «Jaunes.» offre un incontestable danger. Cette habitable devient d'autant plus dangereuse que les enjeux accumulés sont des mesures législatives sur lesquelles repose tout l'avenir du pays ; et le danger devient particulièrement grave, lorsque le système constitutionnel ne tient en réserve, pour réformer la constitution, aucune procédure spéciale ou plus solennelle que n'en exige la législation ordinaire. Ni l'expérience, ni le sens commun ne nous donnent lieu de croire qu'on puisse voter à l'infini des innovations législatives, à la fois prudentes et bienfaisantes. Il serait au contraire plus sage de conjecturer que les réformes possibles sont en nombre strictement limité. La chaleur possible, nous dit-on, peut atteindre 2000° centigrades ; le froid possible peut descendre à 300° au dessous de 0. Mais toute vie organique serait impossible en ce monde, si les hasards de la circulation atmosphérique ne renfermaient la température entre un maximum de 120° et un minimum de quelques degrés au dessous du zéro centigrade.

---

1 [M. Herbert Spencer résume, dans une statistique curieuse, les effets de l'activité brouillonne qui dévore les parlements du nouveau style. Depuis le statut de Merton (20, Henry III), jusqu'à la fin de 1872, on a voté 18, 110 mesures législatives, dont les quatre cinquièmes ont été abrogées entièrement ou en partie. Pendant les seules années 1870, 1871 et 1872, on compte 3532 mesures législatives modifiées ou abrogées, et, dans ce nombre, les abrogations totales figurent pour 2759. Pendant les trois dernières sessions qui ont précédé l'apparition de son travail (1881-1883), M. H. Spencer relève 650 actes datant du règne actuel, et complètement abrogés, sans parler des actes simplement amendés ni des abrogations portant sur des actes promulgués sous les règnes antérieurs. Evidemment, dans la plupart des cas, ces lois n'ont été abrogées que parce que, votées à la légère, elles avaient produit un détestable effet. (*L'Individu contre l'Etat,* trad. fr., pp . 73-74)].

Henry Sumner Maine

Autant que nous le sachions, les changements législatifs dont paraît susceptible la structure de la société humaine pourraient tenir dans une limite aussi étroite. Et, parce que certaines réformes ont réussi dans le passé, nous ne saurions prétendre que toutes les réformes réussiront à l'avenir, pas plus que nous ne pouvons soutenir que le corps humain peut supporter une élévation indéfinie de température, dès qu'il peut supporter une certaine quantité de chaleur.

Cependant, bien des incidents de leur propre histoire, et surtout de leur histoire contemporaine, aveuglent les Anglais sur la nécessité des précautions à prendre quand ils se livrent au passe-temps de la politique, notamment lorsque les deux partis entre lesquels ils se divisent luttent à coups d'innovations législatives. En tant que nation, nous sommes singulièrement blasés sur la bonne fortune extraordinaire qui nous est échue depuis le commencement de ce siècle. Les étrangers (jusqu'au jour d'hier peut-être) ne manquaient pas d'insister sur notre bonheur ; mais les Anglais, en général, n'y font guère attention, ou (peut-être) s'imaginent en secret qu'ils l'ont pleinement mérité. Le fait est que, depuis le commencement du siècle, nous avons été victorieux et prospères au delà de tout exemple. Nous n'avons jamais perdu, en Europe, ni une bataille, ni un mille carré de territoire ; nous n'avons jamais fait un faux pas dans la politique étrangère ; nous n'avons jamais commis de bévue irréparable en législation. Si nous comparons notre histoire à l'histoire récente des Français, nous n'y trouvons rien d'analogue au désastre de Sedan ou à la perte de l'Alsace-Lorraine ; rien de pareil à cette mauvaise querelle cherchée gratuitement à l'Allemagne à propos de la couronne vacante d'Espagne ; rien de semblable à la loi de mai 1850, qui, en altérant le mode de suffrage, fournit au grand ennemi de la République l'occasion qu'il attendait. Pourtant, si nous continuons de multiplier les chances favorables à ce genre de calamités, il est possible qu'elles arrivent, il est même probable qu'elles arriveront ; et il est inutile de nier qu'avec l'appétit des émotions politiques qui augmente chez nous de jour en jour, les chances d'un faux pas augmentent avec une égale rapidité.

On ne saurait, je pense, contester raisonnablement que l'activité du gouvernement populaire tend de plus en plus à se manifester par la législation, ou que les matériaux législatifs s'accumulent en abondance toujours croissante, grâce à la compétition des partis, ou, finalement, que le vif intérêt que prend la communauté à regarder, comme spectatrice, le jeu varié de l'activité gouvernementale, est la principale source de l'opinion vulgaire d'après laquelle notre âge serait un âge de progrès, susceptible d'une continuité indéfinie. Cette impression ou croyance a, toutefois, d'autres causes beaucoup moins évidentes et moins faciles à démontrer au commun des politiciens anglais. En première ligne, viennent des groupes de mots, des phrases, des maximes, des propositions générales, dont la racine plonge dans des théories politiques aussi complètement oubliées du gros de l'humanité que si elles remontaient à l'antiquité la plus lointaine, quoique, en fait, elles soient assez rapprochées de nous par le temps. Comment arriver à convaincre le politicien anglais de nuance avancée, qui se proclame avec orgueil «radical», voire même quelque chose en sus, qu'il n'aurait jamais eu le courage d'arborer cette épithète, tant était grand son discrédit, si Jeremy Bentham ne l'avait couverte d'une apparence respectable en l'associant à une théorie particulière de législation et de politique ? Comment lui persuadera-t-on, quand il parle du Peuple souverain, qu'il se sert d'une formule qui ne lui serait jamais venue à l'esprit, si, en 1762, un philosophe français n'avait écrit un essai spéculatif sur l'origine de la société, la formation des Etats, et la nature du gouvernement ? Aucune des deux théories, ni celle de Rousseau, qui part de la supposition des droits naturels de l'homme, ni celle de Bentham, qui est basée sur le principe hypothétique «du plus grand bonheur» de la foule, n'est aujourd'hui franchement soutenue par une nombreuse école. On a vu récemment, il est vrai, les droits naturels de l'homme faire leur apparition dans un discours politique, où ils ont produit à peu près le même effet que si un professeur d'astronomie proclamait sa croyance aux sphères de Ptolémée et invitait son auditoire à admirer leur musique cristalline. Mais des deux théories ci-dessus mentionnées, celle de Rousseau, qui reconnaît précisément ces droits, est de beaucoup la plus complètement oubliée. Car les tentatives pour l'appliquer ont amené de terribles catastrophes; tandis que la théorie de Bentham n'a, jusqu'à présent, induit ses adeptes qu'en un certain degré de désenchantement. Comment donc se fait il que ces spéculations, totalement ou partiellement réfutées à mainte reprise, exercent

encore une influence si réelle et si effective sur les idées politiques
du jour ? La vérité est que les théories politiques sont douées de
la faculté merveilleuse que possédait le héros d'une ballade des
Frontières. Lorsqu'on leur a coupé les jambes, elles continuent de se
battre sur leurs moignons. Elles engendrent une quantité de phrases,
et d'idées associées à ces phrases, dont l'activité et le caractère
agressif persistent longtemps après la mutilation ou la mort de la
spéculation mère. Leur influence posthume s'étend souvent fort au
delà du domaine de politique. Ce ne serait pas, à mon sens, une
assertion fantaisiste que de faire remonter à Bentham les théories
de l'un des grands romanciers de la génération dernière, et à
Rousseau celles d'un de ses confrères. Dickens, qui avait beaucoup
vécu parmi les politiciens de 1832, élevés à l'école de Bentham,
a rarement écrit un roman sans attaquer un abus. La procédure
de la Cour de chancellerie et celle des Cours ecclésiastiques, les
lenteurs des administrations publiques, le caractère dispendieux
des divorces, la misère du logement des pauvres, l'état des écoles à
prix réduit dans le nord de l'Angleterre, lui fournirent amplement
ce qu'il semblait considérer, en toute conscience, comme la vraie
morale d'une série de fictions. Les opinions de Thackeray offrent
une forte ressemblance avec celles que Rousseau a popularisées.
Mill remarque très justement que l'attrait exercé par la nature et
l'état de nature sur l'esprit de Rousseau s'expliquent en partie, si
l'on y veut bien voir une réaction contre l'admiration excessive de
la civilisation et du progrès, qui s'était emparée des gens instruits
durant la première moitié du dix-huitième siècle. Or, Thackeray,
du moins en théorie, détestait le côté artificiel de la civilisation ; et
il faut avouer que certains de ses personnages favoris ont en eux
quelque chose de l'homme naturel de Rousseau ; tel qu'il se serait
montré s'il s'était mêlé à la vie réelle - c'est-à-dire quelque peu l'air
d'une parfaite canaille.

L'influence qu'exercent encore sur la politique courante la théorie
d'origine française et la théorie d'origine anglaise, me semble
aussi avérée que n'importe quel fait de l'histoire des idées. Il est
nécessaire de scruter ces théories, parce qu'il n'y a pas d'autre
moyen de connaître

la juste valeur des instruments - formules dérivées et idées
dérivées - au moyen desquels elles produisent leur effet. Prenons

Chapitre III : L'ÂGE DU PROGRÈS

d'abord la fameuse doctrine constitutionnelle de Rousseau, qui, pendant longtemps, peu familière ou discréditée dans notre Angleterre, est cependant la source de mainte notion devenue soudain chez nous aussi populaire que puissante. On éprouve beaucoup de difficulté à l'exposer sous une forme lucide, et cela pour des raisons bien connues de tous ceux qui ont prêté la moindre attention à la philosophie de l'homme remarquable qui en est l'auteur. Cette philosophie est aujourd'hui l'exemple le plus frappant d'une confusion que l'on peut encore signaler dans tous les coins et recoins de la pensée moderne, en dehors du domaine strictement scientifique : la confusion entre ce qui est et ce qui devrait être, entre ce qui est réellement arrivé et ce qui serait arrivé dans de certaines conditions. Le *Contrat social*, qui développe la théorie politique dont nous nous occupons, semble à première vue ne nous offrir qu'une simple esquisse historique de la manière dont les hommes sont sortis de l'état de nature. Mais il est absolument impossible de dire avec une ombre de certitude si l'auteur a entendu par là soutenir que l'humanité a réellement émergé de la sorte, ou s'il croit que ce bonheur n'a été le lot que d'une portion favorisée de l'espèce humaine, ou s'il suppose que la nature, après avoir, en législatrice bienfaisante, destiné le même bonheur à tous les hommes, a vu frauder ses desseins. Le langage de Rousseau semble parfois insinuer qu'il regarde comme imaginaire son tableau des premières transformations sociales [1]. Et cependant son exposé est si précis, si détaillé, si logique, qu'il paraît absolument inconcevable que l'auteur n'ait pas eu l'intention d'y exprimer des réalités. Cette théorie célèbre peut se résumer comme il suit. Rousseau, qui, dans ses premiers écrits, avait forte-

---

1 «Comment ce changeaient s'est-il fait ? je l'ignore» (*Contrat social*, I). Je ne doute pas un instant que l'influence de Rousseau sur sa génération, et sur la génération suivante, vienne, en très grande partie, de la conviction, alors fort répandue, que son tableau de l'état de nature et de la société primitive devait se prendre au pied de la lettre. Un passage remarquable des *Pensées* de Pascal (*De la faiblesse de l'homme*), expose les effets singulièrement révolutionnaires que peut amener la comparaison d'une institution vivante avec une prétendue «loi fondamentale et primitive» de l'Etat. Cette remarque lui avait été évidemment inspirée par le soulèvement de la Fronde. Le Parlement de Paris croyait fermement aux «loix fondamentales et primitives» de la France. Et, un siècle plus tard, les disciples de Rousseau professaient exactement la même foi à l'état de nature et au Contrat social.

Henry Sumner Maine

ment insisté sur les inconvénients qui résultaient pour l'homme de la perte de ses droits naturels, pose en principe, dès le début du *Contrat social*, que l'homme vivait originellement à l'état de nature. Tant qu'il y est demeuré, il s'est trouvé avant tout parfaitement libre. Mais, à la longue, il arrive à un point de sa carrière où les obstacles qui tendent à entraver le maintien de l'état naturel sont devenus insurmontables. L'humanité contracte alors le pacte social sous l'empire duquel se forme l'Etat, société ou communauté. Pouf conclure ce pacte, le consentement doit être unanime ; mais, par l'effet de son achèvement, chaque individu aliène ou abandonne sans réserve sa personne et tous ses droits à l'ensemble de la communauté [1]. La communauté devient alors le souverain, le véritable et premier peuple souverain, et c'est naturellement un souverain autocrate. Il doit maintenir la liberté et l'égalité parmi ses sujets, mais uniquement parce que l'assujettissement d'un individu par un autre serait une perte de force pour l'Etat, et parce que, sans égalité, la liberté ne peut exister [2]. Ce despote collectif ne saurait partager, aliéner, ou déléguer son pouvoir. Le gouvernement est son serviteur ; il sert uniquement d'organe pour la correspondance entre le souverain et le peuple. Aucune représentation du peuple n'est admise. Rousseau abhorrait le système représentatif ; mais la communauté tout entière tient des assemblées périodiques auxquelles on doit soumettre deux questions : - Convient-il au souverain de maintenir la forme du gouvernement ? - et plaît-il au souverain de laisser l'administration de ses affaires aux personnes qui en ont maintenant la charge [3] ? A chaque page du *Contrat social,* et, pour ainsi dire, dans chaque phrase, l'auteur insiste sur l'autocratie de la communauté et sur le caractère indivisible, perpétuel et incommunicable de son pouvoir.

Ainsi qu'il en est toujours des théories novatrices, qui font table rase de l'organisation présente, on peut discerner le germe

1 «Le pacte social se réduit aux termes suivants : chacun de nous mit en commun sa personne et toute sa puissance sous la suprême direction de la volonté générale ; et nous recevons encore chaque membre comme partie individuelle du tout» (Contrat *social*, I, 6).

2 *Contrat social*, II, 11.

3 *Ibid..*, III, 18. - Dans ce cas, la décision se prend à la majorité. Rousseau n'exige l'unanimité de consentement que pour la conclusion du pacte social ; mais il ne l'exige pas dans les autres circonstances.

de certaines idées de Rousseau dans les spéculations d'écrivains antérieur. On en trouve une partie, un siècle auparavant, dans les œuvres de Hobbes, une autre partie dans les travaux d'une école presque contemporaine, celle des Economistes français. Mais la théorie, dans son ensemble et telle qu'il l'a consolidée, lui doit son influence extraordinaire. Elle est indubitablement la mère de cette quantité de phrases sonores et de notions connexes qui, après avoir eu pendant longtemps cours en France et sur le continent, commencent à produire des effets sérieux en Angleterre, à messire que s'accroît l'élément démocratique de sa Constitution. C'est de là qu'est sorti le Peuple, le Peuple souverain, le Peuple seule source de pouvoir légitime. De là vient la subordination du gouvernement, non seulement aux collèges électoraux, mais à une multitude vaguement définie qui leur est étrangère, ou à la puissance encore plus vague d'une opinion flottante. De là date l'habitude de ne plus reconnaître de titre légitime qu'aux gouvernements qui approchent la démocratie. Mais Rousseau nous a légué une conception infiniment plus formidable, celle de l'Etat démocratique omnipotent, implanté dans le droit naturel ; de l'Etat, qui tient à son entière discrétion tout ce qui a quelque prix aux yeux de l'individu, sa propriété, sa personne et son indépendance ; de l'Etat, qui n'est obligé de respecter ni précédent ni prescription ; de l'Etat, qui peut légiférer indéfiniment pour ses sujets, jusqu'à réglementer leur nourriture et leur boisson, ou la manière dont ils dépenseront le gain de leur travail ; de l'Etat, qui peut confisquer tout le sol de la communauté, et qui, si cette mesure a sur les mobiles des actions humaines l'effet qu'on en doit attendre, peut nous forcer à travailler alors que les encouragements traditionnels au travail auront disparu. Et cependant cette spéculation politique, dont les conséquences lointaines et indirectes nous assiègent de toute part, est, de toutes les spéculations, la plus dénuée de fondement. Le prétendu état naturel, d'où elle prend son point de départ, est une simple fiction de l'imagination. Si tant est que les recherches sur la nature des sociétés primitives puissent avoir le moindre rapport avec un pareil rêve, toutes ces recherches tendent à le dissiper. La marche que les hommes auraient suivie, d'après l'hypothèse de Rousseau, pour se former en communauté, ou par laquelle il voudrait du moins nous faire croire à leur groupement, est

Henry Sumner Maine

également une chimère. Aucune assertion générale sur la manière dont se sont formées les sociétés humaine n'offre de certitude ; mais la plus solide de toutes ces assertions est peut-être que jamais société ne s'est formée de la manière imaginée par Rousseau. Les rapports authentiques qui existent entre certaines parties de la théorie et les faits réels sont très instructifs. On découvre facilement quelques parcelles des idées de Rousseau dans l'atmosphère intellectuelle de son temps. La *loi naturelle* et les *droits naturels* sont autant d'expressions qui appartiennent en propre, non à une théorie politique, mais à une théorie juridique, qui, après avoir pris naissance dans le cerveau des jurisconsultes romains, exerça un grand attrait sur les légistes français. Le despote souverain du *Contrat social,* la communauté toute-puissante, est une image renversée du roi de France, investie précisément de l'autorité que réclamaient pour lui ses flatteurs courtisans et ses légistes encore plus obséquieux, mais que lui refusaient tous les esprits élevés du pays, notamment les plus brillantes lumières des parlements français. La démocratie omnipotente est le roi propriétaire, le suzerain de toutes les fortunes et de toutes les personnes ; mais ce n'est au fond que la Royauté française sens dessus dessous. La masse des droits naturels qu'absorbe la communauté souveraine, grâce au contrat social, n'est de même rien autre que le vieux droit des rois sous un nouveau costume. Quant à la répugnance de Rousseau pour les systèmes représentatifs, et à son désir de voir la communauté tout entière se réunir périodiquement pour exercer sa souveraineté, son langage dans le *Contrat social* nous laisse entendre qu'il fut amené à cette double manière de voir par l'étude des anciennes démocraties tribales. Mais, plus tard, il avoua qu'il avait eu la Constitution de Genève présente à l'esprit [1] ; et, en sa qualité de Génevois, il ne peut pas avoir ignoré que le mode de gouvernement qu'il proposait survivait encore exactement dans les plus anciens cantons de la Suisse.

En refusant à la communauté collective tout moyen d'agir en sa capacité souveraine par l'intermédiaire de représentants, Rousseau arrive à des conséquences si formidables qu'elles semblent interdire l'application pratique de ses théories. Rousseau, il est

---

1 *Lettres écrites de la Montagne,* part. I, Lettre 6.

Chapitre III : L'ÂGE DU PROGRÈS

vrai, dit expressément [1] que ses principes ne s'appliquent qu'à de petites communautés, non sans insinuer, en même temps, qu'ils peuvent s'adapter à des Etats possédant un large territoire, si l'on recourt au système des considérations ; et, dans cette insinuation, nous pouvons soupçonner le germe d'une opinion qui est devenue un article de foi dans le *credo* moderne du radicalisme continental, savoir, - que la liberté ne saurait être mieux sauvegardée qu'en fragmentant les grandes nations en petites communes autonomes. Mais, à la fin du siècle dernier, les temps n'étaient pas encore mûrs pour une pareille doctrine ; et les spéculations de Rousseau ne reçurent pour la première fois une vie réelle que du pamphlet de Sieyès : *Qu'est-ce que le Tiers-Etat ?* pamphlet qui contribua tant à fixer les premières étapes de la Révolution française. De même que le fameux titre de ce pamphlet est souvent cité de travers [2], les pages qui le suivent n'ont peut-être pas toujours été lues avec assez d'attention, et peut-être a-t-on négligé d'observer qu'une bonne part de l'ouvrage [3] reproduit simplement la théorie de Rousseau. Cependant, même alors, Sieyès ne reproduit cette théorie qu'avec une différence. Le droit le plus important qu'il ait réclamé, et qu'il réussit à faire valoir, était que les trois ordres devaient siéger ensemble et former une Assemblée nationale. Les arguments dont il ' se sert pour arriver à cette conclusion sont, en substance, ceux du *Contrat social*. Pour Sieyès, comme pour Rousseau, l'homme débute par l'état de nature ; il entre dans la société en concluant un pacte social ; et, par la vertu de ce pacte, se forme une communauté toute-puissante. Mais, en revanche, Sieyès n'éprouvait pas les préventions de Rousseau contre le système représentatif, qui même a été l'un de ses sujets de méditation favorite durant toute sa vie. Il permet à la communauté de commencer par déléguer largement ses pouvoirs à une représentation. Ainsi se forme la classe des corps représentatifs, auxquels devait appartenir la future Assemblée nationale de la France. Sieyès leur donne le nom d'*extraordinaires*. Il nous les dépeint comme devant exercer leur

1 *Contrat social*, III, 15.

2 Voici le titre exact de la première page: «1° Quest-ce que le Tiers Etat ?- Tout. 2° Qu'a-t-il été jusqu'à présent dans l'ordre public ? - Rien. 3° Que demande-t-il ? - A être quelque chose.»

3 La thèse en question remplit le chapitre V, l'un des plus longs. J'ai sous les yeux la troisième édition, publiée en 1789.

Henry Sumner Maine

volonté de la même manière que des hommes à l'état de nature, comme représentant la nation, comme incapables de se laisser enchaîner à une décision spéciale ou à une ligne particulière de législation. Les corps représentatifs *ordinaires*, d'autre part, sont des législatures qui tiennent leurs pouvoirs de la constitution promulguée par l'assemblée extraordinaire, et ils doivent se borner strictement à l'exercice de ces pouvoirs. L'assemblée extraordinaire est donc la communauté souveraine de Rousseau ; l'assemblée ordinaire, son gouvernement. A la première catégorie appartiennent les corps despotiques, qui, sous le nom d'*Assemblée nationale* ou de *Convention*, ont quatre fois gouverné la France, d'une main jamais heureuse, et parfois désastreuse. A la seconde catégorie appartiennent les assemblées législatives et les chambres de députés, si souvent renversées par une révolution.

L'autre grande théorie, d'où proviennent un certain nombre d'adages et d'idées politiques qui circulent aujourd'hui chez nous, est d'origine anglaise. Elle a pour auteur Jeremy Bentham. En ce moment, sa part dans la circulation est moindre que celle que l'on peut attribuer à la source française du *Contrat social*. Mais il fut un temps où elle était beaucoup plus importante. Il faut se garder d'oublier que, durant la première et majeure partie de sa longue existence, Bentham s'était moins occupé de réformer la Constitution que de réformer la loi. Il fut le premier, en Angleterre, à voir nettement que les pouvoirs législatifs de l'Etat, jusque-là employés à cet usage avec une grande parcimonie, pouvaient servir à réorganiser et à reconstruire la jurisprudence civile, puis à la mieux adapter à la fin qu'on lui assigne. Il ne se transforma en réformateur radical, - épithète à laquelle, je l'ai dit plus haut, il sut rendre un air de dignité nouvelle, - qu'en désespoir de cause [4]. De son temps, la Constitution britannique pouvait sans doute être améliorée en plus d'un point ; mais, dans son impatience de tout ce qui retardait les réformes législatives, il attribua aux défauts inhérents de la Constitution une obstruction qui provenait surtout de l'effet produit sur l'esprit de la nation tout entière par l'horreur des principes qu'il avait énergiquement condamnés lui-même, et qui avaient amené, en France, le règne de la Terreur, puis, étendu sur le continent, le despotisme militaire de Napoléon Bonaparte.

---

4 Voir l'introduction à son plan de Réforme parlementaire, *Œuvres*, i. III, p. 436.

Chapitre III : L'ÂGE DU PROGRÈS

A première vue, le système politique idéal qu'il défendit, dans une série de pamphlets, n'était pas sans une ressemblance marquée avec celui de Rousseau et de Sieyès. Ce devait être une démocratie à une seule chambre, assemblée représentative toute-puissante, munie de pouvoirs sans restriction, du moins en théorie, mais dont l'action se trouvait facilitée et dirigée par un appareil étrange et complexe d'institutions subalternes [1]. La différence fondamentale entre son plan et celui des théoriciens français se trouve dans leur justification philosophique. Le système de Rousseau s'appuyait sur les prétendus droits naturels de l'homme. Il doit à cette base d'exercer, sur les esprits les plus faibles et les moins instruits, un empire qui tend plutôt à croître qu'à diminuer. Mais Bentham répudiait hautement ces droits naturels, et en dénonçait la conception comme absurde et anarchique. Pendant la premiers partie de sa vie, celle où il s'occupa de réformer le droit et qui dura jusqu'à ce qu'il eût atteint l'âge de soixante ans, il s'était fermement attaché «au plus grand bonheur du plus grand nombre» (formule que l'on trouve déjà dans Beccaria), comme au seul mobile plausible de réforme législative. Mais, ayant remarqué l'étroite alliance du droit avec la morale, il risqua la tentative, beaucoup plus audacieuse, de réformer les idées morales suivant le même principe, et, par une sorte de législation, de forcer les hommes à penser et à sentir aussi bien qu'à agir en conformité avec cet. idéal. Comme on était alors lancé dans la grande guerre continentale, le temps devenait de moins en moins favorable pour tenter l'expérience proposée par Bentham ; si bien qu'il finit par déclarer lui-même que la cause de la réforme avait été perdue dans les plaines de Waterloo. Ce fut alors qu'il commença ses attaques contre la Constitution britannique et qu'il publia son projet pour la réformer de fond en comble. Comme les classes qu'il aurait voulu porter au pouvoir se refusaient à reconnaître ou à soutenir la thèse du plus grand bonheur du plus grand nombre, il entreprit de les renverser et de remettre au plus grand nombre lui-même toute l'autorité politique. L'application de son programme devait naturellement s'ensuivre, disait-il. Tout homme ou tout groupe d'hommes cherche naturellement son propre bonheur ; donc, le plus grand nombre, armé du pouvoir législatif, devrait nécessairement légiférer pour son propre

---

1 Code constitutionnel. - Œuvres, t. IX, p. 1.

Henry Sumner Maine

bonheur. Ce raisonnement fit beaucoup d'effet sur quelques-uns des plus puissants esprits contemporains de Bentham. Ses disciples - Grote, les deux Mill, Molesworth, les deux Austin, et Roebuck, - contribuèrent beaucoup, en somme, à transformer la Constitution britannique. Il est vrai que quelques-uns d'entre eux vécurent assez longtemps pour tomber dans le désenchantement devant les résultats obtenus [1]. Comme j'ai essayé de le montrer dans un précédent chapitre, bon nombre de ces résultats auraient excité la plus vive désapprobation de Bentham lui-même. La vérité est qu'il existait une lacune sérieuse dans son raisonnement. Il n'y a pas grand chose à dire contre le principe du «plus grand bonheur du plus grand nombre,» si on le prend pour idéal de législation ; car, au fond, c'est le seul idéal que puisse suivre le pouvoir législatif, une fois mis en demeure d'agir. On ne saurait imaginer un législateur qui puisse délibérément proposer ou voter une mesure tendant à diminuer le bonheur de la majorité des citoyens. Mais quand cette majorité aux innombrables têtes se trouve appelée à gouverner dans le but d'atteindre son propre bonheur, il devient évident que, indépendamment de l'énorme difficulté d'obtenir une conclusion positive d'une pareille multitude, on n'a aucune certitude que cette multitude sache en quoi consiste son propre bonheur ni comment elle peut l'atteindre. Sur ce point, il faut avouer que Rousseau se montre plus raisonnable que Bentham. Il réclamait la souveraineté pour la communauté tout entière et prétendait lui faire exercer cette souveraineté dans la plénitude de ses pouvoirs, parce que c'était son droit naturel. Mais quand il proclamait la communauté toute-puissante, il ne la proclamait pas toute sage, car il savait qu'elle ne l'était pas. Le peuple, disait-il, veut toujours le bien, mais il ne le discerne pas toujours. «Comment une multitude aveugle,

---

1 Je citerai entre autres un passage de la préface du *Plaidoyer pour la constitution* de John Austin : «Dans les pages suivantes, j'ose avancer des opinions qui sont aujourd'hui fort impopulaires, et qui m'attireront peut-être quelque blâme, quoique je me rappelle parfaitement le temps (car j'étais alors radical) où les opinions dites libérales, si en vogue de nos jours, exposaient leurs rares adeptes à une véritable proscription politique et sociale. J'ai soutenu que la masse des classes ouvrières est encore incapable d'exercer le pouvoir politique... Je le dis parce que je le pense. Je ne suis point l'adorateur servile des grands et des riches. Je ne me soucie point de leur genre de vie. Par ma naissance, aussi bien que par mas sympathies les plus intenses, je suis un homme du peuple ; et je n'ai jamais désiré, un seul instant, sortir de la position modeste que j'ai toujours occupée.»

qui souvent ne sait ce qu'elle veut, parce qu'elle sait rarement ce qui lui est bon, exécutera-t-elle d'elle-même une entreprise aussi grande, aussi difficile, qu'un système de législation ? De lui-même, le peuple veut toujours le bien ; mais, de lui-même, il ne le voit pas toujours. La volonté générale est toujours droite, mais le jugement qui la guide n'est pas toujours éclairé [1].»

Rousseau se trouvait ainsi conduit, par ses propres appréhensions, presque jusqu'à douter qu'en pratique une législation sensée fût possible sous le règne de sa démocratie idéale. Il pensait, ce semble, que le seul législateur qui pût convenablement guider le peuple dans l'exercice de ses pouvoirs souverains ne pouvait apparaître qu'à de longs intervalles, et devait appartenir virtuellement à la catégorie des êtres à demi-divins. Pénétré de cette idée, il risqua une prédiction qui a contribué presque autant à sa réputation que tout le reste de ses spéculations politiques et sociales. Partageant l'intérêt et la sympathie que la vaillante lutte des Corses pour l'indépendance excitait généralement à cette époque, il se persuada que le législateur idéal naîtrait probablement en Corse. «J'ai quelque pressentiment,» écrivait-il, «qu'un jour cette petite île étonnera l'Europe.» Et l'on a souvent répété cette prophétie pour soutenir que Rousseau avait prévu, sept ans à l'avance, la naissance, en Corse, du génie militaire qui devait donner son nom au Code civil de la France.

Je dois ajouter ici une autre remarque, pas très évidente peut-être à première vue, sur ces théories politiques de Rousseau et de Bentham, qui contribuent si largement aujourd'hui à l'alimentation intellectuelle des classes qui s'élèvent au pouvoir en Europe. Ces théories étaient, à l'origine, destinées, non à réformer la constitution, mais à réformer simplement la loi. Il est inutile de fournir une preuve nouvelle de cette assertion en ce qui concerne Bentham. Mais le fait n'est pas moins vrai à l'égard de Rousseau. Les conceptions de la Nature, de la Loi naturelle, et du Droit naturel, qui suggérèrent et façonnèrent ses spéculations politiques, se rencontrent pour la première fois dans la langue des jurisconsultes romains. Il est plus que douteux que ces esprits illustres aient jamais cru à l'état de nature comme à une réalité ; mais ils semblent avoir imaginé que, sous la dépravation technique de l'ancien

1 *Contrat social*, II, 6. - La dernière partie de ce chapitre est remplie de bon sens.

Henry Sumner Maine

droit, se trouvait un système de règles simples et symétriques qui étaient, en un certain sens, les règles mêmes de la nature. Leur droit naturel n'était donc, à tous égards pratiques, que le droit simple ou simplifié. Cette idée, malgré ses nombreux défauts au point de vue philosophique, a été le point de départ d'une grande simplification du droit, d'abord à Rome même, puis dans l'Europe moderne ; et ce fut même, au fond, la principale source de réforme juridique jusqu'à l'apparition du système de Bentham, qui tendait également à la simplification légale. Mais l'incontestable filiation qui rattache les deux théories politiques française et anglaise à des théories de réforme juridique, leur a légué un germe d'affaiblissement fort grave. Supposer que, si vous pouvez réformer avec sucrés la jurisprudence d'après certains principes, vous pourrez réformer avec le même bonheur la constitution d'après les mêmes principes, n'est pas une conclusion très saine. En premier lieu, la simplification du droit civil, son dégagement des formes oiseuses, des technicalités, des obscurités, des illogismes, ne peut guère être autre chose qu'un travail bienfaisant. Cette tentative peut, à vrai dire, aboutir quelquefois au désappointement. Bentham espérait que, si l'on réformait le droit suivant ses principes, la procédure deviendrait facile, rapide, moins dispendieuse ; et pourtant, depuis que l'on a adopté presque tous ses plans de réforme, le retrait des difficultés purement juridiques semble avoir mieux exposé dans toute sa nudité la complexité des question de fait. Mais encore que la simplification du droit puisse nous induire en désappointement, elle ne peut guéri nous induire en danger. Il serait, au contraire, inutile de se dissimuler que la simplification des droits politiques conduit net à l'absolutisme, non pas l'absolutisme d'un juge expert, mais à celui d'un seul homme, ou d'une multitude qui s'efforce d'agir comme un seul homme. Les illogismes balayés durant l'opération pouvaient bien être en réalité les contreforts mêmes qui aidaient à supporter la lourde pression du gouvernement, ou les freins qui mitigeaient les conséquences de l'indiscutable faillibilité de l'autocrate. De plus, une erreur en matière de réforme strictement légale n'est pas de grande importance. Elle n'affecte guère qu'une classe, dont les griefs, je puis le dire, prenaient, aux yeux de Bentham, des dimensions exagérées, savoir, la petite portion de la communauté qui «va en justice» pour de bon. Une fois commise, l'erreur peut se corriger avec une facilité relative. Mais une erreur en matière d'innovation constitutionnelle affecte directement toute la communauté, et chacune de ses parties en ressent le contre-coup. Elle peut être grosse de calamités et de ruines publiques ou privées. Et la correction en est virtuellement impossible. Il est généralement admis chez nous que toute modification constitutionnelle est définitive et qu'il faut s'y soumettre, qu'elles qu'en soient les conséquences. Cette conviction provient, sans doute, de la croyance générale qu'en cette matière nous sommes poussés, par une force irrésistible, le long d'une route définie vers un terme inévitable, - vers la démocratie, comme vers la mort.

Cependant, si les considérations que je viens d'exposer ont quelque valeur, les idées qui courent chez nous sur l'âge de progrès que nous sommes censés traverser auront besoin de subir plus d'une modification. Sur un point important, il faudra même en prendre exactement le contre-pied. L'état normal ou naturel de l'humanité (pour peu que l'on tienne à se servir du mot *naturel*) n'est pas l'état progressif ; c'est un état de stabilité, et non d'instabilité. L'immobilité de la société est la règle, sa mobilité l'exception. La tolérance du changement et la croyance en ses avantages sont des idées encore propres à la moindre portion de la race humaine; et, même au sein de cette portion, elles sont excessivement modernes. Elles n'ont guère plus d'un siècle de date dans l'Europe continentale, et pas beaucoup plus d'un demi siècle dans la Grande-Bretagne. Partout où on les rencontre, le changement qu'elles visent est d'un genre tout spécial, car ce n'est qu'un changement exclusivement politique. Nous sommes déjà assez familiarisés, en Angleterre, avec les procédés à suivre pour y parvenir. Un certain nombre de personnes, souvent en infime minorité, obtient l'oreille de la partie qui gouverne la communauté, et la persuade de forcer cette communauté tout entière de se conformer à leurs idées. Sans doute, ce système rencontre une soumission général ; et, même chez ceux qui lui sont hostiles, règne l'impression qu'il peut nous mener fort loin. Mais quand on en vient à pénétrer les causes de cet état d'esprit, il semble ne provenir qu'en très petite partie de convictions intelligentes, et dériverait plutôt, dans une très forte mesure, de l'effet que produisent encore des formules et des notions empruntées à des théories politiques compléteront ruinées. Si telle est la vérité, ou si même ce n'est qu'une vérité approximative, il y a lieu d'en tirer des inductions aussi simples qu'évidentes. Si la société moderne n'est pas essentiellement et normalement changeante, les tentatives pour la conduire sans danger à travers une suite inusitée de changements exceptionnels, loin d'être chose aisées, deviennent au contraire une tâche extrêmement difficile. Rien n'est facile à l'homme que ce qui lui a été transmis par l'héritage d'une longue expérience, comme marcher ou se servir de ses doigts. Ce qui lui est difficile est ce en quoi cette expérience héréditaire ne lui offre que peu ou point de directions, par exemple monter à cheval ou patiner. Il est, de plus, vraisemblable que la règle darwinienne, «les petits changements profitent à l'organisme,» doit s'appliquer également aux communautés humaines ; or, une réforme politique, à la fois soudaine et radicale, place constamment la communauté dans la situation d'un individu qui prétendrait monter à cheval en se fiant uniquement à la force d'un savoir acquis par la lecture d'un traité d'équitation.

Ces conclusions, que j'ose croire dictiez par le bon sens, permettent d'expliquer, fort au long, une série de faits qui, à première vue, ne paraissent pas très intelligibles. Pour quelle raison les constitutions historiques, c'est-à-dire les constitutions qui se sont développées graduellement, grâce à l'accumulation de l'expérience, paraissent-elles jouir d'un avantage effectif sur les constitutions *a priori,* ou constitutions fondées sur des assertions spéculatives, étrangères à l'expérience ? Que cet avantage existe, aucune personne instruite ne songerait à le nier. Pour les conservateurs, c'est naturellement un axiome. Mais, dans le parti opposé, il n'existe guère d'individualités vraiment éminentes qui ne laissent de temps à autre percer la même opinion, notamment en présence d'une catastrophe subie par telle ou telle constitution du second genre. Peu de gens, au siècle dernier, auraient pu deviner, d'après les opinions qu'Edmond Burke avait affichées précédemment, la vraie structure interne de sa foi politique, peu de gens même en auraient soupçonné l'existence, jusqu'à ce qu'elle se révélât devant l'avortement, relativement bien insignifiant, des premières institutions de la Révolution française. Il m'a toujours paru qu'une grande désillusion sépare les *Pensées sur les griefs du jour* [1] parues en 1770, ou le discours sur «les

---

1 *Thoughts on the Present Discontents.*

taxes américaines», en 1774, du magnifique panégyrique de la Constitution britannique en 1790. «Notre système politique est dans une symétrie et un accord parfaits avec l'ordre du monde et avec cette manière d'exister qui convient à un corps permanent, composé de parties qui ne le sont cependant pas elles-mêmes; d'un corps où, par la disposition d'une sagesse merveilleuse, cette grande et mystérieuse incorporation de la race humaine est moulée tout ensemble, de sorte que le tout à la fois n'est jamais vieux, n'est jamais jeune, jamais entre deux âges, mais dans la situation d'une constance inchangeable ; en sorte que l'existence de ce corps se perpétue lui-même au moyen des dépérissements, des chutes, des renouvellements, et des progressions continuelles. Ainsi, en imitant cette marche de la nature dans la conduite de l'Etat, nous ne sommes jamais totalement neufs dans ce que nous acquérons ; jamais totalement vieux dans ce que nous conservons [1].»

Macaulay, de son côté, se trouvait clore son récit de la révolution de 1688 juste au moment où une nouvelle constitution *a priori,* de fabrication française, venait de répandre la confusion sur toute l'Europe continentale ; et sa façon de peindre les événements qui virent naître le parti politique auquel il réservait le monopole de son admiration, tendrait presque à dépouiller les adhérents de ce parti de leur nom historique de *Whigs de la Révolution,* nom que cependant il réclamait pour eux comme un titre d'honneur. «Comme notre révolution était une revendication d'anciens droits, elle fut conduite avec une stricte attention aux anciennes formes. Dans presque tous les mots et tous les actes, on peut distinguer un profond respect pour le passé. Les Etats du royaume délibérèrent dans les vieilles salles et selon les vieilles règles... Les discours font un contraste presque risible avec l'éloquence révolutionnaire de tous les autres pays. Les deux partis anglais s'accordèrent à traiter avec un respect solennel les anciennes traditions constitutionnelles de l'Etat. La seule question était de savoir dans quel sens on devait comprendre ces traditions. Les défenseurs de la liberté ne dirent pas un mot de l'égalité naturelle des hommes et de la souveraineté inaliénable du peuple, d'Harmodius ou de Timoléon, du vieux pu du jeune Brutus. Lorsqu'on leur dit que, d'après la loi anglaise, la

1 Burke, *Réflexions sur la Révolution de France.* Paris, Laurent fils (1790), 2ᵉ édit., p. 63, 64.

Henry Sumner Maine

couronne, au décès du souverain, devait toujours passer au plus proche héritier, ils répondirent que, d'après la loi anglaise, aucun homme vivant ne pouvait avoir un héritier. Lorsqu'on leur dit qu'il n'y avait rien qui autorisât à déclarer le trône vacant, ils produisirent, d'après les registres de la Tour, un rôle du Parlement, vieux de près de trois cents ans, dans lequel ont rappelait, en caractères bizarres et en latin barbare, que les Etats du royaume avaient déclaré vacant le trône d'un Plantagenet perfide et tyrannique. Lorsque enfin la dispute eut été arrangée, les nouveaux souverains furent proclamés selon toute l'ancienne pompe ; le fantastique cérémonial héraldique fut au complet : Clarencieux et Norroy, Porteullis et le Dragon rouge, les trompettes, les bannières, les habits grotesques brodés de lions et de lis, rien n'y manqua. Le titre de roi de France, pris par le conquérant de Crécy, ne fut pas oublié dans la liste des titres royaux. Pour nous, qui avons vécu dans l'année 1848, c'est presque un abus de mot que d'appeler du nom terrible de *révolution* un acte consommé avec tant de prudence, de mesure et de réflexion, avec une attention si minutieuse à l'étiquette traditionnelle [1].»

A la lumière des événements, ni l'emphase de Burke, ni celle de Macaulay ne dépassent les limites de la stricte justesse. Je n'entreprendrai pas de tenir ici la balance pour peser exactement le degré de succès ou de faillite de près de trois cent cinquante Constitutions qui, d'après un auteur contemporain [2], auraient existé depuis le commencement de ce siècle ; mais, si nous nous reportons à la fin du siècle précédent, au moment où parurent les premières Constitutions *a priori,* nous pouvons assurer que, parmi toutes les Constitutions historiques d'alors, on n'aurait pu signaler une seule banqueroute aussi complète et aussi terrible que celle des Constitutions de l'autre sorte. On a vu des Constitutions oppressives parmi celles du type historique ; on a vu des Constitutions obstruer malencontreusement toutes les voies d'amélioration possible ; mais on n'a jamais rien vu d'aussi désastreux que les aventures et la fin des trois grandes Constitutions qui se sont annoncées au monde en débutant par une pompeuse déclaration des droits de l'homme, - la Constitution française à demi monarchique de 1791,

1 Macaulay, *Histoire d'Angleterre,* t. II (trad. Montégut, p. 711-713).

2 Lieber, *Civil Liberty and Self-Government.* Philadelphie, Lippincott, 1881, Introd.

Chapitre III : L'ÂGE DU PROGRÈS

la Constitution française républicaine de 1793, et la Constitution française républicano-directoriale de 1795. Et jamais Constitution n'a eu le sort burlesque de la Constitution de décembre 1799 qui, en sortant des mains de Sieyès, était une merveille de pouvoirs ingénieusement équilibrés, et qui, par une simple transposition, devint la charte du plus pur despotisme. Tout cela cependant devient extrêmement clair, s'il est vrai que la nature humaine n'a jamais qu'une capacité très limitée, comme elle n'a d'ordinaire qu'un goût très modéré, pour s'ajuster à de nouvelles conditions. Le plus qu'elle puisse faire est de chercher dans son expérience quelques précédents, et d'essayer de les appliquer à ces conditions nouvelles, procédé toujours gauche et souvent dangereux. Une communauté fournie d'une nouvelle constitution politique *a priori* se trouve, au mieux aller, dans la situation désagréable d'un voyageur anglais recevant l'hospitalité d'un amphitryon chinois, qui l'obligerait à manger son dîner avec des bâtonnets d'ivoire. Que si les institutions nouvelles sont absolument vides d'éléments empruntés à l'expérience, ce qui n'était qu'un inconvénient va devenir un péril imminent. Le corps politique se troupe alors, comme le corps naturel transporté sous un nouveau climat, dans un milieu étranger à sa nature, et soumis à une alimentation contraire à ses habitudes. Parfois il meurt complètement. Parfois aussi certaines parties de son organisme se développent d'une façon imprévue aux dépens des autres ; et, tandis que l'ingénieux législateur s'attendait à produire une nation de patriotes désintéressés et quelque peu sentimentaux, il se trouve n'avoir créé qu'un peuple de Jacobins ou un peuple d'esclaves.

Il est des plus probables que le Parlement et le corps électoral auront bientôt à se demander, en Angleterre, quel est des deux principes, la présomption ou l'expérience, celui qu'il leur convient d'appliquer à une grande et antique institution, - de toutes nos institutions celle qui s'est le moins écartée de sa forme originelle. Laissons de côté la question de savoir quel est, de ces principes, celui qu'on a déjà appliqué au corps constituant de la Chambre des communes. La chose est faite ; et ses conséquences, suivant l'expression d'Homère, «reposent sur les genoux des dieux.» Mais, si surprenante que soit la manière dont s'est terminée la question de la franchise électorale et de la répartition des sièges [1], et bien que la question de la reconstitution de la Chambre des Lords, qui y avait d'abord été mêlée, soit retombée soudain à l'arrière-plan, aucun esprit perspicace ne peut douter que cette dernière ne doive avant longtemps réclamer de nouveau toute notre attention. Les divergences mêmes d'opinion qui règnent, comme je l'ai montré dans le précédent chapitre, chez les politiciens de toute couleur, en ce qui concerne la manière dont la Chambre des Lords devrait exercer ses pouvoirs légaux, sont autant de symptômes que la controverse ressuscitera bientôt. Et, de fait, il suffit que l'opinion publique exige simplement la continuation de l'ingérence législative dans les matières les plus importantes, pour ajouter bientôt à notre provision de réformes une addition aussi grave que la réforme de la Chambre haute. Les discussions qui ont fait rage pendant quelque temps sur les plates-formes électorales et dans la presse quotidienne, en vue de ce changement, ont donné le jour à un grand nombre de plans, dont bien peu valaient la peine de s'y arrêter. Ils varient depuis la proposition de se passer entièrement d'une seconde chambre jusqu'à la proposition de former une chambre de pairs nommés à vie ; de donner à la couronne le droit de choisir, dans les assemblées qui représentent aujourd'hui chacune des branches de notre législature, un nombre de pairs déterminé ; de laisser à la Chambre des Lords tout entière le droit d'élire ce nombre fixe ; de composer cette seconde chambre de fonctionnaires expérimentés, et de s'en tenir simplement à

---

1 [Il s'agit ici du nouveau *bill* de franchise électorale qui a presque doublé le nombre des électeurs en l'élevant dans la proportion de 3 à 5. L'opposition conservatrice, tout en acceptant le principe de la réforme, avait d'abord refusé de voter le projet de loi, tant qu'elle ne connaîtrait pas le plan de répartition des nouvelles circonscriptions électorales. D'où la colère des libéraux et des radicaux contre la Chambre des Lords, forteresse de l'opposition. La difficulté a été tranchée par un compromis. «On a eu le spectacle curieux, unique dans l'histoire constitutionnelle de l'Angleterre, d'une conférence dans le local même d'un ministère entre le gouvernement et l'opposition reconnue officiellement comme le gouvernement de demain, chaque parti se mettant d'abord à la besogne dans une chambre séparée, puis un négociateur circulant entre les deux pièces pour préparer l'accord, et ce négociateur n'étant autre que le premier ministre lui-même.» *Cg. Annuaire de la Société de législation comparée*, 1885, p. 13. Après avoir obtenu communication officieuse du plan de répartition, les chefs conservateurs se sont déclarés satisfaits et ont fait voter à la Chambre des Lords le bill de franchise (déc. 1884).]

Chapitre III : L'ÂGE DU PROGRÈS

un sénat dont les cercles de gouvernement local [1] (encore en projet) formeraient les collèges électoraux. Mais, au milieu de ces hypothèses en l'air pour arriver à la solution rationnelle d'une grande question, le langage dont on s'est servi, au cours de la discussion, m'a semblé trahir fréquemment une erreur sérieuse de conception sur la nature d'une seconde chambre ou chambre haute : aussi ces opinions diverses méritent-elles quelque considération.

Prenons d'abord la plus radicale des propositions récemment soumises au pays, celle qui offre de gouverner au moyen d'un parlement composé d'une seule chambre. Ce projet avait été déjà soutenu par M. John Stuart Mill dans l'un de ses derniers écrits ; mais il n'est que juste envers sa mémoire de rappeler que cette chambre unique, telle qu'il la proposait, devait comprendre une représentation scrupuleusement exacte des minorités. Dans la controverse récente, on a perdu de vue cette condition, et l'on a cru suffisant de se borner à citer la célèbre épigramme de Sieyès au sujet des secondes chambres : «Si la seconde chambre est en désaccord avec la première, c'est une institution nuisible ; si elles sont d'accord toutes les deux, elle est superflue.» Il a peut-être échappé à l'attention du public que ce mot est une parodie consciente ou inconsciente de la fameuse réponse du calife Omar à propos des livres de la bibliothèque d'Alexandrin, lorsqu'il ordonna de les brûler : «Si ces livres,» disait à son lieutenant le Commandeur des croyants, «diffèrent des livres du Prophète, ce sont des livres impies ; s'ils concordent avec lui, ce sont des livres inutiles.» Le raisonnement est précisément le même dans les deux cas, et part de la même supposition. Il tient pour admis qu'un certain précepte est d'origine divine. Si le Koran est exclusivement la parole inspirée de Dieu, Omar avait raison ; si l'adage *Vox populi, voxDei*, exprime une vérité, Sieyès était dans le vrai. Si les décisions de la communauté, promulguées par un organe déterminé, sont, non seulement impératives, mais infaillibles, une seconde chambre est une superfluité ou une impertinence. Or, il est incontestable qu'en <u>général les premières</u> chambres, ou chambres d'élection populaire,

1 [On sait qu'en Angleterre il n'existe pas d'unités administratives générales. Cloaque branche de l'administration comporte des divisions territoriales particulières qui ne tiennent aucun compte des circonscriptions reconnues par les branches voisines. Les «cercles de gouvernement local,» encore en projet, deviendraient les circonscriptions définitives destinées à absorber toutes les autres.]

Henry Sumner Maine

font à leur profit la supposition sur laquelle repose cet argument. Elles ne prétendent plus aujourd'hui appuyer leur droit à l'autorité sur les avantages qu'offre, d'après la théorie anglaise, l'équilibre des éléments historiques dans une société donnée. Elles ne viennent plus faire appel à cette sage déduction de l'expérience, aussi vieille qu'Aristote, et qu'aucune personne versée dans l'étude de l'histoire constitutionnelle ne voudrait nier, - que les meilleures constitutions sont celles où entre pour une large part l'élément populaire. C'est une singulière preuve de l'influence étendue qu'exercent les spéculations de Rousseau, que, bien qu'un très petit nombre de premières chambres représentent effectivement la communauté entière (d'ailleurs, on est loin de s'entendre sur ce en quoi consiste la communauté toute entière, et nul ne sait, à coup sûr, comment on pourrait la représenter), néanmoins, en Europe, elles prétendent presque invariablement réfléchir l'opinion générale, et, par suite, elles se donnent des airs de divinité qui, s'ils leur appartenaient légitimement, écraseraient dès le début tout argument en faveur d'une seconde chambre.

Il n'y a pas moyen, selon moi, d'échapper à ce fait que toutes les institutions du même genre, telles qu'un sénat, une chambre des pairs, ou une seconde chambre quelconque, reposent sur la négation ou la mise en doute du fameux adage que «la voix du peuple est la voix de Dieu.» Elles expriment la révolte du bon sens d'une grande partie de l'humanité contre cet axiome ; elles sont le fruit d'un *agnosticisme* de l'intelligence politique. Leurs auteurs et leurs avocats n'affirment pas en principe que les décisions d'une chambre populairement élue soient fausses, sinon toujours, du moins en général. Ces décisions sont très souvent justes, mais il est impossible d'être sûr qu'elles le soient. Et plus on creuse les difficultés du gouvernement des masses, plus on examine avec soin les influences qui agissent sur lui, plus on se prend à douter fortement de l'infaillibilité des législatures d'origine populaire. Ce que l'on attend, par convoquent, d'une seconde chambre organisée rationnellement, ce n'est pas une infaillibilité rivale, mais un surcroît de sécurité. On peut soutenir sans trop d'exagération, à ce point de vue, que mieux vaut avoir n'importe quelle seconde chambre que n'en pas avoir. Jamais chambre de ce genre ne deviendra assez peu satisfaisante pour que son assentiment n'ajoute pas un certain poids

Chapitre III : L'ÂGE DU PROGRÈS

à la présomption que la première chambre est dans le vrai. Mais, indubitablement, les chambres hautes peuvent être constituées de telle sorte, et leurs discussions conduites de telle manière, que leur assentiment puisse rendre cette présomption presque concluante. L'idée d'imaginer une chambre haute comme un simple corps de revision, n'ayant d'autre privilège que de mettre les points sur les *i* et de barrer les *t* dans les projets de lois communiqués pour l'autre chambre, me semble une conception aussi irrationnelle que pitoyable. Ce que l'on attend d'une chambre haute, c'est la sécurité donnée par son concours, après un examen approfondi de la mesure à laquelle elle s'associe.

Il faut prêter aux faits une certaine attention pour voir combien est répandue la méfiance qu'inspire la sagesse absolue des chambres populaires. Je ne m'arrêterai pas à considérer les phénomènes de ce genre en Amérique : je me contenterai d'observer, en passant, que la seule institution vraiment réussie que l'on ait établie, depuis que le flot de la démocratie moderne a

pris son cours, est précisément une seconde chambre, le Sénat des Etats-Unis. Dans l'Europe continentale, il n'y a point d'Etat sans seconde chambre, sauf trois : la Grèce, la Serbie et la Bulgarie - toutes les trois offrant ce trait commun qu'elles ont été pendant longtemps provinces de l'empire turc, et qu'elles sont maintenant soumises à l'influence très puissante du

gouvernement russe. La Russie n'a point, et la Turquie n'a jamais eu, de véritable aristocratie, cette «racine de *gentlemen*» pour emprunter l'expression de Bacon ; or, nous allons voir présentement. que les auteurs de constitutions, à la recherche de matériaux pour créer une seconde chambre en dehors des formes d'élection populaire usuelles, ont eu constamment à édifier leur œuvre, ne fût-ce qu'en partie, sur les fondements d'une aristocratie quelconque. Mais, à l'exception des trois communautés que je viens de citer, tous les Etats de l'Europe possèdent des secondes chambres sous des formes variées, depuis celle de la Norwège, où, après une seule et unique élection générale, un certain nombre de députés élus sont désignés pour composer la chambre haute, jusqu'à la chambre ultra-aristocratique des Magnats, établie depuis les temps les plus reculés par l'ancienne Constitution de la

Henry Sumner Maine

Hongrie [1]. Des pairs héréditaires, mêlés généralement à des pairs
à vie et à des pairs électifs, se rencontrent encore communément
dans les secondes chambres du continent. On en trouve dans
l'Autriche cisleithane, en Prusse, en Bavière, dans plusieurs des
petits Etats de l'Allemagne, en Espagne, et en Portugal. Il est fort
à croire que la Chambre des Lords d'Angleterre aurait été exclusivement, ou en tout cas beaucoup plus fréquemment, copiée par les
constitutions du continent, n'eût été une difficulté remarquable. Ce
n'est aucunement, comme on pourrait le supposer, la répugnance
ou la méfiance contre le principe héréditaire, mais le chiffre
excessif de la noblesse dans la plupart des sociétés continentales,
et, par suite, la difficulté d'en désigner une partie pour jouir de
privilèges exclusifs. Sieyès, dans son fameux pamphlet, observe
qu'en 1789 la haute aristocratie française désirait ardemment [2] voir
greffer une chambre des Lords sur la nouvelle Constitution ; et
cette ambition, ainsi que le remarqua Burke, nous donne le secret
de la ferveur - ferveur suicide, comme la suite le prouva, - avec
laquelle un certain nombre de familles françaises, parmi les plus
nobles, attachèrent leur sort au mouvement révolutionnaire.
Sieyès, toutefois, montrait bien l'obstacle fatal à la réalisation de
leurs espérances. C'était le nombre et l'égalité théorique de tous les
nobles. D'après son calcul, on ne comptait pas moins de cent dix
mille nobles dans toute la France ; il y en avait dix mille, rien qu'en
Bretagne. Un exemple curieux permet d'imaginer les proportions
que cette difficulté prend encore quelquefois sur le continent. Le
parlement combiné de deux petits Etats, appelés respectivement
Mecklembourg-Schwérin et Mecklembourg-Strélitz, est demeuré
à l'état de diète du moyen âge, avec très peu de changements. Il
se compose aujourd'hui de sept cent trente et un membres, dont
six cent quatre-vingt-quatre ayant rang de chevalier en vertu de
tenures foncières conférant ce titre. Cependant, en règle générale,
le grand nombre de la noblesse fait que le privilège de siéger dans la
chambre haute demeure confiné à un chiffre de pairs relativement

1 Depuis que ce passage a été publié pour la première fois [*Quaterly Review*, avril
   1885], la Chambre des Magnats a subi une réforme qui la laisse encore à l'état
   d'une chambre éminemment aristocratique.
2 Sieyès, Qu'est-ce que le Tiers Etat ? chap. IV : «Tout ce qui tient aux quatre
   cents familles les plus distinguées soupire après l'établissement d'une Chambre
   Haute, semblable à celle d'Angleterre.»

Chapitre III : L'ÂGE DU PROGRÈS

restreint, possédant un rang très élevé et un titre universellement reconnu ; et l'on trouve rarement des pairs héréditaires sans un mélange de pairs à vie. On rencontre aussi des pairs à vie tout seuls; mais la constitution impose alors à la Couronne l'obligation de les choisir dans de certaines catégories d'hommes distingués. Le meilleur exemple d'une chambre haute formée suivant ce système est le Sénat d'Italie.

Dans la République française, et dans la plupart des Etats monarchiques de l'Europe, on trouve des sénateurs électifs, soit seuls, soit mêlés à des sénateurs viagers ou à des pairs héréditaires. La manière de les choisir mérite notre plus soigneuse attention. Quelquefois l'électorat sénatorial diffère de celui qui nomme la chambre basse : par exemple, lorsqu'il existe des restrictions de fortune, le cens exigé des électeurs sénatoriaux est souvent plus élevé que celui des électeurs pour la chambre des députés. Plus souvent toutefois, comme dans le cas de la France, de la Suède, du Danemark, des Pays-Bas et de la Belgique, les sénateurs électifs sont nommés par un électorat qui est en principe le même que celui de l'autre chambre. Mais alors les électeurs sont groupés différemment. Les sénateurs sont élus par les provinces, les villes, les communes ; tandis que les députés sont censés choisis par l'ensemble de la nation. Rien ne contre aussi clairement que cette série d'expédients le doute fondamental qui afflige toute la théorie démocratique. On tient pour admis qu'un électorat populaire sera animé d'un esprit différent, suivant la manière dont on le groupera. Mais pourquoi y aurait-il le moindre rapport entre le groupement du peuple et la voix du peuple ? La vérité est que, dés que nous commençons à réfléchir sérieusement sur les modes d'application pratique du principe démocratique, nous nous apercevons qu'on n'a jamais tranché certaines questions vitales, quoique préliminaires. Etant donné que le peuple a le droit de se gouverner lui-même, comment transmettra-t-il ses décisions, comment donnera-t-il ses ordres ? Rousseau répond que le peuple se réunira périodiquement en assemblée. Sieyès réplique qu'il peut s'exprimer par la bouche de représentants ; mais il a lui-même passé sa vie et dépensé des merveilles d'ingéniosité à imaginer des systèmes de représentation, et les difficultés qu'il n'a jamais pu réussir à débrouiller font encore la perplexité des théoriciens absolus. La *vox populi* peut bien être la *vox Dei* ; mais un peu d'attention montre qu'on ne s'est jamais accordé sur la portée du mot *vox* ni sur celle du mot *populus*. Est-ce la voix du peuple, la voix qui s'exprime par le «scrutin d'arrondissement» ou par le «scrutin de liste,» par un plébiscite ou par une assemblée tumultueuse ? Est-ce un son perçant, où la note émise par les minorités doive s'éteindre comme entièrement silencieuse ? Est-ce le peuple qui parle, le peuple dont on compte les suffrages par foyer, - ou le peuple d'après le suffrage universel, peuple dont on exclut toutes les femmes, - ou le peuple pris en bloc, hommes, femmes et enfants, réunis tous au hasard dans une assemblée volontaire ? Aucune de ces questions n'a été tranchée ; c'est à peine si l'on a songé à en soulever quelques-unes. Au fond, le dévot de la démocratie se trouve à peu près dans la même situation que le Grec d'autrefois avec ses oracles. Tout te monde s'accordait à déclarer que la voix d'un oracle était la voix d'un dieu ; mais chacun avouait que, quand le dieu parlait; il n'était pas toujours aussi intelligible qu'on aurait pu le souhaiter, et personne ne savait au juste s'il était plus sûr d'aller à Delphes que d'aller à Dodone.

Il est inutile de dire qu'aucune de ces difficultés n'embarrasse le théoricien politique d'esprit calme, qui estime que, dans les affaires de ce monde, mieux vaut, pour se conduire, se fier à ses propres yeux que se mettre en route sous l'impulsion d'une foi aveugle. A l'égard des chambres populaires, il tiendra pour démontré par l'expérience que, dans le cas des Anglais comme dans celui des Grecs, les meilleures constitutions sont celles où l'élément populaire entre largement ; et, puisque la structure de chaque société humaine doit s'altérer à la longue, il ne craindra pas d'avouer que travailler à modifier et à amender l'organisation par laquelle se fait sentir l'action de cet élément peut être chose utile. Mais en ce qui concerne l'entreprise si différente de reconstruire une chambre haute, il souhaitera que la tâche incombe à des hommes pleinement convaincus de cette vérité, que, de toutes les secondes chambres, il n'en est que deux dont la durée mérite une mention : le Sénat américain, qui, malgré son succès, n'est qu'une création de la veille, et l'antique Chambre des Lords d'Angleterre. Il serait bien difficile de tirer de la plus jeune de ces institutions une leçon quelconque qui puisse servir à amender son aînée. Le Sénat des Etats-Unis n'est pas, à strictement parler, une institution plus démocratique que la Chambre des Lords, ainsi que je le montrerai dans le chapitre suivant. Il est fondé sur l'inégalité et non sur l'égalité de représentation. Mais aussi, les divers Etats qui envoient des sénateurs à Washington sont pour la plupart de plus ancienne origine que l'Union fédérale. Ils gardent encore une certaine portion de souveraineté ; et c'est pourquoi tous les cercles artificiels de gouvernement local qu'on pourrait créer en Angleterre n'auront jamais avec eux qu'une ressemblance superficielle. Ce n'est que par l'examen attentif des infirmités que l'expérience nous a révélées dans l'organisme de la Chambre des Lords, et par la considération soigneuse des doutes qui se sont élevés sur les meilleurs principes à suivre pour lui faciliter l'exercice de ses pouvoirs légaux, que l'on a chance de réunir quelques données en vue de son amélioration possible. Les réformateurs les plus compétents de la Chambre des Lords seront probablement ceux qui la comprennent parce qu'ils lui appartiennent ; et sans doute, une heure vient parfois

où s'applique la maxime de Portalis, «il faut innover, quand la plus funeste des innovations serait de ne point innover.»

En tout cas, je ne vois rien dans les idées et les tendances du jour qui vienne à l'appui des assertions très vagues - et très influentes, je l'accorde, en raison même de leur caractère vague, - qui voudraient nous insinuer que l'amélioration de la Chambre des Lords est une entreprise désespérée. On entend dire parfois que la Chambre des Lords se compose de grands propriétaires, et que l'histoire de la grande propriétés foncière est à peu près close aujourd'hui ; que les privilèges des pairs sont héréditaires, et qu'un droit héréditaire à participer au gouvernement est une absurdité ; enfin, que l'âge de l'aristocratie et de la prépondérance aristocratique est à jamais évanoui. Ce sont là des généralités bien nuageuses, auxquelles on pourrait opposer d'autres généralités peut-être également nuageuses, mais mieux étayées sur l'expérience et l'observation. Il est certain que, pour le moment, la propriété foncière semble sérieusement menacée. Et cependant, pas n'est besoin d'une grande pénétration d'esprit pour voir que la plupart des objections habituelles contre son existence sont autant d'objections qui vont également à l'encontre de toute autre propriété privée ; et le temps peut revenir où l'on reconnaîtra que la possession d'une grande terre implique, ainsi qu'il est naturel dans une forme de propriété

Henry Sumner Maine

qui descend probablement d'une certaine forme de souveraineté [1], plus de facultés administratives et plus de cordialité dans les relations avec les autres classes ayant des intérêts subordonnés, que peut être toute autre forme de supériorité fondée sur la richesse. L'assertion catégorique qu'il existe une absurdité inhérente dans le fait d'une législature héréditaire, paraîtra elle-même absurde à qui est capable de suivre le courant des idées scientifiques du jour. Sous n'importe quel système de gouvernement, sous la monarchie, sous l'aristocratie, tout comme sous la démocratie, c'est le simple hasard qui décide si l'individu appelé à la direction des affaires publiques se trouvera à la hauteur de son rôle. Mais la chance de tomber sur un homme compétent, loin d'être bien moindre sous l'aristocratie que sous les deux autres systèmes, est visuellement plus marquée. Si les qualités propres à la conduite du gouvernement peuvent se fixer dans une classe ou dans un groupe d'hommes limité, .il existe une forte probabilité en faveur de leur transmission à la classe correspondante dans la génération qui suivra, encore qu'on ne puisse rien affirmer de certain en faveur de leur transmission à tel ou tel individu. Quant à savoir, - et c'est ici la dernière objection, - si l'âge des aristocraties est passé, je ne saurai prendre sur moi de le dire. J'ai souvent pensé que l'un des plus grands inconvénients de la démocratie moderne est que, tout en donnant naissance au despotisme avec une extrême facilité, elle paraît incapable de produire aucune aristocratie, bien que ce soit à cette forme d'ascendant politique et social que l'on doive jusqu'ici tous les vrais progrès. Mais, de nos jours, quelques-uns des observateurs les plus perspicaces de la société démocratique se refusent à partager cette opinion. Ayant remarqué que l'impulsion moderne vers la démocratie s'allie au mouvement vers la perfection scientifique, ils semblent persuadés que le monde tombera quelque jour sous la domination d'aristocraties intellectuelles. La société serait en voie de devenir l'Eglise d'une sorte de Calvinisme politique, dont les Elus seraient les hommes doués de cerveaux exceptionnels. Telle paraît bien être la perspective suggérée à M. Ernest Renan [2], par la société nouvelle de la France démocratique.

1 J'ai étudié cette question dans un ouvrage antérieur. - Cf. *Etudes sur l'histoire des institutions primitives*, trad. Durieu de Leyritz. Paris, Thorin, 1880. Chap. IV et V.

2 Renan, *Dialogues philosophiques*, troisième dialogue. - Un écrivain plus jeune,

Chapitre III : L'ÂGE DU PROGRÈS

Une pareille aristocratie, surtout investie de l'énorme puissance que la possession de tous les résultats scientifiques mettrait entre ses mains, serait-elle, à proprement parler, une institution bienfaisante ? Il est permis d'en douter. Les défauts auxquels sont sujets les anciens ordres privilégiés sont assez visibles et parfois même assez sérieux. Il est, chez eux, des tempéraments où l'on rencontre la paresse, la sensualité, l'insolences et la frivolité ; d'autres, et plus particulièrement de nos jours, où l'on observe de la timidité, un manque de foi dans la stabilité de tout ce qui est marqué au coin de la grandeur et de l'ancienneté ou (qui pis est) la conviction que, si l'on est membre d'une institution grande et ancienne, on ne peut acquérir de réputation qu'en aidant à la renverser. Mais, en supposant même que les privilégiés d'autrefois s'abandonnent à leurs défauts sans la moindre retenue, on peut se demander si l'humanité tirerait un avantage sans mélange du remplacement de la vieille aristocratie par une aristocratie ascétique de savants, aux facultés perfectionnées par un exercice incessant, pleins d'une confiance absolue en eux-mêmes et d'une certitude absolue dans leurs conclusions. La question toutefois ne troublera ni longtemps, ni profondément, ceux qui ont comme moi le soupçon le plus ferme que, dans le cas d'un conflit réel entre la démocratie et la science, la démocratie, qui se précautionne déjà contre l'ennemi, gagnera certainement la victoire.

NOTE A [1]

«M. Tylor a fait observer, avec raison, que le véritable résultat de la science nouvelle de la mythologie comparée, c'est de mettre

M. Paul Bourget, s'exprime comme il suit dans un livre remarquable, intitulé *Essais de Psychologie contemporaine* : «Il est possible, en effet, qu'une divergence éclate entre ces deux grandes forces des sociétés modernes, la démocratie et la science. Il est certain que la première tend de plus en plus à niveler, tandis que la seconde tend de plus en plus à créer des différences. «Savoir. c'est pouvoir,» disait le philosophe de l'induction ; savoir dix fois plus qu'un autre homme , c'est pouvoir dix fois ce qu'il peut. Et comme la chimère d'une instruction, également répartie sur tous les individus, est, sans aucun doute, irréalisable par suite de l'inégalité des intelligences, l'antinomie se manifestera de plus en plus entre les tendances de la démocratie et les résultats sociaux de la science.» Paris, Lemerre, tome I, pp. 106 et l 07.

1 Cette note est extraite de mon *Histoire des institutions primitives* [Cf. trad. Fr., ppé 278-284].

Henry Sumner Maine

en relief la stérilité, dans les temps primitifs, de cette faculté de l'esprit dont nous faisons la meilleure condition de la fécondité intellectuelle, l'imagination. Le droit comparé conduit plus infailliblement encore à la même conclusion, comme on pouvait s'y attendre, en raison de la stabilité naturelle de la loi et de la coutume, et classe parmi les caractères généraux de l'enfance du genre humain le petit nombre des idées et la lenteur avec laquelle s'augmente le fonds intellectuel.

«Notre habitude invétérée de nous arrêter exclusivement, en étudiant la nature humaine, à un petit nombre des phénomènes qu'elle présente, nous a seul empêché de remarquer que la genèse des idées nouvelles n'est pas aussi rapide dans toutes les phases de la société que dans l'état social contemporain. Quand nous abordons l'examen des faits sociaux, nous sommes très portés à ne tenir compte que d'une partie de l'Europe occidentale, et peut-être du continent américain ; nous laissons régulièrement de côté l'Inde, la Chine et tout l'Orient musulman. Il n'y aurait aucun inconvénient à limiter ainsi le champ de son observation, si l'on faisait des recherches sur les lois du progrès. Le progrès ou la production incessante d'idées nouvelles, c'est en effet la même chose, et l'on ne peut en découvrir la loi qu'en examinant la suite des idéals là où la succession en est fréquente et le développement étendu. Mais pour bien établir la condition primitive des sociétés progressives, il convient d'étudier celles qui sont stationnaires, et c'est laisser une grave lacune dans nos connaissances que de négliger, comme un phénomène sans intérêt et nullement instructif, l'état intellectuel de ces milliers et de ces millions d'hommes qui peuplent ce qu'on appelle vaguement l'Orient. Beaucoup d'entre nous savent que parmi ces multitudes, la littérature, la religion, les arts, - ou ce qui correspond à tout cela, - tournent toujours dans un cercle rigoureusement tracé de notions immuables ; mais on établit rarement, avec toute la clarté voulue pour rendre cette démonstration instructive, que cet état intellectuel est dû plutôt à la prolongation de l'enfance de l'esprit humain qu'à une maturité différente de la nôtre.

«Je suis loin de nier, d'ailleurs, qu'il ne s'agisse entre l'Orient et l'Occident, quant au renouvellement rapide des idées, que d'une affaire du plus au moins. L'Inde a connu cette activité intellectuelle même pendant l'époque désastreuse qui a immédiatement précédé l'avènement des Anglais, et, dans les âges antérieurs, cette activité a du être très grande. Pendant toute une suite de siècles, les progrès des Chinois ont dû se maintenir à un niveau constant, et il faut s'en prendre, sans doute, à notre ignorance de cette réputation d'immobilité absolue faite à la Chine et à d'autres pays. Mais la réciproque n'est-elle pas vraie ? Les idées nouvelles éclosent-elles, dans l'Occident, aussi vite que notre littérature et nos relations modernes le font quelquefois supposer ? On ne peut certainement pas douter que des causes inconnues à l'ancien monde aient contribué chez nous à multiplier les idées. Parmi ces causes viennent, en première ligne, la découverte incessante de nouveaux phénomènes naturels, les inventions qui changent la modalité et les conditions matérielles de l'existence, et enfin les règles nouvelles du gouvernement des sociétés. En tête de celles-ci, je place, comme l'agent le plus énergique dans le domaine particulier du droit, la maxime célèbre suivant laquelle toutes les institutions doivent tendre à procurer au plus grand nombre la plus grande somme de bonheur possible.

«On peut néanmoins constater, à de nombreux indices, que les efforts les plus délibérés réussissent très médiocrement à augmenter la circulation des idées. Voyez la poésie et la fiction ! De temps en temps, un esprit doué de cette réunion de qualités qui forment le génie vient tout à coup ajouter de nombreuses combinaisons de pensées, de mots, de sons à celles qu'il appartient à ces arts de produire. Alors, aussitôt après un ou plusieurs de ces efforts, on voit s'arrêter la fécondité inventive de l'esprit humain, qui s'attarde, pendant un siècle peut-être, à des œuvres d'imitation. C'est ce qu'on observe en petit pour les règles auxquelles se conforment nos habitudes sociales. On parle des caprices de la mode ; mais en en reconstituant l'histoire, on s'aperçoit qu'ils sont singulièrement limités, à ce point qu'on est quelquefois tenté de croire que la mode parcourt constamment des cercles qui ramènent les mêmes procédés. .La fécondité intellectuelle connaît de même plus de limites naturelles qu'on ne se le figure, et celles-ci se traduisent, dans les corporations humaines, par cette défaillance devant toute production nouvelle dont paraissent atteintes par moments toutes les sociétés occidentales, comme, en particulier, les intelligences les plus diversement douées d'instruction et de culture.

Henry Sumner Maine

«Je me propose de montrer actuellement quelques-unes des conséquences de cette stérilité intellectuelle à l'époque du stage primitif des sociétés humaines qui a fait jusqu'ici l'objet de notre examen. Les relations d'homme à homme se résument toutes alors, nous le savons, dans la parenté. C'était une présomption fondamentale que tout homme qui ne vous était pas uni par le sang était votre ennemi ou votre esclave. Peu à peu cette présomption devint erronée en fait, et des hommes qui n'étaient point parents par le sang établirent leurs relations les uns avec les autres sur un pied de paix , de tolérance mutuelle ou de services réciproques. Mais aucune idée exactement correspondante à ces relations nouvelles ne se fit jour dans les esprits, et l'on n'inventa aucune phraséologie pour les exprimer. On parla des nouveaux membres de chaque groupe comme s'ils y étaient apparentés : on les traita comme tels, on les conçut comme tels. Les idées avaient si peu changé, que, nous le verrons, les sentiments et les passions mêmes qui naissent de la parenté naturelle se reproduisirent avec une force extraordinaire dans la parenté fictive. Ces faits bien compris éclairent plusieurs problèmes historiques, de ceux notamment qui sont particuliers à l'histoire d'Irlande. Il n'y a rien là, du reste, qui doive nous surprendre, ces observations rentrant, sous une forme différente, dans le domaine de notre expérience quotidienne. Tout le monde a pu remarquer que des conjonctures nouvelles venant à se produire, nous les faisons rentrer dans le cadre de nos idées antérieures ; quant à nos idées elles-mêmes, c'est seulement plus tard, beaucoup plus tard, qu'elles arrivent à changer. En Angleterre, les Cours de justice sont en grande partie les instruments de ce procédé. Les faits se groupent sans cesse dans un ordre nouveau ; mais on les interprète exclusivement, au début, suivant les vieilles idées juridiques. Puis, un peu plus tard, les jurisconsultes admettent que ces idées ne répondent plus entièrement à ce qu'elles étaient avant les faits nouveaux.

«Il faut nécessairement recourir à cette génération paresseuse des idées aux temps primitifs pour expliquer cette foule de fictions que l'on rencontre sur le double seuil de l'histoire et du droit.»

Chapitre IV : LA CONSTITUTION FÉDÉRALE DES ÉTATS-UNIS

La Constitution des Etats-Unis d'Amérique est, de beaucoup, le premier instrument politique des temps modernes. Le pays dont elle contrôle et dirige les destinées offre ce caractère particulier que tous les territoires où se déverse sa population, déjà fort abondante, sont situés de telle sorte que l'on y peut établir aisément, en chaque point, des institutions politiques du même type. L'Empire anglais renferme une population biens plus dense ; mais ses provinces sont fort éloignées les unes des autres, séparées par de vastes étendues de mer, et l'on ne peut leur appliquer à toutes le gouvernement populaire des Iles Britanniques, - outre qu'on ne saurait l'appliquer à aucune sans des modifications considérables. - La Russie possède quelque peu la densité des Etats-Unis, et sa population est en ce moment plus nombreuse, bien que le chiffre en doive être probablement dépassé, avant qu'il soit longtemps, par celui des habitants compris dans la Fédération américaine. Théoriquement, l'Empire russe tout entier n'a d'autre gouvernement que l'unique autorité de l'Empereur. Mais il existe déjà des différences marquées entre le despotisme bureaucratique de la Russie occidentale et l'autocratie militaire qui règne dans les nouveaux districts orientaux ; et, quand se produira la crise que les institutions russes semblent condamnées à subir, la différence entre le régime oriental et le régime occidental ne peut manquer de s'accentuer. Au contraire, les Etats-Unis d'Amérique, de l'Atlantique au Pacifique, des lacs du Canada à la frontière mexicaine, paraissent destinés à demeurer indéfiniment sous le régime des mêmes institutions politiques ; et rien ne prouve qu'elles cesseront d'appartenir au type populaire. De ces institutions, la part la plus importante est réglée par la Constitution fédérale. A vrai dire, la situation relative du gouvernement des Etats-Unis et des gouvernements d'Etats particuliers n'a pas toujours été aussi claire qu'elle paraît l'être à l'heure présente. Il fut un temps où l'on pouvait croire que l'autorité des Etats particuliers gagnerait aux dépens de l'autorité de l'Union ; mais la guerre de Sécession a renversé cette tendance, et la Fédération l'emporte lentement, mais décidément à l'encontre

Henry Sumner Maine

des Etats. C'est ainsi que l'existence et la fortune de la population la plus nombreuse et la plus homogène du monde seront, en somme, moulées à l'avenir par la Constitution des Etats-Unis.

La liberté politique des Etats-Unis exerce une influence plus ou moins grande sur toutes les formes de gouvernement libre du vieux monde. Mais pour nous, membres de la génération présente, elle offre le plus vif intérêt, et ce, pour une autre raison. Le succès des Etats-Unis a relevé le crédit des Républiques, - nom dont on se servait vaguement autrefois pour désigner un gouvernement quelconque dépourvu de prince héréditaire à sa tête, mais qui a fini par prendre récemment la signification additionnelle de gouvernement reposant sur un suffrage très étendu. Il n'est rien moins que facile de faire comprendre aux hommes d'aujourd'hui combien était tombé le crédit des républiques avant la fondation des Etats-Unis. J'ai, dans mon premier chapitre, insisté sur les termes dédaigneux avec lesquels les écrivains du siècle dernier parlaient des républiques qui survivaient encore. Les auteurs du célèbre recueil d'articles publiés en Amérique sous le titre du *Fédéraliste*, et dont je vais avoir à parler longuement tout à l'heure, se montrent très embarrassés de l'insuccès et de la triste réputation échus à la seule forme de gouvernement qu'il leur fût possible d'adopter. La conquête de leur indépendance les avait laissés, par le fait même, à l'état d'un groupe de Républiques, au vieux sens du mot ; et, comme la royauté héréditaire était hors de question, leur Constitution fédérale se trouvait être nécessairement républicaine. Ils s'efforcèrent de mettre leur République au-dessus dû l'infime catégorie où l'on englobait habituellement ses congénères. Ils craignaient avant tout le désordre, et se sentaient fort impressionnés de la turbulence, «de l'existence turbulente et fugitive» des anciennes Républiques. Mais ce n'étaient point là, disaient-ils, des républiques au vrai sens du mot [1]. C'étaient des «démocraties», des communautés du type primitif, gouvernées par le vote d'une assemblée populaire comprenant l'ensemble des citoyens mâles, réunis en un même lieu. Une république véritable devait, au contraire, être regardée comme une communauté soustraite au désordre par des institutions représentatives.

Mais les Américains émancipés commençaient à peine leur

---

1 *Federalist*, n° 10 (Madison)

Chapitre IV : LA CONSTITUTION FÉDÉRALE DES ÉTATS-UNIS

grande expérience, qu'il leur fallut en soutenir le crédit contre un exemple bien plus terrible des faiblesses propres aux institutions républicaines : la République française venait de s'établir. L'ombre sinistre de ses crimes couvre encore le siècle, quoiqu'elle commence à s'effacer imperceptiblement dans le lointain. Mais ce que l'on n'a jamais assez remarqué, c'est son complet avortement politique. Elle a essayé tous les expédients que puisse tenter un gouvernement faible,; aux mains de gens sans scrupules, pour échapper à une déclaration de banqueroute. Elle a mis à mort tous ceux qui pouvaient lui faire opposition ; et elle a procédé, dans ses exécutions, sur une échelle inconnue depuis les invasions tartares, vu la quantité de sang répandue en un si court laps de temps. Elle a essayé de la guerre étrangère et obtenu sur les champs de bataille des succès qui ont dépassé ses plus folles espérances. Elle a essayé de l'usurpation militaire et envoyé périr dans les marécages des tropiques les membres les plus distingués et les plus honnêtes de la nouvelle école constitutionnelle qui commençait à la contrôler. Et pourtant, tombée de plus en plus dans le mépris public, elle finit par se laisser étrangler sans un semblant de résistance. Parmi les accusations portées contre Napoléon Bonaparte, il n'en est guère d'absolument injustes ; mais au moins doit-on le disculper d'avoir fait périr une République, si par République on veut entendre un gouvernement libre. Ce qu'il a détruit n'était qu'une tyrannie militaire, car tel était bien le caractère du gouvernement français depuis le mois de septembre 1797 ; et à cette tyrannie militaire il en substitua une autre plus sévère, mais infiniment plus respectée.

Il n'est donc pas douteux qu'en réalité le crédit des institutions de la République américaine, et généralement de toutes les institutions de ce genre, ait fortement baissé par suite du misérable échec de l'expérience française. Les espérances de liberté politique que les communauté du continent répugnaient à abandonner prirent une autre direction et s'attachèrent exclusivement à la monarchie constitutionnelle. Les publicistes américains signalent les quinze premières années de notre siècle comme la période où leur pays fut le moins respecté au dehors et leur gouvernement traité avec le plus de sans-gêne par la diplomatie européenne [1]. Et, juste au

---

1 Voir le langage que tenait encore Canning, en 1821, dans une conversation avec John Quincy Adams, alors ministre d'Amérique à Londres (Morse , *Life of J.*

Henry Sumner Maine

moment où la fédération américaine parvenait à surmonter la médiocre opinion qu'inspiraient alors toutes les Républiques en général, survint à sa porte même une suite d'événements qui auraient pu l'engloutir dans le réprobation universelle. Les colonies espagnoles du nord, du centre et du sud de l'Amérique s'étaient révoltées et fondaient des Républiques où les crimes et les désordres de la République française se répétaient en caricature. Les républicains de l'Amérique espagnole étaient aux républicains français ce que Hébert et Anacharsis Clootz avaient été à Danton et à Robespierre. Cet absurde travestissement du républicanisme dura plus de cinquante ans ; et, de nos jours mêmes, la toile n'est pas encore tombée sur le dernier acte. Par conséquent, à part l'histoire des Etats-Unis, on semblait fixé sur les conclusions que la philosophie politique devait professer à l'égard des diverses formes de gouvernement observées à travers les lunettes de l'expérience. Si, pour éclaircir nos idées, nous adoptons l'analyse d'Aristote, et si nous classons tous les gouvernements sous les titres de gouvernements d'un *seul*, gouvernements d'une *minorité*, et gouvernements de la *foule* [1], nous voyons que l'humanité possédait alors une longue expérience du gouvernement d'Un seul, une suffisante expérience du gouvernement des Minorités, et aussi quelques données très précieuses sur les tentatives de combinaison entre ces deux formes de gouvernement ; mais quant au gouvernement de la Foule, elle n'en avait qu'une expérience très légère, et, telle quelle, fort peu de nature à motiver en somme un jugement favorable. La question très obscure de savoir au préalable si le gouvernement de la foule était réellement possible, - si, dans un sens intelligible, et d'après n'importe quelle théorie de volition, on pouvait dire d'une multitude qu'elle a une volonté commune, - cette question aurait paru d'autant plus douteuse que toutes les fois que l'on avait mis à l'épreuve le gouvernement de la foule, il avait, en fin de compte, engendré des formes monstrueuses et morbides du gouvernement d'un seul ou du gouvernement de la minorité. Cette conclusion eût, à vrai dire, paru même inévitable, n'eût été l'histoire des Etats-

---

Q. *Adams*, 1883, p. 141 ; l'un des volumes compris dans l'excellente collection intitulée «Les Hommes d'Etat d'Amérique,») [*American Statesmen*, Boston, Houghton].

1 [Aristote, Politique, livre III, chap. V, §§ 1 et suiv. - Nous empruntons les termes dont se sert M. Barthélemy Saint-Hilaire dans sa traduction.]

Chapitre IV : LA CONSTITUTION FÉDÉRALE DES ÉTATS-UNIS

Unis, si tant est qu'ils eussent une histoire. Le gouvernement fédéral a survécu aux imitations dérisoires qu'il avait suscitées en France et dans l'Amérique espagnole ; son succès a été si grand et si frappant que l'on en est presque venu à oublier que, si l'on veut examiner dans l'ensemble tous les essais de l'humanité en matière de gouvernement, il n'y a jamais eu de forme de gouvernement aussi malheureuse que la forme républicaine.

Les origines d'un corps d'institutions comme celui dont nous parlons, et son mode de croissance, méritent évidemment une étude consciencieuse de notre part ; et nous possédons par bonheur sur ce point des matériaux aussi nombreux qu'excellents. Les divers pamphlets qui, sous le titre du *Fédéraliste,* furent publiés en 1787 et en 1788 par Hamilton, Madison et Jay, mais qui étaient dus principalement à la plume de Hamilton [1], furent écrits au début pour expliquer la nouvelle Constitution des Etats-Unis, qui attendait alors sa ratification, et pour dissiper. les erreurs d'interprétation qui s'en étaient répandues au dehors. Ils forment par là, incontestablement, une défense *ex post facto* des institutions nouvelles ; mais ils éclairent d'une vive lumière la route qu'avaient suivie les esprits les plus vigoureux parmi les hommes d'Etat contemporains en Amérique, pour arriver aux conclusions incarnées dans la Constitution, ou aux arguments qui les avaient réconciliés avec elles. Le *Fédéraliste* a d'ordinaire excité une sorte d'enthousiasme chez ceux qui l'ont étudié, et l'on compte pourtant au nombre de ses admirateurs des hommes qui n'étaient rien moins que portés à se laisser entraîner par indulgence à des éloges outrés. Talleyrand en recommandait instamment la lecture ; et Guizot affirmait qu'au point de vue de l'application des principes élémentaires du gouvernement à l'administration pratique des affaires, il ne connaissait pas de meilleur ouvrage. Un des premiers numéros de la *Revue d'Edimbourg* [2] le signale comme «un livre peu répandu en Europe, mais qui témoigne d'une profondeur de recherches et d'une pénétration d'intelligence qui eussent fait honneur aux hommes d'Etat les plus illustres des temps modernes.» Les louanges que les Américains décernent au

1 [Le *Federalist* compte 85 numéros dont 51 attribués à Hamilton, 2 à Madison, et 5 à John Jay.]

2 N° 24, t. XII, p. 471.

Henry Sumner Maine

Fédéraliste comportent naturellement encore moins de réserves. «Je ne sais point, d'ouvrage sur les principes du gouvernement libre,» écrivait le chancelier Kent, «qui se puisse comparer comme valeur instructive et intrinsèque à ce petit volume sans prétentions, intitulé *le Fédéraliste*; pas même si nous le comparons à Aristote , Cicérone, Machiavel, Montesquieu, Milton, Loche, ou Burke. Il est également admirable par la profondeur de sa sagesse, la largeur de ses vues, la sagacité de ses réflexions, la fraîcheur, le patriotisme, la candeur, la simplicité, l'éloquence avec laquelle il exprime les vérités qu'il recommande à notre méditation [1].» Quiconque aura lu attentivement ces petits pamphlets ne trouvera pas qu'en somme l'éloge soit exagéré. Peut-être la seule part qui n'en soit pas pleinement méritée est celle que l'on accorde à la profondeur supposée des recherchés préparatoires. On ne rencontre guère, dans le *Fédéraliste,* trace de familiarité intime avec les spéculations antérieures sur la politique, sauf avec celles de Montesquieu dans son *Esprit des Lois,* qui était le livre populaire du jour. Les auteurs attachent la plus grande importance à toutes les opinions de Montesquieu. Ils sont tout déconcertés par son affirmation que le gouvernement républicain s'associe nécessairement à l'idée d'un petit territoire, puis ils se sentent réconfortés par son aveux que cette difficulté pourrait être surmontée par une confédération républicaine. Madison, il est vrai, avait assez de perspicacité pour s'apercevoir que les théories de Montesquieu ont une tendance aussi souvent polémique que philosophique, et qu'elles se fondent constamment sur un contraste tacite entre les institutions de son propre pays, qu'il n'aimait pas, et celles de l'Angleterre, qu'il admirait fort. Et cependant son analyse doctrinale, comme nous le montrerons plus loin, exerça beaucoup d'influence sur les fondateurs et les défenseurs de la Constitution américaine. Au fond, le jugement de Guizot sur le *Fédéraliste* est encore le plus judicieux. C'est un livre sans prix pour l'application des principes élémentaires du gouvernement à l'administration pratique. Rien ne saurait être plus sagace que ses prédictions sur la manière dont les nouvelles institutions devaient fonctionner, ni plus concluant que sa réfutation des erreurs qui se dissimulaient sous les objections ordinaires contre quelques unes de ces institutions.

1 *Commentaries upon American Law*, 1854, t. I, p. 256-7.

Chapitre IV : LA CONSTITUTION FÉDÉRALE DES ÉTATS-UNIS

Il ne faudrait pas supposer que Hamilton, Jay et Madison dédaignassent l'expérience de l'histoire. Ils avaient fait une étude approfondie des nombreuses formes de gouvernement anciennes et modernes. Leurs observations sur les Républiques de l'antiquité [1] qui devaient, avant peu, devenir un si terrible piège pour les théoriciens politiques en France, sont des plus justes. Ils examinent consciencieusement l'agglomération de petites Républiques qui s'étaient fondues dans l'Union des Pays-Bas [2], et signalent très habilement les points faibles de cette confédération anomale. Ils décrivent la curieuse structure de l'Empire romano-germain [3] ; et nous avons plus d'une raison de soupçonner que ces institutions germaniques, presque ignorées de nos jours, ont exercé sur les rédacteurs de la Constitution américaine une in-fluence à la fois d'attraction et de répulsion. Mais l'expérience de beaucoup la plus convaincante à laquelle ils aient fait appel était celle de leur propre pays, à une date encore plus récente. Le premier lien d'entente avait été fourni aux colonies révoltées par le premier congrès, ou Congrès «Continental» américain, auquel on doit la Déclaration d'Indépendance. Etaient venus ensuite les «Articles de confédération» ratifiés en 1781. Ces premières tentatives, leur avortement facile à démontrer sur bien des points, et le désappointement qu'elles avaient suscité, furent une mine d'exemples, une source abondante d'avertissements et de réflexions pour les écrivains qui avaient entrepris de faire voir que ces défauts se trouvent éliminés de la Constitution de 1787-1789.

Néanmoins, il est un fonds d'expérience politique auquel le *Fédéraliste* emprunte rarement, et ce n'est autre que l'expérience politique de la Grande-Bretagne [4]. Le petit nombre des références de ce genre est à première vue inexplicable. Les auteurs devaient

1 Federalist, n° 14 (Madison).

2 *Ibid.*, n° 20 (Hamilton et Madison).

3 *Ibid.*, n° 19 (Hamilton et Madison). - M. J.-C. Hamilton, dans son édition du *Federalist*, attribue conjointement à Hamilton et à Madison les n° 19 et 20 ; mais la liste laissée par Madison ne reconnaît pas la collaboration d'Hamilton . Cf. Bancroft, *History* of *the Formation of the Constitution of the United States*, t. II, p.336.

4 On rencontre quelques allusions à la Grande -Bretagne dans le n° 5 du Federalist (Jay) ; et encore dans le n° 69 (Hamilton), afin de démontrer la fausseté d'une analogie prétendue.

Henry Sumner Maine

comprendre la Grande-Bretagne beaucoup mieux que tout autre pays, le leur excepté. Ils avaient été sujets de l'Angleterre durant la plus grande partie de leur vie. Ils cessaient à peine, en ce moment, de respirer l'atmosphère du parlement anglais et de prendre avantage de ses discordes si caractéristiques. Après leur valeur opiniâtre, le grand secret du triomphe des colons avait été l'incapacité même des généraux anglais de s'adapter à de nouvelles conditions de tactique, dressés qu'ils étaient à la raideur du système prussien qui allait bientôt périr à Iéna, - incapacité que des généraux plus proches de nous, pleins d'admiration pour le nouveau système militaire de l'Allemagne, devaient manifester un jour sur le mamelon de Majuba contre un ennemi bien plus infime. Mais les colons avaient aussi recueilli un avantage signalé des encouragements de l'opposition au sein du parlement anglais. Si le roi de France leur était venu en «aide,» l'opposition anglaise avait donné un perpétuel «réconfort» aux ennemis du roi

d'Angleterre. C'était le fruit de l'esprit de parti qui allait reparaître au milieu de dangers beaucoup plus graves pour la sécurité publique, au moment de la guerre d'Espagne ; et la révélation de détails intimes, l'affirmation de notre faiblesse domestique, devaient assister alors les armes de la tyrannie militaire comme elles avaient assisté les colonies combattant pour leur indépendance. Plus d'une observation du *Fédéraliste* [1] sur la férocité de l'esprit de parti aura, je le soupçonne, été inspirée par le souvenir de ce que peut une opposition. Mais ses pages ne pouvaient se permettre des allusions trop ouvertes sur ce chapitre ; et l'on ne saurait, en définitive, attribuer à la rareté des emprunts à l'histoire d'Angleterre une cause autre que son impopularité. Le but de Madison, de Hamilton et de Jay était d'arriver à persuader leurs compatriotes ; or, les appels à l'expérience anglaise n'auraient fait qu'éveiller les préjugés et la répulsion. J'espère toutefois montrer que la Constitution des Etats-Unis est colorée tout entière par des idées politiques d'origine anglaise, et qu'elle n'est en réalité qu'une version de la Constitution britannique, telle que celle-ci devait apparaître aux yeux d'un observateur intelligent, durant la seconde moitié du siècle dernier.

Il faut avoir toujours présent à l'esprit que l'édification de la Constitution américaine diffère absolument du procédé pour

1 *Federalist*, n°70 (Hamilton)

Chapitre IV : LA CONSTITUTION FÉDÉRALE DES ÉTATS-UNIS

fonder une constitution nouvelle, qu'on peut voir appliquer aujourd'hui dans notre Europe continentale, à des intervalles de peu d'années, et qu'elle ressemble encore moins à la fondation d'une république nouvelle, au sens actuel du mot. Quelle que soit l'occasion qui donne naissance à l'une de ces Constitutions européennes, - insuccès en temps de guerre, désir de se soustraire à une domination étrangère, renversement du gouvernement par l'armée ou la plèbe, - les institutions nouvelles sont toujours façonnées dans un esprit d'amer ressentiment contre les anciennes, qui, au mieux aller, sont mises à une rude épreuve. Mais les colons récemment affranchis d'Amérique étaient plus que satisfaits de l'ensemble de leurs institutions, qui étaient, en somme, les institutions des diverses colonies auxquelles ils appartenaient. Et quoiqu'ils eussent supporté une guerre heureuse pour se débarrasser du roi dé la Grande-Bretagne et du parlement britannique, ils n'éprouvaient aucune antipathie spéciale contre les rois ou les parlements proprement dits. Ils prétendaient seulement que le roi d'Angleterre et le parlement britannique avaient mérité, pour cause d'usurpation, la déchéance des droits qu'ils pouvaient avoir, et qu'ils avaient été justement punis par la dépossession de ces droits. Nés libres et Anglais, ils ne devaient pas être vraisemblablement portés à nier la valeur des parlements ; et, quant aux rois mêmes, il est probable que la plupart des *insurgents* avaient partagé quelque temps, pour leur compte, l'opinion juvénile d'Alexander Hamilton, qui, tout en niant le droit de la suprématie parlementaire sur les colonies britanniques, sauf dans la mesure *où* celles-ci le reconnaissaient, soutenait que «le principe connecteur, le principe pénétrant,» nécessaire pour rattacher un certain nombre de communautés individuelles sous un seul chef, ne pouvait se rencontrer que sous la personne et prérogative d'un roi qui fût «roi d'Amérique, en vertu d'un contrat passé entre les colons et les rois de la Grande-Bretagne [1].» Cependant, une fois la guerre terminée, une fois les liens avec le parlement et le roi également rompus, la grosse affaire fut de les remplacer. Il fallait maintenant forger de nouvelles chaînes constitutionnelles avec des matériaux locaux. Or ceux-ci n'offraient rien dont on pût fabriquer un roi héréditaire ; à peine offraient-ils de quoi fabriquer

---

1 Voir la préface à l'édition du *Federalist* de J.-C. Hamilton.

Henry Sumner Maine

une seconde chambre héréditaire. Et pourtant il fallait trouver à tout prix sur la côte ouest de l'Atlantique la possibilité de mettre la portion maintenant séparée de l'Empire britannique à même de remplir les fonctions d'un corps régulièrement organisé, aussi complètement qu'elles avaient été remplies jusqu'alors par le royaume dont elle venait de se détacher. La Constitution des Etats-Unis fut le fruit d'une sagacité et d'une prescience supérieures, appliquées à ces nécessités pressantes. Mais, encore une fois, il n'existait presque aucune analogie entre la nouvelle entreprise et l'établissement d'une république moderne sué notre continent. La communauté fondée en Amérique ne s'est appelée République que parce qu'elle n'avait pas de roi héréditaire ; et elle n'avait pas de roi héréditaire parce qu'il ne se trouvait aucun moyen d'en avoir un. En ce temps-là, toute communauté sans monarchie héréditaire était considérée comme républicaine. Il existait bien un roi de Pologne élu à vie, mais son royaume était désigné sous le nom de République polonaise. Dans la forme élective de l'Empire romano-germain, on discernait encore des traces de l'ancienne Constitution républicaine de Rome. La République de Venise était une stricte oligarchie ; et, au fond, les doges élus de Venise et de Gênes étaient de vrais rois à la manière antique [1], pareils aux anciens rois de Rome qui avaient autrefois donné son nom à l'autorité royale. Plusieurs cantons de la Suisse formaient des républiques du genre le plus primitif, où toute la population s'assemblait une fois par an pour légiférer et choisir ses fonctionnaires publics ; mais, dans certains cantons, une section gouvernait les autres sections avec une impitoyable sévérité, et quelques cantons tenaient leurs dépendances territoriales dans la plus dure sujétion. De nos jours, au contraire, la fondation d'une république signifie la substitution, dans toutes les fonctions gouvernementales, de la Foule à Un seul ou à la Minorité, - de la totalité de la communauté à l'une de ses portions déterminées, - expérience d'une difficulté redoutable et peut-être insurmontable, que les colons n'avaient jamais imaginé de poursuivre. Comme je le montrerai plus loin, le vote était des plus restreints dans un grand nombre d'Etats, et il est inutile

1 [«Bien des gens ne se rendent pas suffisamment compte de ce l'ait que le mot *doge* n'est qu'une forme locale du mot *duc*, et que les autres ducs d'Italie étaient, à part quelques vétilles d'étiquette, les égaux des rois.» - Edw. Freeman , *Select Historioal Essays*, Leipzig, Tauchnitz, 1873, p. 3û0.]

Chapitre IV : LA CONSTITUTION FÉDÉRALE DES ÉTATS-UNIS

de rappeler que près de la moitié d'entre eux représentaient des communautés esclavagistes.

Je me propose de prendre tour à tour chacune des grandes institutions fédérales organisées par les Américains - Présidence des Etats-Unis, Cour suprême, Sénat, Chambre des représentants, - et de les étudier sommairement pour marquer leurs rapports avec les institutions européennes, notamment avec les institutions anglaises, qui existaient avant leur création. Ce que je dirai servira peut-être, dans une certaine mesure, à corriger ce vague d'idée que trahissent non seulement la phraséologie creuse de la *plateforme* électorale en Angleterre, mais jusqu'aux lieux communs historiques que vulgarisent les Américains eux-mêmes.

A première vue de la Constitution des Etats-Unis, la ressemblance qu'offre le président des Etats-Unis avec un roi européen, surtout avec le roi de la Grande-Bretagne, est trop évidente pour qu'on puisse s'y méprendre. Le président exerce, à divers degrés, un certain nombre de pouvoirs dans lesquels on reconnaît, du premier coup, l'apanage particulier de la royauté, pour peu qu'on l'ait étudiée dans l'histoire générale, et qui ne peuvent s'associer avec aucune autre institution. Il est investi de tout le pouvoir exécutif [1]. Il a le commandement en chef de l'armée et de la marine [2]. Il conclut des traités suivant l'avis et avec le consentement du sénat ; suivant ce même avis, et avec ce même consentement, il nomme les ambassadeurs, les ministres, les juges, et tous autres titulaires des fonctions supérieures. Il possède un droit de veto limité sur la législation. Il convoque le congrès lorsque aucune époque spéciale n'a été fixée pour sa réunion. Le *Fédéraliste* convient que la similitude du nouveau rôle présidentiel avec les fonctions de la royauté anglaise était un des points sur lesquels se retranchaient les opposants de la Constitution. Hamilton rétorque leurs arguments [3], tantôt avec une force irrésistible, tantôt aussi, il faut l'avouer, avec un peu de subtilité. Il prétend que la seule alternative que l'on eût à choisir, si l'on écartait la présidence, était une pluralité exécutive, autrement dit un conseil ; et il insiste sur le risque de paralysie que pourrait communiquer à l'autorité exécutive l'opposition des partis

1 Const. Des E.-U., art. II.

2 Ibid., as. 1 et 2.

3 Federalist, n° 69 (Hamilton).

Henry Sumner Maine

au sein d'un corps de ce genre. Mais il attache surtout le plus grand poids aux différences qui séparent le roi du président, - la durée temporaire de ses fonctions, la participation du sénat à l'exercice de la plupart de ses pouvoirs, la limitation de son veto contre les bills passés par le congrès. - Il est toutefois suffisamment clair que l'association d'idées qui guida les fondateurs de la Constitution américaine fut celle-ci : ils prirent le roi de la Grande-Bretagne, passèrent en revue ses pouvoirs, et leur imposeront des restrictions toutes les fois que ceux-ci leur apparurent excessifs ou mal appropriés aux circonstances particulières des Etats-Unis. Il est à remarquer ici que le type qu'ils avaient sous les yeux n'était pas une figure généralisée de la royauté anglaise, ni même une abstraction de la monarchie constitutionnelle ; ce ne fut pas une anticipation de la reine Victoria, mais Georges III en personne qu'ils prirent pour modèle. Cinquante ans plus tôt, ou cent ans plus tard, le roi d'Angleterre leur aurait apparu sous un jour très différent et leur aurait laissé une impression tout autre. Il y avait eu comme un accord tacite entre les deux premiers Georges et l'aristocratie whig, stipulant que le roi gouvernerait le Hanovre, et le ministère whig la Grande-Bretagne ; et les divergences qui s'élevaient entre le roi et ses sujets pouvaient s'attribuer au fait que les guerres européennes prenaient alors naissance dans le département hanovrien du royaume. Mais Georges III se souciait fort peu du Hanovre et s'inquiétait beaucoup plus de gouverner l'Angleterre. Il ouvrit brusquement une nouvelle ère politique en faisant la paix et en entreprenant de diriger à sa guise les destinées de l'Angleterre. Or, l'original qui a servi de modèle pour le président des Etats-Unis est manifestement un roi libre de conclure des traités, et un roi qui influence activement le gouvernement exécutif. M. Bagehot insiste sur ce fait que la grande lacune apparente dans le mécanisme officiel de la politique anglaise est l'oubli du gouvernement de l'Angleterre par un comité tiré de la législature et qui s'intitule cabinet [1]. C'est là précisément le mode de gouvernement auquel

---

1 [«Les pouvoirs du cabinet se sont fort accrus depuis un siècle. Et les désignations successives sous lesquelles ont été connus les personnages réellement au pouvoir témoignent du progrès rapide de leur influence. Sous George III, on disait «l'administration;» au temps du bill de Réforme, «les ministres» ou «le ministère;» et ce n'est que tout récemment que le mot «gouvernement,» réservé jadis à l'accord du Roi, des Lords, et des Communes, a été appliqué à ce corps de

Georges III refusa de se soumettre ; et les fondateurs de la Constitution américaine adoptèrent comme définitives les idées de Georges III sur les attributions de la royauté. Ils abandonnent au président tout l'ensemble du pouvoir exécutif et ne permettent pas à ses ministres de siéger ni d'ouvrir la bouche dans aucune des branches de la législature. Pour limiter ses pouvoirs et les leurs, ils n'ont recours à aucun des procédés connus du constitutionnalisme moderne en Angleterre : ils se bornent à mettre un terme tous les quatre ans aux fonctions présidentielles.

Si Hamilton avait vécu cent ans plus tard, sa comparaison du président avec le roi se serait appuyée sur des traits tout différents. Il aurait dû avouer que, des deux, le fonctionnaire républicain était de beaucoup le plus puissant. Il aurait eu à noter que le veto royal contre la législation, veto que, en 1789, on ne croyait pas encore tout à fait perdu, avait depuis lors disparu pour toujours. Il aurait eu à observer que les pouvoirs partagés entre le président et le Sénat étaient absolument retirés au roi ; que le roi ne pouvait plus ni déclarer la guerre ni conclure de traités ; qu'il ne pouvait nommer ni ambassadeur ni juge ; qu'il ne pouvait choisir même son premier ministre. Il ne pourrait accomplir aucun acte exécutif. Tous ses pouvoirs sont passés à ce que M. Bagehot appelle un comité du parlement. Mais, il y a un siècle, la seule différence réelle et essentielle entre les fonctions royale et présidentielle était que cette dernière n'avait pas de caractère héréditaire. La succession d'un président à l'autre ne peut donc avoir été emprunté à la Grande-Bretagne. Mais il n'existe aucune raison de supposer que le mode d'élection admis pour la présidence ait été le produit d'une génération spontanée dans le cerveau des hommes d'Etat américains. On a trop perdu de vue deux traits significatifs du plan original. Le président, bien que nommé seulement pour quatre ans, devait être indignement rééligible [1] ; la limitation effective de la durée de son office à une période maximum de huit ans n'est établie que d'hier. Puis, le mécanisme électoral si complexe [2],

---

conseillers extra-légaux, dont on ne pourrait offrir aucune définition juridique. C'est en ce sens que l'on dit aujourd'hui couramment «le gouvernement de Lord Palmerston ou de Lord Derby.» - Freeman, *ibid.*, p. 307.]

1 *Federalist*, n° 69 (Hamilton)

2 *Ibid.*, n° 68 (Hamilton)

Henry Sumner Maine

introduit dans la Constitution, devait avoir un fonctionnement réel. Chaque Etat devait nommer des électeurs, et le choix du président devait être le fruit mûr d'un jugement indépendant, librement exercé par le collège électoral. Sachant aujourd'hui ce qui est arrivé, sachant à quel point l'interposition des électeurs est devenue une fiction oiseuse, et connaissant l'effet qu'elle a produit sur le caractère des élections présidentielles, on ne peut s'empêcher de relire avec une ombre de mélancolie la prédiction de Hamilton, que «ce système électoral offre la certitude morale que les fonctions de président deviendront rarement le partage de quiconque ne sera pas éminemment doué des qualités. requises.» Si donc on conçoit qu'un collège d'élite devait procéder réellement à l'élection d'un président, destiné peut-être à rester en fonctions jusqu'à la fin de ses jours, nous devons nous rappeler que les royautés électives n'avaient pas encore complètement disparu en Europe. Peu de temps avant la guerre de l'Indépendance, au début des troubles que soulevait en Amérique l'Acte du Timbre, un roi des Romains, - qui, sous le nom de Joseph II, allait se montrer bien plus radical dans ses réformes que l'animais été Georges Washington, - venait d'être élu par le collège électoral de l'Empire ; et l'infortuné gouvernement qu'on appelle la République de Pologne venait de choisir son dernier roi, le malheureux Stanislas Poniatowski. Il paraît probable que les fondateurs de la Constitution des États-Unis écartèrent délibérément ce dernier exemple, mais qu'ils se laissèrent considérablement influencer par le premier. Les électeurs de la République américaine ne sont autres que les électeurs de l'Empire germanique, à cela prés qu'ils sont choisis par les divers Etats. Les auteurs du *Fédéralïste* avaient étudié avec une minutieuse attention l'Empire romano-germain dont Hamilton et Madison ont analysé la structure dans les plus grands détails [1]. Ils le condamnent en tant que gouvernement destiné seulement à peser sur d'autres gouvernements qui sont eux-mêmes souverains ; mais ils ne condamnent pas le mode adopté pour élire son chef exécutif. On trouve un certain intérêt à constater que le collège électoral des Etats-Unis et celui du Saint-Empire échouèrent exactement de la même manière. Les électeurs tombèrent sous

---

1 *Federalist*, n° 19 (Hamilton et Madison). - Voir toutefois plus haut la note, p. 287.

Chapitre IV : LA CONSTITUTION FÉDÉRALE DES ÉTATS-UNIS

le contrôle absolu des factions qui dominaient dans le pays ; les électeurs germaniques finirent par appartenir au parti français ou autrichien [1], tout comme les électeurs américains prirent parti, ou pour les fédéralistes, ou pour les vieux républicains, ou pour les whigs (les républicains d'aujourd'hui), ou pour les démocrates.

La Cour suprême des États-Unis qui, dans l'ordre des institutions fédérales, réclame ensuite notre attention, est non seulement une création des plus intéressantes, mais une création virtuellement tout originale des fondateurs de la Constitution. Les fonctions que les juges de cette Cour ont à remplir, suivant la teneur de la Constitution, dérivent de la nature même de cette Constitution [2]. Aux Etats-Unis, les autorités exécutive et législative n'ont aucun pouvoir, en dehors de ceux qui leur sont expressément conférés par la Constitution elle-même ; et, d'autre part, la Constitution interdit aux divers Etats d'accomplir certains actes, de passer certaines lois. Que faudrait-il donc faire si ces bornes de pouvoir étaient transgressées, soit par un Etat, soit par la fédération des Etats-Unis ? L'art. III de la Constitution confie la charge d'annuler ces usurpations à la Cour suprême et aux Cours inférieures que le congrès pourrait instituer à un montent donné. Mais cette prérogative remarquable n'est susceptible que d'un exercice indirect ; elle n'est mise en jeu que par des cas déterminés, par des controverses actuelles [3], dans lesquelles des individus, des Etats particuliers, ou les Etats-Unis eux-mêmes, représentent les parties intéressées. Il se peut que la question d'inconstitutionnalité soit soulevée dans une controverse de ce genre ; et la Cour décide alors suivant l'interprétation qu'elle juge à propos de donner à la Constitution. Une déclaration d'inconstitutionnalité qui n'ait pas été provoquée par un litige défini est chose inconnue à la Cour suprême.

Le succès de cette expérience nous aveugle sur sa nouveauté.

1 Le récit des intrigues poursuivies par la France et l'Autriche, avant l'élection du roi des Romains, forme une des parties les plus amusantes du récent ouvrage du duc de Broglie, *Frédéric II et Marie-Thérèse.*

2 Voir, à ce sujet, les excellentes remarques de M. A.-V. Dicey, dans un article sur «le Gouvernement fédéral,» paru dans le premier numéro de la *Law Quarterty Review* (janvier 1885). Avant la Révolution, le Conseil privé d'Angleterre tranchait parfois les différends qui s'élevaient entre deux colonies.

3 Const. Des E.-U., art. III, s. 2.

Henry Sumner Maine

On ne lui trouve de précédent exact ni dans l'histoire du monde antique, ni dans celle du monde moderne. Les fabricants de constitutions prévoient naturellement d'ordinaire la violation des clauses constitutionnelles ; mais, en général, ils n'en avaient cherché le remède exclusif que dans le Droit criminel, dans la mise en accusation du coupable, et non dans le Droit civil. Et dans les gouvernements populaires, la crainte ou la jalousie de toute autorité qui ne serait point directement déléguée par le peuple est cause que la solution de la difficulté a été trop souvent abandonnée au hasard ou à l'arbitrage des armes. «Je ne pense pas,» écrivait Tocqueville dans sa *Démocratie en Amérique*, «que jusqu'à présent aucune nation du monde ait constitué le pouvoir judiciaire de la même manière que les Américains.»

Pourtant, si nouvelle que fût, en somme, la judicature fédérale établie par la Constitution américaine, elle n'en plongeait pas moins ses racines dans le passé, et c'est en Angleterre qu'il en faut principalement chercher l'origine. On peut assurer en toute confiance que, ni l'institution d'une Cour suprême, ni la structure entière de la Constitution des Etats-Unis, ne seraient vraisemblablement venues à l'idée de personne, avant la publication de l'*Esprit des lois*. Nous avons déjà fait observer que le *Fédéraliste* regarde les opinions de Montesquieu comme d'une autorité suzeraine ; et jamais opinion n'eut plus de poids aux yeux de ses auteurs que celle qui affamait la nécessité d'une séparation essentielle entre les pouvoirs exécutif, législatif et judiciaire. Cette distinction nous est aujourd'hui si familière que nous trouvons difficile de croire que la différence même de nature entre les pouvoirs législatif et exécutif ait été ignorée jusqu'au quatorzième siècle [1]. Et cependant, ce ne fut qu'au dix-huitième siècle que l'*Esprit des lois* fit entrer dans la science politique, admise par le monde civilisé, l'analyse des divers pouvoirs de l'Etat. Pourtant, comme l'apercevait très bien Madison, Montesquieu ne traitait au fond que de l'Angleterre, et se préoccupait surtout de la comparer à la France. «La Constitution anglaise était pour Montesquieu ce qu'Homère avait été pour les auteurs didactiques qui ont écrit sur

---

[1] On la rencontre dans le *Defensor Pacts* du grand jurisconsulte gibelin Marsile de Padoue (1327), avec mainte autre anticipation curieuse des idées politiques modernes.

la poésie épique. De même que ceux-ci regardaient les œuvrer du barde immortel comme le parfait modèle d'où l'on pouvait déduire les règles et principes de l'art épique, et qui devaient servir de canon pour juger toutes les œuvres similaires, de même le grand critique politique de notre âge paraît avoir envisagé la Constitution anglaise comme le type, ou, suivant son expression, comme le miroir de la liberté publique ; et il semble prendre à tâche de mettre en relief, sous la forme de vérités élémentaires, les divers traits caractéristiques de ce régime tout particulier [1].» Le fait est que, au milieu du dix-huitième siècle, il était absolument impossible de dire où commençaient et finissaient, en matière de législation, et surtout en matière de judicature [2], les provinces respectives du roi de France et des parlements français. A cette confusion de limites, Montesquieu opposait la séparation, déjà considérable quoique incomplète, des pouvoirs exécutif, législatif et judiciaire en Angleterre ; et c'est sur ce contraste qu'il basait sa fameuse généralisation.

Montesquieu ajoute à son analyse une proposition spéciale, savoir : «qu'il n'y a point de liberté si la puissance de juger n'est pas séparée de la puissance législative et de l'exécutrice;» et c'est ici sans doute que nous trouvons la principale source des dispositions que renferme la Constitution américaine au sujet de la magistrature fédérale. Il est impossible de lire le chapitre de l'*Esprit des lois* [3], où se rencontre la phrase en question, sans s'apercevoir qu'elle a été suggérée à l'auteur par ce qui était alors, en définitive, la pratique courante en Angleterre. Toutefois, il existait d'autres pratiques en vogue chez leurs parents d'Angleterre, qui ont dû mener à la même conclusion les fondateurs de la. Constitution américaine. Ils auront dû sentir vivement l'inconvénient des discussions de Droit constitutionnel au sein des assemblées législatives. Les débats des deux Chambres du Parlement depuis l'avènement de Georges III jusqu'à la reconnaissance de l'indépendance américaine diffèrent singulièrement de ceux d'aujourd'hui par un trait tout particulier. Ils roulent dans une proportion surprenante sur des questions de

1 *Federalist*, n° 47.

2 M. de Loménie trace un excellent tableau de cette confusion dans son livre sur *Beaumarchais et son temps*, ch. XII.

3 Liv. XI, ch. VI.

Henry Sumner Maine

Droit, et notamment de Droit constitutionnel. Chaque membre du Parlement est censé connaître la Loi, et, plus que tout autre, les ministres. Les serviteurs de la Couronne ne peuvent invoquer, pour la défense de leurs actes, l'autorité de ses grands fonctionnaires judiciaires. Bien plus : l'*Attorney général* et le *Solicitor général* ne pourraient avouer en public qu'ils ont été consultés d'avance, mais ils doivent avoir l'air de discuter la question légale posée devant la Chambre en improvisant leur argumentation suivant les circonstances. On retrouve la survivance apparente de ces fictions étranges dans la doctrine, qui prévaut encore aujourd'hui, que les opinions des grands fonctionnaires judiciaires de la Couronne sont strictement confidentielles. Pendant tout le cours des discussions acerbes que provoquent les réclamations de Wilkes et la désaffection des colonies, il est difficile de dire qui, du Parlement ou des Cours judiciaires, est le vrai juge des points de Droit constamment soulevés. Parfois un juge de haute éminence fait entendre sa voix autorisée : par exemple Lord Camden, à propos des «mandats d'amener en blanc [1],» et Lord Mansfield à propos de la mise de Wilkes hors la loi. Mais le Parlement n'est pas moins souvent l'arène où se transfèrent les incidents de cette lutte perpétuelle. La confusion atteint son comble quand Lord Chatham, en pleine Chambre des Lords, déclare que la Chambre des communes s'expose à une action civile en refusant de laisser un siège à Wilkes, quand Lord Mansfield ridiculise cette opinion, et quand Lord Camden vient appuyer dans une certaine mesure la thèse de Lord Chatham. Ce sont là les causes réelles de l'état peu satisfaisant où se trouve encore le Droit constitutionnel en Angleterre ; et par là s'explique ses nombreuses ambiguïtés, aussi graves que dangereuses.

L'impression que devait laisser dans l'esprit des Américains un système sous l'empire duquel les questions légales se débattaient avec une extrême acrimonie, bien qu'elles reçussent rarement une solution, a dû s'accentuer d'autant plus qu'ils étaient mieux familiarisés avec le sujet du litige entre la métropole et les colonies. Sur ce chapitre, les Anglais, toujours prêts, suivant leur habitude, à juger

---

1 [General Warrants.» - Le lecteur trouvera toute cette affaire de Wilkes résumée avec beaucoup de verve et de talent dans l'amusant livre de M. Georges Trevelyan sur «La jeunesse de Fox,» - *The Early History of Charles James Fox,* Londres, Longmans, 1881, ch. V et VI.]

Chapitre IV : LA CONSTITUTION FÉDÉRALE DES ÉTATS-UNIS

du bien ou du mal dans les entreprises nationales d'après la règle brutale des profits et pertes, ont généralement adopté le point de vue qui était, en somme, celui de l'opposition whig. Et nous devons avouer que les hommes d'Etat qui avaient alors à diriger le pays le plus impopulaire de l'Europe, auraient dû savoir qu'ils ne pouvaient tenter d'assujettir une dépendance vaste et lointaine sans se mettre à dos, en Europe, les plus puissants de leurs ennemis. Quant à l'opinion coloniale, la légitimité de la cause s'est trouvée comme ensevelie sous l'éloquence nauséeuse des historiens panégyristes d'Amérique. Cependant, à vrai dire, la question en jeu était une question technique au premier chef, question de la plus haute difficulté, mieux adaptée qu'aucune autre à la décision d'une cour impartiale, si tant est que l'on eût pu imaginer un tribunal de ce genre. Quelle était la portée exacte de l'ancienne formule constitutionnelle qui rattachait l'impôt au système représentatif ? Lorsque, pour la première fois, elle fut invoquée brusquement par les colons, plus d'un Anglais d'alors a dû la regarder comme un paradoxe pernicieux, car elle semblait refuser au Parlement le droit de taxer, non seulement le Massachusetts, mais Manchester et Birmingham, qui ne se trouvaient alors représentées d'aucune façon palpable à la Chambre des communes. D'autre part, la prétention des Américains s'explique amplement par ce fait que les assemblées locales où les colons étaient représentés, «loin d'avoir été l'objet d'une institution formelle, avaient poussé spontanément, attendu qu'il était de la nature des Anglais de se réunir en assemblée politique [1].» C'était un produit naturel du sol, une fois devenu terre britannique. La vérité est qu'au point de vue populaire, l'affirmation comme la négation catégorique du point litigieux devaient conduire droit à une absurdité ; et lorsque la dispute prit fin, son histoire a dû suggérer aux penseurs qui avaient eu le temps de recouvrer leur sang-froid la haute utilité d'une médiation judiciaire dans les contestations entre Etats qui reconnaissent la même souveraineté.

Notons finalement que la Constitution des Etats-Unis (art. III, section 2) impose aux juges de la Cour suprême une méthode de

---

1 Cf. Seeley, *L'Expansion de l'Angleterre*. Le professeur Seeley, à la page 67 de cet excellent livre, cite ce passage d'Hutchinson : «Cette année même (1619), une Chambre de *bourgeois* a surgi en Virginie» (trad. Baille et Alfred Rambaud. Paris, Colin, 1885 , p. 85).

Henry Sumner Maine

déclaration qui est essentiellement anglaise. Jamais proposition générale n'est formulée par un tribunal anglais, à moins qu'elle ne résulte des faits qui sont actuellement soumis à ses lumières. Le succès de la Cour suprême aux Etats-Unis provient en grande partie de ce qu'elle a adopté ce mode de décision dans les questions de constitutionnalité et d'inconstitutionnalité. Ce procédé est beaucoup plus lent, mais il échappe davantage au soupçon de pression, et il engendre beaucoup moins de jalousie que n'en provoquerait la soumission de propositions politiques à un corps judiciaire, sous une forme doctrinale inspirée par les besoins du moment ; et c'est précisément à une consultation de ce genre que pense l'étranger, quand il rêve une Cour de justice chargée de décider sur les prétendues violations d'une règle ou d'un principe constitutionnel.

Le Congrès ou législature des Etats-Unis, nettement séparé du pouvoir exécutif, suivant le principe de Montesquieu, se compose - je n'ai pas besoin de le dire - du Sénat et de la Chambre des représentants. Et ici, je remarque, à la suite de M. Freeman, que cette législature à deux Chambres témoigne clairement de la filiation de la Constitution fédérale américaine par un original britannique, comme elle trahissait auparavant la même généalogie pour les Constitutions coloniales antérieures. Si nous pouvons concevoir un architecte politique s'efforçant de construire, au dix-huitième siècle, une nouvelle Constitution, dans l'ignorance du Parlement britannique, ou avec le propos délibéré de n'en tenir aucun compte, on peut imaginer qu'il eût organisé sa législature avec une Chambre, ou trois, ou quatre ; mais il est des plus improbables qu'il l'eût construite avec deux. Sans doute, le *Fédéraliste* semble regarder les Sénats de l'ancien monde comme formant, en un certain sens, des secondes Chambres de législature [1]. Mais une étude plus pénétrante aurait montré que ces corps particuliers, composés à l'origine des vieillards da la communauté, répondaient de trop loin à cette conception [2]. Le premier précurseur réel d'une seconde Chambre, qui ait été armé d'un veto contre les propositions d'une autorité distincte, et qui ait représenté des intérêts différents, se

1 Federalist, n° 63 (Hamilton).

2 Cf. Maine, *Etudes sur l'ancien Droit et la Coutume primitive*. Paris, Thorin, 1884 , pp. 39-40.

Chapitre IV : LA CONSTITUTION FÉDÉRALE DES ÉTATS-UNIS

rencontre dans une institution très peu comprise jusqu'ici, celle du tribunal romain. Dans le monde plus moderne de la féodalité, la communauté se distribuait naturellement en classes ou Etats ; et l'on découvre encore des restes abondants de législatures où ces classes étaient représentées d'après des principes divers. Mais les Etats de chaque royaume se groupaient ensuite de toute sorte de manières. En France, les États généraux se composaient de trois ordres : le clergé, la noblesse, et le reste de la nation sous le nom de tiers-état. L'Espagne comptait également trois ordres. En Suède, il y en avait quatre : le clergé, la noblesse, les bourgeois, et les paysans. Exceptionnellement, les deux Chambres de la Constitution anglaise proviennent de circonstances spéciales. De bonne heure, la représentation séparée du clergé au sein du Parlement s'éteignit en Angleterre, sauf en ce que les grands dignitaires de l'Eglise furent désormais convoqués avec la Chambre des Lords ; et la chevalerie des comtés, qui représentait la grande masse des propriétaires fonciers, disjointe du reste de la noblesse, vint s'asseoir dans la Chambre des communes avec les représentants des villes.

Le Sénat des Etats Unis, institué par la section 3 du premier article de la Constitution fédérale, est en ce moment l'un des corps politiques les plus puissants du monde. Ni sous le rapport de la dignité, ni sous celui de l'autorité, il n'a trompé l'attente la plus osée de ses fondateurs. Comme je l'ai dit plus haut, il est impossible de comparer les prédictions du *Fédéraliste* avec l'histoire actuelle de la présidence des Etats-Unis, sans être forcé d'avouer qu'au moins sur ce point les espérances de Hamilton et de ses coadjuteurs sont loin d'avoir été réalisées. Mais le Sénat a pleinement justifié, somme toute, l'espoir qu'ils exprimaient à son sujet.

«Grâce à l'intermédiaire des législatures locales, qui représentent des corps choisis, et qui sont chargées de désigner les membres du Sénat national, nous avons toute raison d'espérer que cette branche du pouvoir se trouvera composée, en général, avec un soin et un jugement tout particuliers ; que les circonstances de sa nomination nous promettent une instruction plus sérieuse et une connaissance plus intime des annales du pays ; et que, en raison de l'étendue du territoire d'où viendront ceux dont la direction leur sera confiée, ils seront moins susceptibles d'être infectés de l'esprit de parti ; ils se trouveront davantage hors l'atteinte de cette mauvaise humeur accidentelle, de ces préjugés et propensions temporaires qui, dans les petites sociétés, corrompent fréquemment les délibérations publiques, engendrent l'injustice, tendent à l'oppression. d'une partie de la communauté, et font naître des plans qui, tout en gratifiant une inclination ou un désir momentanés, finissent par amener la misère, le mécontentement, et un dégoût général [1].»

On ne saurait douter raisonnablement que le Sénat soit redevable de son pouvoir, - pouvoir qui va plutôt en croissant qu'en diminuant depuis la mise en œuvre de la Constitution fédérale, - et de sa prise sur la considération publique, aux principes sur lesquels il fut délibérément fondé, à la maturité d'âge des sénateurs, à la durée relativement longue de leurs fonctions, qui n'est pas moindre de six ans, et surtout au système de l'élection par les législatures des divers Etats.

Il est très à remarquer que le mode définitivement adopté pour le choix du Sénat ne s'était guère recommandé d'abord à quelques-uns des esprits les plus vigoureux parmi ceux qui se trouvaient appelés à construire la Constitution fédérale. Son premier article porte (s. 3) que «le Sénat des Etats-Unis se composera de deux sénateurs par Etat, élus pour six ans par les législatures locales.» D'où il suit que le Sénat est un corps politique dont la base est, non l'égalité, mais l'inégalité. Chaque Etat nomme deux sénateurs, ni plus ni moins. Rhode-Island, le Delaware et le Maryland ont au Sénat la même représentation que les Etats vastes et populeux de New-York et de la Pennsylvanie. La composition constitutionnelle du Sénat est donc une négation de l'égalité. Or, l'auteur dont nous avons cité plut haut la prédiction n'est autre que Alexander Hamilton, et Hamilton lui-même avait proposé un système tout différent pour organiser le Sénat. D'après son projet, le Sénat devait se composer de «personnes choisies par des électeurs, nommés dans ce but spécial par les citoyens et habitants des divers Etats qui jouiraient, soit en leur nom propre, soit au nom de leur femme, d'une propriété foncière au moins pour le reste de leurs jours, ou d'un bail à courir pour au moins quatorze ans à partir du vote.»

Le projet portait en outre que chaque district devait nommer un

---

1 Federalist, n° 27 (Hamilton).

sénateur, et que le nombre des sénateurs devait être réparti entre les différents Etats, suivant un calcul sommaire de la population. L'histoire tant politique qu'économique de l'Europe nous a maintenant prouvé que le système de Hamilton n'aurait pu durer longtemps, selon toute probabilité. Il se fonde sur l'inégalité de la propriété, notamment sur l'inégalité de la propriété foncière. Nous sommes pourtant en mesure d'établir maintenant en principe, comme résultat de l'expérience et de l'observation, que bien que le gouvernement populaire s'étende continuellement dans le monde d'Occident, et quoique la liberté soit la mère des inégalités de fortune, ces inégalités sont épiées dans les sociétés démocratiques avec une jalousie particulière ; et, de toutes les formes de propriété, il n'en est aucune qui soit plus menacée dans ces sociétés que la propriété foncière. Au moment où l'on rédigeait la Constitution fédérale, il existait un cens électoral basé sur la propriété dans la plupart des Etats américains, et nous verrons plus loin que ces limites imposées au suffrage populaire exerçaient leur influence jusque dans la Chambre des représentants. Mais, presque partout, elles ont cédé la place à un suffrage qui ne diffère guère du suffrage universel, et les fondements du Sénat de Hamilton auraient probablement subi un changement analogue. Néanmoins, si les inégalités de fortune inspirent un certain ressentiment à la démocratie moderne, il ne semble pas qu'elle ressente au même degré les inégalités historiques. Peut-être ceci vient-il en partie de ce que la considération définitivement assurée par la science à l'hérédité individuelle s'est insensiblement étendue jusqu'à l'hérédité des peuples. Or, le Sénat des Etats-Unis reflète encore aujourd'hui ce grand fait de leur histoire nationale, l'égalité originelle des divers Etats. Depuis la guerre de Sécession, et depuis que la lutte a pris fin par le triomphe du Nord, ce fait est relégué parmi les souvenirs purement historiques. Mais il éclaire d'autant plus vivement une induction qu'autorisent en apparence les expériences de l'Europe moderne en matière de Constitution, - ou, si l'on veut, l'histoire actuelle des rois constitutionnels, des présidents de République, et des secondes Chambres législatives en Europe, - savoir, qu'un principe historique peut seul être opposé avec succès au dogme qui tend à faire de tous les pouvoirs publics et de toutes les opinions parlementaires le simple reflet de l'opinion

Henry Sumner Maine

moyenne de la multitude. Sur toutes les questions qui se rattachent au Sénat fédéral, Hamilton prit, sans s'en douter, le parti le moins conservateur. Non seulement il se fût borné à distinguer, par un simple cens basé sur la propriété foncière, le corps électoral chargé d'élire le Sénat du corps électoral chargé d'élire la Chambre des représentants, mais il eût encore annulé, dès le début, l'autonomie des Etats, en abandonnant à l'autorité fédérale la nomination du gouverneur ou président de chaque Etat subalterne [1].

La Chambre des représentants, qui partage avec le Sénat le pouvoir législatif aux Etats-Unis, est incontestablement la reproduction de la Chambre des communes. Aucune Constitution autre que la Constitution anglaise n'aurait pu inspirer la section 7 de l'art. Ier de la Constitution fédérale qui formule un principe purement anglais et tranche, d'une façon particulière, une controverse à laquelle il avait donné lieu : «L'initiative de tous les bills portant établissement d'un impôt appartient à la Chambre des représentants ; mais le Sénat peut leur proposer des amendements, comme aux autres bills, ou adhérer aux amendements déjà présentés. «On imagine communément, en Angleterre, que la Chambre des représentants américains devait être, dans l'intention de ses auteurs, une assemblée plus démocratique que la Chambre des communes. Mais c'est là une erreur vulgaire. La clause constitutionnelle relative à ce sujet se trouve dans la section 2 de l'art. Ier, d'après laquelle la Chambre doit se composer de membres nommés tous les deux ans par le peuple des divers Etats, et les électeurs, dans chaque Etat, doivent avoir les «qualités requises des électeurs chargés de nommer la branche la plus nombreuse de la législature de l'Etat.» Le *Fédéraliste* nous dit expressément que les différences dans les qualités électorales étaient, en ce temps-là, «très sensibles.» «Dans chaque état particulier,» ajoute-t-il [2], «une certaine portion des habitants se trouve privée du droit de vote par la Constitution de l'Etat.» De même, la clause relative aux élections biennales n'avait pas alors la signification qu'on y a attachée par la suite. Les idées actuelles des Anglais sont gouvernées sur ce point par l'Acte septennal ; mais il est de toute évidence qu'au temps de Hamilton, l'Acte septennal

---

1 Le projet de Constitution d'Alexander Hamilton est imprimé à la page 31 de l'édition du *Federalist*, publiée par M. J.-C. Hamilton.

2 Federalist, n° 54 (Hamilton).

était encore regardé comme une grossière usurpation, et que le seul système qui fût considéré comme vraiment anglais était celui des parlements triennaux. Le retour des élections tous les deux ans semble avoir été adopté comme un compromis entre les systèmes des divers Etats qui composaient la Fédération. Les élections étaient septennales dans la Virginie, qui avait pris la tête du mouvement révolutionnaire. Mais, dans le Connecticut et dans Rhode-Island, il y avait des élections tous les six mois, et des élections annuelles dans la Caroline du Sud.

La Chambre des représentants est un corps bien plus exclusivement législatif que le Sénat des Etats-Unis ou la Chambre actuelle des communes en Angleterre. Bon nombre des pouvoirs exécutifs dont le président est investi ne peuvent être exercés qu'avec le consentement du Sénat. Et, comme le Congrès n'a pas encore abrogé la législation par laquelle il avait cherché à emmailloter le président récalcitrant, Andrew Johnson, après la guerre de Sécession, l'autorité exécutive du Sénat est probablement aujourd'hui beaucoup plus large qu'il n'était jamais entré dans les vues des fondateurs de la Constitution. La Chambre des représentants ne jouit d'aucun droit similaire dans le département exécutif ; et cette restriction de pouvoirs est en elle-même un trait qui la rattache à la Chambre anglaise des communes, telle que la connaissaient les hommes d'Etat contemporains de la Révolution. L'intrusion pénétrante et perpétuelle que la Chambre des communes exerce aujourd'hui dans le gouvernement exécutif, au moyen de l'interpellation des ministres, était alors à ses plus faibles débuts ; en outre, le droit que s'attribue la Chambre de désigner les serviteurs publics, qui sont nominalement les serviteurs de la Couronne, était depuis fort longtemps contesté par le roi, et non sans succès. Georges Ier et Georges III avaient, en somme, accepté, par une sorte d'accord tacite, que leurs ministres fussent pris dans une certaine classe ; mais Georges III avait dirigé la lutte contre les colonies à l'aide de serviteurs de son choix, et lorsque les Américains étaient en train de rédiger leur Constitution, il venait de faire prévaloir victorieusement ses droits pour le reste de son règne. Il faut observer que la Constitution des Etats-Unis tranche le désaccord dans le sens invoqué par le roi d'Angleterre. Les chefs des départements exécutifs subordonnés au président ne siègent ni dans le Sénat, ni dans la Chambre. Ils sont exclus de l'un et de l'autre par la section 6 de l'art. Ier, qui établit qu'»aucune personne exerçant une fonction sous le gouvernement des Etats-Unis ne peut être membre de l'une et l'autre Chambre, pendant la durée de ses fonctions.»

Ici, nous arrivons à l'un des plus intéressants sujets qui puissent éveiller l'attention d'un Anglais d'aujourd'hui, - savoir, les points de différence entre le gouvernement des Etats-Unis, tel qu'il fonctionne d'après les clauses de la Constitution fédérale, et le gouvernement de la Grande-Bretagne, tel qu'il s'est développé indépendamment de tout instrument formel de contrôle. Afin de mettre plus clairement en lumière un certain nombre de ces différences, je vais d'abord rappeler la manière dont la Chambre des représentants accomplit son œuvre législative, et sa façon de régulariser ces contacts occasionnels entre l'autorité exécutive et la législature, qui sont inséparables d'un gouvernement libre. Je comparerai ce système avec celui que suit en ce moment la Chambre des communes en Angleterre. Le contraste ne laissera pas de frapper l'esprit et de troubler peut-être les Anglais dans leur quiétude.

La Chambre des représentants, d'après la règle 10e de son règlement, ne se répartit pas en moins de quarante comités permanents, outre les comités mixtes de sénateurs et de représentants. La juridiction de ces comités embrasse tout le domaine du gouvernement, depuis les affaires financières, étranglais et militaires, jusqu'à la codification du Droit et jusqu'aux dépenses des travaux publics. La règle 11e porte que «toute proposition législative sera soumise aux comités désignés dans la 10e règle.» Comme il ne se trouve aucun fonctionnaire dans la Chambre, tous les bills sont nécessairement introduits par de simples membres qui les rédigent à leur gré. Je crois qu'en pratique tout bill de ce genre est transmis au comité compétent, mais que le nombre de ceux qui sont l'objet d'un rapport de la part du comité et qui reviennent devant la Chambre est excessivement restreint. Les gens de loi abondent à la Chambre, et, en réalité, le comité rédige le bill à nouveau. Chaque mesure prend donc vraiment naissance au sein d'un corps strictement législatif. On va voir combien ceci contraste avec les premières étapes de la législation britannique. Les différences, à l'égard du mode de contact entre la Chambre et les divers départements exécutifs, sont encore plus marquées suivant les deux pays. Ce contact est régi aux Etats-Unis par la règle 24 du règlement de la Chambre. Tout d'abord, quand on désire un renseignement du secrétaire d'Etat ou de tout autre ministre, il faut obtenir l'assentiment de la Chambre. Une fois par semaine, conformément à la règle ci-dessus, et ce jour-là seulement, les «questions à adresser aux chefs des départements exécutifs doivent être mises à l'ordre du jour pour le renvoi aux comités spéciaux ; et les dites questions doivent être l'objet d'un rapport à la Chambre dans la semaine qui suit.» Parfois, si je ne me trompe, le ministre se rend dans le sein du comité ; mais, s'il le préfère, il peut se borner à répondre à la décision de la Chambre par une communication en forme adressée au *Speaker*. Cette procédure soigneusement calculée répond à notre usage mal défini et si peu régulier de poser des questions et d'en obtenir la réponse en pleine Chambre des communes.

La procédure de la Chambre des représentants américains, aussi bien en ce qui concerne l'initiative des bills que l'interpellation des ministres, est celle d'un corps politique qui considère que ses fonctions propres doivent être, non exécutives, mais législatives. A l'inverse, la Chambre des communes, que la grande majorité du public regarde comme une assemblée législative, - bien qu'elle n'ait jamais répondu complètement, à cette définition, - s'est attribué, depuis 1789, l'inspection et le contrôle du gouvernement exécutif de la Grande-Bretagne tout entière et d'une bonne partie de ses colonies et dépendances. Il n'existe, en théorie, aucune limite à ses prétentions pour obtenir des informations officielles, non seulement en ce qui regarde les lignes générales de la politique, mais même en ce qui touche aux moindres détails de l'administration. Elle exerce ses prétendus droits en posant publiquement des questions aux ministres qui siègent sur le banc de la trésorerie, et, indépendamment des autres résultats pernicieux que peut entraîner cette habitude, le temps simplement absorbé par la multiplicité des questions et des réponses commence à empiéter très sérieusement sur le temps disponible pour le travail législatif. Le nombre des interpellations qui s'inspirent, en apparence, de l'intérêt qu'un membre des Communes peut légitimement éprouver pour la politique extérieure ou domestique, est singulièrement minime.

Henry Sumner Maine

Il en est sans doute quelques-unes que provoque une innocente curiosité ; d'autres, une vanité excusable ; mais le nombre n'est pas petit de celles qui ont pour but délibéré de mettre obstacle aux affaires publiques. C'est ici le moindre des inconvénients que le nombre des questions sans autre but que le désir flagrant de discuter, soit en voie d'accroissement manifeste.

Les seules propositions législatives qui aient une chance sérieuse de devenir loi émanent, aux Etats-Unis, des comités du Sénat ou de la Chambre des représentants. Mais où placer, en Angleterre, le berceau d'une mesure législative ? Qui voudrait exercer sur cette question la perspicacité de son esprit la trouverait l'une des plus obscures qui aient jamais embarrassé un observateur politique. Certains bills tirent indubitablement leur origine des départements exécutifs où les vices des lois existantes et des systèmes adoptés se sont trahis pendant le cours de l'administration actuelle. On peut dire que d'autres ont été conçus dans la Chambre des communes, et qu'ils ont pour embryon soit le rapport d'un comité, soit une résolution de la Chambre qui, suivant l'usage moderne, inspiré sans doute par les difficultés de la législation, a pris la place du projet de bill déposé par quelque membre ordinaire. Mais si nous pouvons nous en rapporter, par exemple, à l'expérience de l'année 1883, les mesures de beaucoup les plus importantes, mesures grosses des conséquences les plus graves pour l'avenir de la nation, ont un point de départ bien plus remarquable. L'un des grands partis politiques, - et, naturellement, c'est le parti qui supporte le gouvernement au pouvoir, - réunit en conférence des notabilités auxquelles je crois pouvoir sans impertinence appliquer le surnom américain de «tireurs de ficelles» [1] ; et cette conférence dicte au gouvernement, non seulement la législation qu'il doit soumettre à la Chambre des communes, mais l'ordre dans lequel il doit la lui soumettre. Ici, nous arrivons au grand paradoxe moderne de la Constitution anglaise. Tandis que la Chambre des communes assume le contrôle de tout le pouvoir exécutif, elle rejette sur le gouvernement exécutif la part la plus importante du travail législatif. Car c'est dans le sein même du cabinet que commence l'œuvre effective de la législation. Les ministres, à peine reposés des fatigues, aujourd'hui très sérieuses, d'une session qui dure

---

1 [Voir plus haut]

presque jusqu'au commencement de septembre, s'assemblent en conseil de cabinet au mois de novembre, et, dans le cours de quelques séances qui durent à peine au delà d'une quinzaine, déterminent les propositions législatives que l'on soumettra au Parlement. Ces propositions, esquissées tout au plus d'un simple trait, - on le croira sans peine, - sont ensuite mises entre les mains du rédacteur en titre du Gouvernement. Or, dans toute législation, le travail consiste pour une si grande part dans les manipulations de détails et dans l'adaptation aux lois préexistantes d'innovations dont l'idée-mère est plus ou moins vague, que nous ne nous trompons probablement pas de beaucoup en attribuant les quatre cinquièmes de chaque texte législatif au juriste consommé chargé de donner forme présentable aux bills du gouvernement. Suivant le nombre des mesures qui sortent de ses mains, on fabrique le programme des bills qui est annoncé dans le discours de la Reine ; et, à ce moment, la législation anglaise fait son entrée sur une autre scène.

Naturellement, en Amérique, les partis politiques attaquent ou défendent les diverses mesures législatives. Le succès d'un bill les électrise, tout comme son échec les désappointe. Mais, hors le désappointement, aucun inconvénient spécial ne suit le rejet d'un bill : le gouvernement du pays continue de marcher comme devant. En Angleterre, il en est tout autrement. Tout bill introduit au Parlement par le ministère, - et nous avons vu que tous les bills importants s'introduisent sous ce patronage, - doit traverser la Chambre des communes sans modification substantielle, sinon les ministres démissionnent, et les conséquences les plus graves peuvent s'ensuivre, jusque dans les parties les plus lointaines d'un Empire qui s'étend aux confins de la terre. Aussi faut-il frayer de force au bill du gouvernement un passage à travers la Chambre des communes, en y apportant toute la vigueur que prête au parti une discipline sévère ; et la loi doit en sortir gardant à très peu près la figure que lui avait donnée le gouvernement exécutif. Elle devrait alors, en droit strict, subir l'épreuve d'une discussion minutieuse à la Chambre des Lords ; mais ce stage de la législation anglaise tend à devenir purement nominal, et la déférence que lui accorde la Couronne n'est depuis longtemps qu'une simple question de forme. C'est donc au gouvernement exécutif que revient le crédit d'être l'auteur de la législation anglaise. Par quoi nous aboutissons à un résultat extraordinaire. Le peuple, dont les mœurs constitutionnelles avaient suggéré à Montesquieu son fameux axiome sur la distinction des pouvoirs exécutif, législatif et judiciaire, a complètement faussé la théorie en moins d'un siècle. Le pouvoir exécutif formel est devenu la véritable source de la législation, tandis que la législature formelle se mêle incessamment du gouvernement exécutif.

Une fois mise au monde, rien ne saurait être plus égal ni plus facile à suivre que le cours d'une mesure législative en Amérique. Un bill quelconque, tant à la Chambre des représentants qu'au Sénat, traverse un nombre de stages identiques et de longueur à peu près égale. Lorsqu'il a passé par les deux Chambres, il doit encore se recommander au président des Etats-Unis, qui possède à son encontre un droit de veto constamment utilisé et très difficile à surmonter, encore que renfermé dans des limites assez restreintes. Un bill anglais prend sa source tantôt dans de petits ruisselets, tantôt dans des étangs d'eau stagnante. Puis il coule souterrainement pendant la plus grande partie de son cours, soustrait à tous les regards par le secret des délibérations du cabinet. Il émerge ensuite dans la Chambre des communes, où il ne peut échapper à ses digues, non plus que l'eau d'un canal ; mais après avoir franchi cette Chambre, il renverse tous les obstacles avec l'impétuosité d'une cataracte, et va se jeter dans l'océan des institutions britanniques.

Les dangers très graves que menace de léguer à notre pays ce système excentrique de législation, proviennent de ce qu'on l'emploie non seulement pour la promulgation des lois ordinaires, mais pour l'amendement de ce qu'on appellerait la Constitution britannique, s'il nous est encore permis d'employer ce mot. «En Angleterre,» écrit Tocqueville, «la Constitution peut changer sans cesse ; *ou plutôt elle n'existe pas.*» Sans doute, de grandes forces conservatrices survivent encore en Angleterre ; elles y survivent parce que, malgré la transformation de nos institutions politiques, les conditions sociales qui leur ont donné naissance à l'origine ne sont pas éteintes. Mais, de toutes les intimités de notre Constitution en son déclin, il n'en est pas de plus sérieuse que l'absence de précautions spéciales à observer dans le vote des lois qui touchent

Chapitre IV : LA CONSTITUTION FÉDÉRALE DES ÉTATS-UNIS

au fondement même de notre système politique. La nature de cette faiblesse, le caractère des sauvegardes multiples et élaborées que l'Amérique nous offre par contraste sur ce point, seront mieux compris si l'on veut bien considérer deux mesures aujourd'hui fameuses, - la Réforme de la corporation municipale de Londres, encore inachevée, et la «Franchise électorale des comtés,» désormais sanctionnée par la loi. La reconstruction de la municipalité de Londres, bien que très difficile à entreprendre, relèverait en Amérique des législatures ordinaires d'Etais particuliers. Ainsi, la législature de New-York a plus d'une fois essayé de remanier la municipalité de la cité de New-York, qui s'était montrée, à mainte reprise, ingouvernable, corrompue, et incapable ; et ces tentatives n'appellent de notre part aucune remarque spéciale, si ce n'est qu'elles n'ont obtenu jusqu'ici qu'un succès très modéré. Mais une mesure qui ressemblerait tant soit peu au bill voté en Angleterre pour la «franchise électorale des comtés [1]» serait, aussi bien au point de vue des divers Etats qu'au point de vue de l'Union américaine, un amendement à la Constitution. En Amérique, même dans l'Etat le moins important, le moins civilisa, le plus rural, son vote serait entouré des précautions et des formalités, calculées avec tant de soin, que j'ai eu l'occasion d'énumérer à la fin de mon second chapitre. S'il s'agissait de faire passer une loi d'affranchissement des comtés, dans le ressort de l'autorité fédérale, la difficulté de la faire voter serait infiniment plus grande. En règle générale, la Constitution fédérale n'intervient pas dans les questions de franchise électorale ; elle laisse aux divers Etats le règlement du droit de vote, lequel s'opère graduellement suivant les localités, c'est-à-dire suivant les diverses circonstances où se trouve chaque Etat, et suivant les idées politiques qui y règnent. Cependant, on s'est aujourd'hui écarté de l'ancienne règle dans le nouvel Article qui assure aux nègres le droit de suffrage ; et il est indiscutable que, si l'on projetait en Amérique une mesure qui eût, pour l'ensemble des institutions américaines, une importance égale à celle que le bill d'affranchissement des comtés offre pour l'ensemble des

---

1 Le chancelier de l'Echiquier, tout frais émoulu d'une discussion relative à ce bill au sein du cabinet, le plaçait (dans un discours à Pontefract, le 5 décembre 1883) en tête des trois mesures qu'il représentait comme les plus importantes que l'on eût passées depuis 1689, la grande date de l'histoire constitutionnelle pour l'Angleterre moderne.

Henry Sumner Maine

nôtres, - ou même, s'il s'agissait d'introduire simultanément dans tous les Etats, ou dans la majeure partie d'entre eux, une simple modification de la franchise électorale, - on ne pourrait atteindre ce but que par un amendement à la Constitution fédérale des Etats-Unis. Il faudrait donc suivre la procédure indiquée par l'art. 5 de la Constitution. Cet article, qui est la clé de voûte de l'édifie fédéral tout entier, est ainsi conçu :

«Le congrès, toutes les fois que les deux tiers des deux Chambres le jugeront nécessaire, pourra proposer des amendements à cette Constitution ; ou, sur la demande des législatures des deux tiers des Etats particuliers, il réunira une convention chargée de proposer les amendements qui, dans l'un et l'autre cas, ne feront valablement partie de cette Constitution, à tous les points de vue et pour tous les besoins possibles, que s'ils ont été ratifiés par les législatures des trois quarts des divers Etats, ou par des conventions spéciales dans les trois quarts d'entre eux, suivant que l'un ou l'autre mode de ratification aura été proposé par le congrès [1].»

Le mode de procéder, quand il s'agit d'une mesure qui tend à amender la Constitution, sera donc le suivant. Tout d'abord, le Sénat des États-Unis et la Chambre des représentants doivent déclarer, par une majorité des deux tiers de chaque Chambre, que l'amendement proposé répond au désir général. L'amendement doit ensuite être ratier par les législatures des trois quarts des divers Etats. Or, on compte à l'heure actuelle trente-huit Etats dans l'Union américaine [2]. Le nombre des législatures qui doivent s'entendre pour accepter la rectification est par conséquent de vingt-neuf. Je crois en outre, qu'il n'y a point d'Etat où la législature ne consiste en deux Chambres, et nous arrivons alors à ce résultat surprenant que, pour qu'une mesure constitutionnelle de l'importance du bill anglais sur l' «affranchissement des comtés» puisse devenir loi aux Etats-Unis, il faut qu'elle obtienne au moins en sa faveur le vote concordant de cinquante-huit Chambres législatives distinctes, indépendamment de la législature fédérale, où il lui faut obtenir encore une double majorité des deux tiers. L'alternative permise

1 [Cf. F.-R. Dareste et P. Dareste, *Les Constitutions modernes*. Paris, Challamel, 1883, t. II.]

2 [Trente-neuf depuis l'élévation du Dakota au rang d'Etat particulier (1885).]

Chapitre IV : LA CONSTITUTION FÉDÉRALE DES ÉTATS-UNIS

par la Constitution de convoquer des Conventions spéciales pour les Etats-Unis et pour les divers Etats amènerait probablement dans la pratique une procédure encore plus longue et plus compliquée.

La remarquable solidité de ces garanties contre les innovations hâtives se trouve démontrée, à ne pouvoir s'y méprendre, par l'histoire authentique de la Constitution fédérale. Le 4 mars 1789, jour fixé pour l'entrée en fonctions du nouveau gouvernement fédéral, la Constitution avait été ratifiée par tous les Etats déjà fondés, sauf trois. L'un des premiers actes du nouveau congrès fut de proposer aux Etats, le 25 septembre 1789, un certain nombre d'amendements sur des points de peu d'importance, amendements suggérés sans doute par les discussions préparatoires de la Constitution ; et les divers Etats ratifièrent ces amendements dans le cours de l'année suivante. Un amendement plus important, relatif aux pouvoirs de la Cour suprême, fut déclaré ratifié le 5 septembre 1794 ; et un autre amendement tendant à guérir un désordre singulier qui s'était manifesté dans l'application des prescriptions originelles sur l'élection du président et du vice-président, obtint sa ratification définitive en septembre 1804. A la suite de ces premiers amendements, dont l'adoption fut relativement facile, grâce au petit nombre des Etats originaires, la Constitution fédérale ne subit aucun changement pendant soixante ans. Les treizième, quatorzième et quinzième amendements, qui devinrent partie intégrante de la Constitution durant la période qui va du commencement de 1865 au commencement de 1870, furent les fruits de la conquête du Sud par le Nord. Ils abolissent l'esclavage, prennent des mesures contre son rétablissement, défendent les restrictions du droit de vote pour cause de race ou de couleur, imposent des pénalités aux partisans vaincus des Etats dissidents, et accordent incidemment une garantie constitutionnelle à la dette publique de l'Union. Mais on n'aurait pu ni les proposer ni les ratifier, si le Sud ne s'était trouvé en ce moment écrasé sous le talon du Nord. Les forces militaires des Etats-Unis contrôlaient alors les gouvernements exécutifs des Etats du Sud, et aucune classe de la population, sauf les nègres, n'était virtuellement représentée dans les Etats du Sud. La guerre de Sécession, qui était déjà une guerre révolutionnaire, fut en réalité suivie d'une période révolutionnaire de plusieurs années, durant laquelle, non seulement les institutions des Etats du Sud, mais la grande majorité des institutions fédérales, furent plus ou moins violentées pour obtenir des résultats que n'avaient jamais envisagés les fondateurs de la Constitution. Mais la forme des institutions fédérales fut toujours préservée ; et peu à peu elles recouvrèrent leur efficacité réelle, si bien qu'à l'heure présente le fonctionnement de la Constitution des Etats-Unis ne diffère que par la disparition de l'esclave noir de son mode d'opération avant la convulsion civile de 1861-1865.

Les pouvoirs et les incapacités que la Constitution fédérale attribue tant à l'Union américaine qu'aux divers Etats, et qu'elle place sous la sauvegarde des garanties dûment élaborées que je viens de décrire, ont déterminé dans son entier le cours de l'histoire des Etats-Unis. Cette histoire s'ouvre, comme le témoignent surabondamment tous les souvenirs de l'époque, au milieu d'un état social bouleversé par la guerre et la révolution, qui eût pu condamner la grande république du Nord à un sort non moins désordonné que celui de ses sœurs turbulentes de l'Amérique du Sud. Mais les précautions de la Constitution ont joué à son avantage le rôle de ces digues qui frappent les yeux du voyageur quand on descend le Rhin, et qui contrôlent les eaux d'un fleuve puissant, dont le cours, formé à l'origine par les torrents des montagnes, finit par devenir l'une des voies fluviales les plus régulières du monde. A l'inverse, la Constitution anglaise ressemble au grand fleuve de l'Angleterre, qui peut paraître toujours plus ou moins débordé, grâce à l'écroulement de ses berges et à l'eau que lui versent sans cesse des millions de canaux de drainage. Il n'est toutefois pas inutile d'observer que les clauses de la Constitution américaine qui ont le plus influé sur les destinées du peuple américain ne sont pas toujours celles qui frapperaient, à première vue, un esprit superficiel. L'attention se porte facilement sur l'art. IV, section 4, qui oblige les Etats-Unis à garantir à chaque Etat de l'Union une forme de gouvernement républicaine, en y ajoutant d'ailleurs, une protection générale contre les troubles domestiques ; et encore, sur les sections 9 et 10 de l'art. Ier, qui défendent à l'Union et aux divers Etats d'accorder des titres de noblesse. Nul ne peut également se méprendre sur l'importance des paragraphes de l'art. Ier, qui interdisent aux divers Etats de conclure aucun traité, d'accepter aucune alliances d'entrer dans aucune confédération, de tolérer le paiement des dettes autrement qu'en monnaie d'or ou d'argent, et d'entretenir (sans l'autorisation du Congrès), des troupes et des vaisseaux de guerre en temps de paix. Mais une lecture hâtive pourrait ce pas estimer à leur juste valeur les effets pratiques des clauses de l'art. Ier, qui donnent aux Etats-Unis «le pouvoir... d'encourager le progrès des sciences et des arts utiles, en assurant, pour un temps limité, aux auteurs et inventeurs le droit exclusif à la propriété de leurs œuvres et de leurs découvertes;» et, encore, des paragraphes de ce même article qui défendent à l'Union et aux divers Etats d'imposer aucune taxe ou aucun droit d'entrée sur les articles exportés d'un autre Etat ; et, enfin, de cette clause remarquable qui prohibe toute loi portant atteinte aux obligations nées d'un contrat. Le droit d'accorder des patentes sous la garantie de l'autorité fédérale a cependant fait du peuple américain le premier peuple du monde, par le nombre et l'ingéniosité des inventions au moyen desquelles il a travaillé au progrès des «arts utiles;» tandis que, d'autre part, sa négligence à exercer ce droit au profit des auteurs étrangers a condamné la communauté américaine tout entière à une servitude intellectuelle sans égale dans l'histoire de la pensée humaine. La prohibition portée contre les droits de douane intérieure sur les marchandises qui transitent d'Etat à Etat, est, de même, le secret du libre-échangisme et du protectionnisme américains. Elle assure aux producteurs la liberté du marché sur un énorme territoire [1], renfermant d'immenses richesses naturelles ; et, par contre-coup, elle réconcilie le peuple américain avec le tarif le plus oppresseur que jamais nation ait accepté sur des importations étrangères. J'ai vu critiquer la règle qui refuse aux divers Etats le droit de passer la moindre loi qui diminue les obligations nées d'un contrat, comme s'il s'agissait d'une simple charlatanerie politico-économique ; et cependant, au fond, il n'est pas de clause plus importante dans toute la Constitution. Le principe en a été fort étendu par une décision de la Cour suprême [2], qui devrait intéresser aujourd'hui quantité d'Anglais et d'étrangers, puisqu'elle est la base du crédit des grandes Compagnies de chemins de fer américains. Mais

1 [La superficie des Etats-Unis est de 7,838,300 kil . carr. Celle de l'Europe ne déclasse pas 9,900,000 kill. carr. Le protectionnisme américain ressemblerait donc à une sorte de blocus continental avec libre-échange à l'intérieur.]

2 Affaire du *Darmouth College* contre *Woddward*, plaidée par Daniel Webster, en 1818.

Henry Sumner Maine

c'est avant tout cette défense qui a réellement assuré libre jeu aux forces économiques, grâce auxquelles on est parvenu à défricher le sol du continent Nord américain ; et c'est encore elle qui sert vraiment de rempart à l'individualisme américain contre l'impatience démocratique et contre les rêves du socialisme. Il ne nous sera pas inutile d'avoir présent à l'esprit que, tant qu'on ne se sera pas débarrassé de cette restriction, telle que l'interprète la jurisprudence des Cours fédérales, certains plans communistes de provenance américaine, - et qui, dit-on, offrent un mirage attrayant aux yeux des classes agricoles en Angleterre, parce qu'on les suppose émaner d'une Société démocratique, - auront à peu prés autant de chances d'obtenir une réalisation positive aux Etats-Unis, que la construction d'une *Néphélécoccygie* quelconque, bâtie par les oiseaux entre ciel et terre.

On ne pouvait s'attendre à voir remplir toutes les espérances des fondateurs de la Constitution américaine. Ils n'étaient guère préparés, ce semble, au développement rapide de l'esprit de parti, qui s'est effectué principalement sous l'influence de Thomas Jefferson, non plus qu'à la solidité d'organisation dont les partis devaient avant peu se procurer le bénéfice en Amérique. Ils auraient pu s'attendre à voir la Chambre des représentants, directement élue par le peuple, tomber sous la coupe des factions ; mais l'insuccès de leur mécanisme pour le choix du président fut une déconvenue sérieuse. Je n'ai pas besoin de dire que la réunion des délégués, qui devait former un véritable collège électoral, a fini par se composer simplement des députés des deux grands partis adverses, et qu'un électeur présidentiel n'y prend. pas une part plus active au choix du président que s'il était un simple bulletin de vote. Cet avortement a réagi par contre-coup jusque sur les qualités personnelles des présidents américains. Un collège électoral peut, à l'occasion, commettre une bévue ; mais un candidat à la présidence, élu par le peuple tout entier, sera, en thèse générale, un homme que l'on choisit uniquement parce qu'il ne prête à aucune critique manifeste ; ce sera donc, selon toute probabilité, une médiocrité parfaite. Mais encore que le président des Etats-Unis n'ait jamais répondu complètement à ce qu'il devait être dans l'intention de Washington et de Hamilton, de Jay et de Madison, cependant on n'a rien vu en Amérique qui puisse se comparer à la caricature que la présidence a subie de la main de ses copistes européens. Il est probable qu'aucun étranger, sauf un Anglais, ne saurait pleinement comprendre la Constitution des Etats-Unis, - bien qu'un Anglais lui-même incline souvent à croire qu'elle représente une innovation politique beaucoup plus originale qu'elle ne l'est en réalité, et à négliger de la comparer aux institutions anglaises d'il y a cent ans. Mais quoiqu'elle ait produit une impression aussi profonde que possible sur l'opinion de l'Europe continentale, c'est à peine si on l'y a jamais comprise. Parfois, les imitateurs sont tombés dans une erreur historique qui aboutit à confondre le fonctionnement actuel de certains de ses organes avec celui qui entrait dans le plan originel des fondateurs. Parfois, aussi, ils ont commis l'énorme faute de vouloir essayer de combiner en pratique ses traits essentiels avec quelques-uns des caractères les plus récents de la Constitution britannique. Le président de la seconde République française avait été directement élu par le peuple, suivant l'usage actuel des Américains, et la conséquence fut que, plein de confiance dans l'autorité personnelle que témoignait le nombre de ses adhérents, il renversa la République et la remplaça par un despotisme militaire. Le président de la troisième République française est élu d'après un système différent et moins dangereux ; mais ses ministres siègent dans le Parlement, interviennent dans les débats, et sont responsables devant la Chambre basse, tout comme l'est un cabinet anglais. Il en résulte qu'on ne voit pas de fonctionnaire au monde qui occupe une situation plus pitoyable qu'un président français. Les anciens rois de France régnaient et gouvernaient. Le roi constitutionnel, au dire de M. Thiers, règne, mais ne gouverne point. Le président des Etats-Unis gouverne, mais ne règne point. Il était réservé au président de la République française de ne point régner, et de ne point gouverner davantage.

Le Sénat, comme les faits l'ont amplement prouvé, est en somme une institution des plus heureuses, sauf sur un point spécial. Le congrès renferme quantité d'hommes honorables non moins que d'hommes capables ; mais ce serait une affectation ridicule que de vouloir réclamer, pour l'ensemble de la législature fédérale, la réputation d'avoir les mains absolument nettes. Il n'est pas nécessaire d'en appeler ici à la satire ou à la action [1].

---

1 [Allusion à deux romans américains qui ont fait quelque bruit dans le monde

La vérité est que trop d'Anglais ont été mêlés dans ces derniers temps aux affaires du congrès pour qu'il soit besoin de prouver à nouveau que l'on y dépense beaucoup d'argent afin d'enlever le vote de dépenses qui ne sont pas légitimes. Sur ce chapitre, un article de la Constitution a détruit l'effet d'un autre article. Un paragraphe de la section 6 de l'art. Ier prend des mesures contre la corruption de la part des sénateurs et représentants ; mais le passage qui précède immédiatement porte que «les sénateurs et représentants recevront pour leurs services une indemnité réglée par la loi et payée par le Trésor des Etats-Unis.» Ce système de paiement pour les services législatifs, qui règne dans toute l'Union, a engendré une classe de politiciens professionnels, dont la probité s'est montrée, dans quelques rencontres, incapable de résister aux tentations où l'induisent le pouvoir de manier les fonds publics et le droit d'administrer les possessions publiques de la communauté qui sera bientôt la plus riche du monde. C'est là un point d'infériorité marquée comparativement au système politique de l'Angleterre, même en son déclin.

On croira peut-être que l'une des grandes institutions américaines a notoirement et lamentablement échoué, au moins dans une circonstance célèbre. La Cour suprême des Etats-Unis n'a pas réussi à prévenir par sa médiation la guerre de Sécession. Mais la conclusion ne serait pas juste. Les fondateurs de la Constitution des Etats-Unis, de même que les générations suivantes d'hommes d'Etat américains, avaient délibérément rejeté, le plus possible hors de vue, la question de l'esclavage. C'est à peine si l'on en soupçonne l'existence dans la méthode adoptée pour compter la population, afin de fixer la base électorale de la Chambre des représentants, et dans la fameuse clause suivante de l'art. IV, «que les personnes tenues de servir et de travailler dans un Etat» seront rendues à leurs maîtres si elles s'évadent dans un autre. Mais, en somme, les auteurs de la Constitution passent au large. Ils n'ont pas le courage de leurs opinions, quelles qu'elles fussent. Ils ne consacrent point l'esclavage d'une part, et n'essaient point, de l'autre, de le réglementer ou de veiller à son extinction graduelle. Lors donc que, soixante et dix ans plus tard, on vint demander à la Cour suprême de décider

---

politique et qui ont été traduits en français sous les titres de *Démocratie* (Paris, Plon, l 883) et *Entre deux .présidences* (Paris , Calman-Lévy, 1886).]

Chapitre IV : LA CONSTITUTION FÉDÉRALE DES ÉTATS-UNIS

si un propriétaire qui amenait ses esclaves dans un territoire de l'Union, qui ne fût pas encore érigé en Etat, retenait son droit de propriété, elle manquait en réalité d'éléments suffisants pour se prononcer. Les motifs de son jugement, dans l'affaire Dred-Scott [1], ont pu paraître satisfaisants aux yeux des gens de lois ; mais, par eux-mêmes, ils ne pouvaient satisfaire personne autre. Et c'est chose bien significative que, dans le seul cas où les auteurs de la Constitution aient refusé, de parti pris, d'appliquer leur sagesse politique à un sujet qu'ils savaient être de première importance, le résultat de leur silence ait été la guerre la plus sanglante et la plus ruineuse des temps modernes.

Que l'on veuille bien me permettre de récapituler ici les points que j'espère avoir contribué, pour mon compte, à établir définitivement. La Constitution des Etats-Unis est une version modifiée de la Constitution britannique. Mais la Constitution britannique qui lui a servi de modèle était celle qui existait entre 1760 et 1787. Les modifications introduites ont été celles, et celles-là seulement, que suggéraient les nouvelles conditions d'existence des colonies américaines, désormais indépendantes. Les circonstances excluaient un roi héréditaire, et virtuellement elles excluaient, en outre, une noblesse héréditaire. Lorsque fut rédigée la Constitution américaine, on n'avait point à attendre pour elle le caractère sacré qu'on supposait, avant 1789, s'attacher à toutes les parties de la Constitution britannique. Tout semblait présager un avenir de mobilité perpétuelle, sinon de désordre continuel. Le sucrés signalé que la Constitution des Etats-Unis a remporté en endiguant ces tendances perturbatrices est dû, sans doute, à la forte dose d'institutions anglaises qu'elle conservait en elle ; mais il est juste de l'attribuer aussi à la sagacité avec laquelle les hommes d'Etat américains surent remplir les interstices que laissait l'inapplicabilité de certaines institutions anglaises contemporaines aux colonies émancipées. Cette sagacité ressort hautement en relief dans chaque chapitre du *Fédéraliste* ; et l'on peut en suivre l'effet à chaque page subséquente de l'histoire d'Amérique. Elle est bien faite pour remplir d'étonnement et d'envie les Anglais, qui vivent de nôs jours *in fœce Romuli*.

---

1 [Pour l'affaire Dred-Scott, voir *l'Annuaire des Deux-Mondes*, 1856-7, pp. 760-62].

Henry Sumner Maine

Appendice : LA DÉMOCRATIE EN AMÉRIQUE [1]

Les remarques de M. Godkin sur une partie du volume que je viens de publier sous le titre du «Gouvernement populaire,» ne manquent assurément ni de courtoisie ni de bonne foi ; et les éléments nouveaux qu'en sa qualité d'Américain il apporte à la discussion, me paraissent d'une valeur et d'un intérêt exceptionnels. Mais, tandis que je ne suis pas toujours sûr de comprendre sa pensée, je suis certain qu'au moins sur quelques points il n'a. pas saisi la mienne ; et je sais heureux de trouver ici l'occasion de souligner ce que j'ai dit, de mieux mettre en relief ce que j'ai voulu faire entendre, dans les pages du livre qui font l'objet de sa critique.

M. Godkin déclare qu'après avoir lu mon volume attentivement, surtout le premier chapitre sur *l'Avenir du Gouvernement populaire,* il a dû le fermer sans voir nettement quelles leçons j'en prétendais tirer. Je n'ai certes pas à me plaindre de la forme de cette déclaration ; mais j'avoue qu'elle m'a quelque peu désappointé. Je me figurais qu'au début de ce chapitre je m'étais expliqué sur mes intentions avec une franchise lumineuse, et que, dans les dernières pages, j'avais formulé mes conclusions avec une clarté suffisante. «Nous aussi,» disais-je [2], «qui nous trouvons appartenir à l'Europe occidentale, à la fin du dix-neuvième siècle, nous vivons sous un ensemble d'institutions que tout le monde, sauf une petite minorité, considère comme vraisemblablement perpétuelles. Neuf personnes sur dix, les unes avec espoir, les autres avec crainte, regardent le gouvernement populaire qui, toujours élargissant sa base, s'est étendu et s'étend encore de plus en plus sur le monde, comme destiné à durer toujours, ou, s'il doit changer de forme, à n'en changer que dans une seule direction. Le principe démocratique déjà vainqueur s'est mis en campagne pour ajouter de nouvelles conquêtes aux anciennes, et ses contradicteurs sont aussi faibles que peu nombreux... Nonobstant, ceux qui se rappellent les surprises que l'avenir tenait en réserve pour des esprits également confiants dans la perpétuité de leur présent se demanderont s'il est

---

1 [Les pages qui suivent ont paru dans le *Nineteenth Century* de mars 1886, en réponse aux critiques d'un auteur américain , M, Godkin. Nous en avons supprimé quelques lignes, étrangères au fond du débats].

2 Voir plus haut.

vraiment exact que l'attente d'une permanence virtuelle au bénéfice des gouvernements modernes repose sur le terrain doublement solide de l'histoire en ce qui regarde l'expérience du passé, et d'une probabilité rationnelle en ce qui concerne les temps futurs. Je vais essayer, au cours des pages suivantes, d'examiner cette question.» Je .signalais alors à l'attention un certain nombre de faits que, malgré leur importance significative, on met bien rarement en lumière. Sauf en Angleterre et aux Etats-Unis, les aspirations vers un gouvernement populaire ont débuté par cette admiration de la Constitution britanniques qui se manifesta tout à coup en France au milieu du dix-huitième siècle. Des essais continus pour en appliquer les principes commencèrent, il y a moins de cent ans, et aboutirent à l'établissement du gouvernement populaire, à divers moments, en France, en Espagne et en Portugal, en Autriche et dans les principaux Etats de l'Allemagne, dans l'Amérique centrale et méridionale, et au Mexique. Ces gouvernements populaires se ressemblaient tous en ce qu'ils étaient pourvus d'un appareil d'institutions qui devait permettre à un électorat plus ou moins nombreux de contrôler le pouvoir exécutif ou la législature ; et les pays où ils s'étaient implantés comprenaient virtuellement l'ensemble du monde civilisé d'Occident, à part la Grande-Bretagne et les Etats-Unis. Néanmoins, en un laps de temps relativement très court, ces gouvernements ont tous été balayés par quelque révolution civile ou militaire, souvent même à plus d'une reprise; et, hier encore, une dictature tyrannique fondée sur les ruines d'un gouvernement populaire, régnait tout proche de nos côtes. Dans la préface de mon livre j'avais résumé les faits en disant que «le Gouvernement populaire, depuis sa rentrée dans le monde, s'était, montré extrêmement fragile [1].» La conclusion que j'en tirais, en terminant l'enquête que j'avais entreprise, sa trouve à la fin de mon premier chapitre, et elle me semble pécher plutôt par timidité que par témérité. «Ma principale conclusion,» disais-je, «ne peut être que négative. On ne découvre pas jusqu'à présent de preuves suffisantes à l'appui de l'opinion vulgaire que les gouvernements populaires soient vraisemblablement de nature à durer indéfiniment.» Mais j'ajoutais que l'enquête poursuivie aboutissait à une conclusion positive. «Ce ne serait pas trop de

---

1 Voir plus haut, p. 8.

Henry Sumner Maine

dire que les seules preuves de durée qui méritent d'être citées en faveur du gouvernement populaire se trouvent dans le succès de la Constitution britannique pendant deux siècles, sous l'influence de conditions toutes spéciales, et dans le succès de la Constitution américaine pendant un siècle dans des conditions encore plus particulières, mais plus vraisemblablement encore de nature à ne plus se représenter.» Quant à la stabilité de la Constitution anglaise, je me permettais de formuler quelques doutes, tout en restant, sous ce rapport, fort en deçà des craintes qu'exprime un grand savant allemand, Gneist, qui fait autorité sur la matière, et qui vient précisément d'affirmer sa conviction que nous serons obligés d'en revenir au gouvernement du «Roi en son Conseil,» tant les difficultés de nos institutions parlementaires deviennent sérieuses. Mais j'insistais sur mon estime de la Constitution fédérale anglo-américaine dans une autre partie de mon livre. «Les Etats-Unis d'Amérique, de l'Atlantique au Pacifique, des lacs du Canada à la frontière du Mexique, semblent destinés à demeurer indéfiniment sous le régime des mêmes institutions politiques ; et rien ne prouve qu'elles doivent cesser d'appartenir au type populaire.»

Pour une raison ou pour une autre, M. Godkin déclare totalement inacceptable ma conclusion négative. «Rien n'est plus trompeur,» dit-il, «dans les spéculations politiques, que de s'appuyer sur des périodes trop courtes d'observations»... Je n'ignore pas que si mes inductions avaient été moins prudentes qu'elle ne le sont - si, par exemple, j'avais soutenu que, parce que le gouvernement populaire a sombré dans un bon nombre de pays, (encore que le fait soit assez significatif), il est destiné à périr un jour partout, - je me serais exposé, dans une certaine mesure, à la critique de M. Godkin. Mais je me suis abstenu de tirer cette conclusion trop formelle, parce que j'admets, moi aussi, que la durée de l'observation est trop courte pour que l'on puisse émettre une opinion décidée. Si le gouvernement populaire doit durer encore un siècle, voire même un demi-siècle, l'observateur d'alors verra les choses sous un jour très différent de celui sous lequel nous les voyons à présent. Et quand même il y aurait eu un renversement universel des gouvernements populaires, le succès, la stabilité apparente des Etats-Unis pourrait encore nous interdire une conclusion trop générale ou trop affirmative.

Appendice : LA DÉMOCRATIE EN AMÉRIQUE

Je maintiens, toutefois, que les faits que j'ai réunis, et l'énergie des causes auxquelles j'attribue une partie de ces faits, m'autorisent amplement à contredire une croyance très en vogue, et à combattre la thèse qu'elle implique. Je persiste à nier qu'il y ait, «pour le moment, des preuves suivantes à l'appui de l'opinion courante que les gouvernements populaires soient de nature à durer indéfiniment.» Et ce n'est pas pour le plaisir oiseux de faire montre de scepticisme, que j'essaie d'éveiller le doute sur cette conviction. Son empire est excessif. Je vois, de par mes propres observations, qu'elle a énormément de prise sur l'esprit de la jeunesse, et qu'elle lui donne une tendance politique qui, à mon sens, n'est pas toujours saine. L'impression qu'elle entraîne, savoir, que les fibres du gouvernement populaire sont assez résistantes pour supporter sans rupture n'importe quel effort de traction ou de torsion, entre pour beaucoup dans les folles propositions des démagogues en vue de disloquer la structure des constitutions, et dans l'insouciance avec laquelle les hommes d'Etat, pour se tirer des embarras où les plonge la tactique des partis, achètent leur propre sécurité en sacrifiant les sauvegardes constitutionnelles. Je cherche à discréditer cette conviction non seulement parce qu'elle est fausse, mais parce que je considère, avec M. Godkin, que «la politique est un genre d'affaires essentiellement pratique.» Je me refuse à croire que mitiger ou même guérir les infirmités du gouvernement populaire soit au-dessus des pouvoirs de l'intelligence humaine. J'attribue de beaucoup la plus grande part du succès remporté par le gouvernement des Etats-Unis, d'abord et par-dessus tout, à la persuasion (peut-être un peu exagérée) des fondateurs de la Constitution fédérale que les démocraties étaient naturellement éphémères et difficiles à ménager ; puis, à la prévoyance et à la sagacité avec laquelle ils pourvurent expressément aux moyens de neutraliser les faiblesses du gouvernement qu'ils organisaient. Or, l'homme d'Etat qui croit sincèrement à la durée indéfinie d'un gouvernement populaire, surtout d'un gouvernement populaire à très large base démocratique, sera naturellement porté à laisser tout au moins ce gouvernement se tirer seul d'affaire.

******

Henry Sumner Maine

Le reste de l'article de M. Godkin est, en somme, un commentaire critique de l'opinion exprimée dans mon livre, que les principes de législation démocratique «mettraient probablement fin à toute activité sociale et politique, et qu'ils arrêteraient net dans son développement tout ce dont le souvenir s'est jamais associé à l'idée de Libéralisme.» Je commence par déclarer que M. Godkin me semble ignorer combien ces appréhensions sont vieilles, et combien elles sont répandues. Prenons entre autres l'opinion de Mill. Assurément, Mill est un philosophe aux théories duquel je ne saurais toujours souscrire, surtout quand il veut apprécier la valeur des appels faits à l'histoire politique et sociale de l'humanité. Car, sans être exclusivement voué aux procédés de raisonnement déductifs, il en a de préférence employé la méthode ; et il n'a pas vécu assez longtemps pour avoir pleinement sous les yeux les aspect tout nouveaux des société humaines, que l'on considère aujourd'hui comme des organismes possédant un développement et des lois propres. Mais, puisque l'on invoque Mill contre moi, on me pardonnera peut-être de montrer ici que ses vues sur l'avenir probable de la démocratie ne diffèrent pas sensiblement des miennes. Dans l'admirable étude qu'il publia sur Bentham en 1838, il se trouva amené à discuter les théories de cet écrivain en matière de gouvernement. La doctrine politique de Bentham, nous dit-il, repose sur ce principe que, pour un Etat, le meilleur gouvernement est le gouvernement de la majorité numérique. Cette majorité, comme Mill le fait voir, doit nécessairement se composer de gens dont la situation est la même, et qui s'adonnent aux mêmes occupations : c'est-à-dire d'individus sans expérience et travaillant de leurs mains. Mais, se demande-t-il, cette proposition fondamentale de la philosophie politique, suivant Bentham, est-elle une vérité d'ordre universel ? Serait-il, partout et toujours, avantageux pour l'humanité de vivre sous l'autorité absolue de sa propre majorité ? Il est chimérique d'espérer que quiconque exerce un pouvoir absolu sur le corps humain ne s'arrogera pas le même pouvoir sur l'esprit des hommes ; - qu'il ne cherchera pas à contrôler les opinions et les sentiments qui s'écartent de son idéal, à supprimer tout livre, toute école, toute association formée pour agir de concert sur la société, en un mot tout ce qui pourrait marquer une tentative pour alimenter un esprit contraire au sien [1]. Le résultat sera donc de créer un type de nature humaine étroit et vulgaire, de le rendre général et perpétuel, enfin d'écraser toute influence qui tendrait à élever pour l'avenir le tempérament intellectuel et moral de l'homme. Mill conclut qu'il est juste de laisser en somme, dans la société, le pouvoir souverain à la majorité du nombre, mais que, «à moins de rencontrer un centre de résistance, autour duquel puissent se grouper tous les éléments moraux et sociaux que le parti dominant regarde avec défaveur,» l'espèce humaine doit dégénérer et que les Etats-Unis pourraient devenir un jour aussi plats que la Chine. Vers la fin de sa vie, Mill parut découvrir ce «centre de résistance» dans la représentation des minorités. Mais, en 1838, il ne pouvait qu'entrevoir la possibilité de cette découverte, en empruntant le système de Montesquieu pour l'appliquer comme l'eût fait Tocqueville. Sans doute, il y a près de cinquante ans que cette opinion, qui répond strictement à là mienne, a été publiée. Mais j'ai d'excellentes raisons de croire qu'elle est en ce moment très répandue chez les gens instruits qui tiennent, sur le continent, la tête du mouvement scientifique, et qui sont assez sagaces pour s'apercevoir qu'une commune hostilité contre certains dogmes de l'Eglise n'est pas une base d'alliance suffisante avec la démocratie. Dans un livre publié d'hier, *Les Nouvelles lettres d'Italie*, par M. Emile de Laveleye, je retrouve les mêmes appréhensions, formulées en termes énergiques par un Italien savant et lettré qui possédait en outre une profonde expérience politique. Cet écrivain, mort tout récemment, était le docteur Pantaleone, de Rome.

«Notre siècle,» disait-il , «qui prétend pratiquer le culte de la science, livre partout le pouvoir aux classes qui sont aux antipodes de la science et de la connaissance. Quelle étrange contradiction ! Supposez s'adressant aux masses, d'un côté un vrai savant, un homme supérieur, appréciant tout ce que renferment de difficultés les questions politiques et sociales actuelles, et les exposant clairement ; et de l'autre côté, un orateur de bas étage, ignorant le premier mot de ces questions, mais flattant les instincts et les appétits de la foule : lequel des deux sera écouté et élu ?... Ainsi, à mesure que gouverner devient un acte plus difficile, vous confiez le

1 *Dissertations and discussions*, t. I, p. 378.

Henry Sumner Maine

gouvernement à des gens de plus en plus médiocres et incapables. N'est-ce pas préparer la décadence de vos propres mains ?

«Quand je vois nos hommes d'Etat se faire les apôtres du suffrage universel et jeter les trésors de civilisation, accumulés par de longs siècles de travaux dus à l'élite de notre espèce, en pâture à ce troupeau de bipèdes encore plongés dans les ténèbres des époques de la pierre brute du miocène, et certainement hors d'état. de discerner même ce qui est leur véritable intérêt, je m'étonne de ces abîmes d'aveuglement de la part d'esprits très distingués sous certains rapports. Je l'explique par l'influence d'une épidémie particulière à notre temps, le *morbus democraticus* [1].»

J'ai essayé, moi-même, de pousser l'argument un peu plus loin dans un passage cité par M. Godkin, et que je vais être, je le crains, obligé de citer de nouveau :

«Un suffrage de ce genre (c'est-à-dire un suffrage très étendu, ou un suffrage universel) s'allie d'ordinaire à l'idée du radicalisme ; et, sans doute, au nombre de ses effets les plus certains serait la destruction des institutions existantes, sur une très vaste échelle. Mais les chances sont plutôt qu'à la longue il produirait une sorte de conservatisme désastreux, et griserait la société avec une potion au prix de laquelle l'eldonine serait une boisson salutaire. Car, à quelle fin et vers quel idéal tend le régime qui consiste à imprimer à la loi l'opinion moyenne de la communauté tout entière ? Le résultat auquel on parvient est identiquement celui que l'Eglise catholique romaine atteint, en attribuant un caractère non moins sacré à l'opinion moyenne du monde chrétien. «*Quod semper, quod ubique, quod ab omnibus,*» telle était la règle de Vincent de Lérins. «*Securus judicat orbis terrarum,*» ces mots résonnaient aux oreilles du futur cardinal Newman et produisirent sur son esprit les effets merveilleux que l'on sait. Mais un homme de bon sens a-t-il jamais supposé que ce soient là des maximes de progrès ? Les principes de législation qu'elles nous laissent entrevoir mettraient probablement fin à toute activité sociale et politique, et arrêteraient net dans son développement tout ce dont le souvenir s'est jamais

---

1 Laveleye, p. 103.

associé à l'idée de libéralisme. Un moment de réflexion édifiera sur ce point quiconque possède une dose d'instruction suffisante, en lui montrant que ce n'est pas là une proposition trop aventurée. Reportez-vous en pensée aux grandes époques d'inventions scientifiques et de changement social, durant les deux derniers siècles, et voyez ce qui serait advenu si le suffrage universel se fût trouvé en vigueur à l'un de ces moments critiques. Le suffrage universel qui, aujourd'hui, chasse le libre échange des Etats-Unis, aurait certainement prohibé la mule-jenny et le métier mécanique. Il eût certainement interdit la machine à battre. Il eût empêché l'adoption du calendrier grégorien. Il eût restauré les Stuart.»

M. Godkin prétend que ce sont-là des déductions extraordinaires. Il a cherché de son mieux pour leur trouver un fondement. Il finit par croire qu'il a fallu, pour y arriver, employer la méthode *a priori* «avec l'exagération d'une vengeance.» Il insiste sur ce fait que nulle part on n'a vu le suffrage universel proscrire rien qui ressemblât à la mule-jenny, ou à la machine à battre, ou au calendrier grégorien. Il n'a pas compris (peut-être est-ce ma faute), l'argument dont je me servais en faisant une allusion tacite, au lieu d'un renvoi explicite, à des événements que je supposais connus de tout le monde. Il se peut, d'ailleurs, parfaitement qu'ils ne soient point aussi présents à l'esprit d'un Américain éclairé qu'ils le seraient à l'esprit d'un Anglais. En réalité ils marquent parmi les incidents le plus curieux du dix-huitième siècle et de la premiers partie du dix-neuvième. En 1716, le Jacobitisme notoire des masses en Angleterre et le danger dont il menaçait l'intronisation de la maison de Hanovre, déjà fort ébranlée par une première insurrection, amena le parlement anglais à risquer une des mesures les plus remarquables de son histoire, en votant l'Acte septennal, et en prorogeant sa propre existence de trois à sept ans [1]. En 1751, fut passé l'Acte qui introduisait le calendrier grégorien. «On eut grand-peine à apaiser la clameur générale contre ce calendrier,... et des années s'écoulèrent avant que le peuple fût définitivement réconcilié avec le nouveau système [2].»

1 L'Acte septennal, 1. Geo. I, Stat. 2, ch. 38, déclare, dans son préambule, que les parlements triennaux continués suivant la tradition, dans les conjectures actuelles, alors qu'une faction papiste et remuante se proposait et s'efforçait de rallumer l'insurrection dans le royaume, ruineraient la paix et la sécurité du gouvernement.

2 Coxe, *Petham*, t. II, p. 26.

Henry Sumner Maine

En 1767, on vit s'élever une série d'émeutes destructives contre la mule-jenny que venait d'inventer Hargreaves [1]. Elles durèrent jusqu'en 1779, et s'étendirent dans tous les comtés industriels de l'époque. Plusieurs manufactures furent brûlées, les machines de Peel mises en pièces et jetées à l'eau, l'usine d'Arkwright saccagée et détruite. Les émeutes éclatèrent de nouveau en 1812 , dirigées cette fois surtout contre les métiers à dentelles et la machine à tricoter nouvellement introduite dans le Nottingham-shire. Sous la prétendue direction d'un chef imaginaire, le général Ludd, elles durèrent jusqu'en 1816 et ne furent réprimées qu'à force de sévérité impitoyable dans l'application des lois pénales. A ce terrible fantôme, le général Ludd, en succéda bientôt un autre, le capitaine Swing. La machine à battre avait été inventée au dix-huitième siècle, mais elle n'entra dans l'usage courant qu'au commencement du dix-neuvième. Les agents les plus compétents crurent alors que l'incendie des fermes et des meules de fourrages, qui commença vers 1826 pour durer jusqu'après 1830, avait été provoquée d'abord par l'invention des premières machines agricoles, bien qu'à la longue l'extension de ces attaques contre la propriété pût s'expliquer en partie par ce fait que la. manie incendiaire est une des plus contagieuse.

J'ose donc prétendre que si le suffrage universel s'était trouvé implanté en Angleterre, au moment où régnaient ces préjugés si violents, - ou, mieux, que si les classes imbues de ces préjugés avaient gouverné le pays, elles auraient traduit leur opinion par un bon texte de loi, et non simplement par l'émeute et la force brutale. Elles auraient trouvé des chefs prêts à justifier leur hostilité contre les machines en accusant ces dernières de créer une concurrence déloyale au travail manuel ; et elles auraient élu des parlements dont ces chefs auraient eu la direction suprême. Les nouvelles machines auraient été précisément traitées comme une machine d'un autre ordre, la capacité physique de l'immigrant chinois, s'est vue traitée dans les Etats pacifiques de l'Union américaine. L'argument est, en tout cas, très simple, parfaitement légitime, et il n'emprunte rien aux raisonnements a *priori*.

M. Godkin critique les quelques lignes que j'ai consacrées à la question de la population. Mais je pense qu'avec un peu plus

1 Baines, *History of the Cotton Manufacture*, p. 150.

Appendice : LA DÉMOCRATIE EN AMÉRIQUE

d'attention il s'apercevrait bientôt qu'il leur donne un sens auquel elles ne prêtent point. Voici la partie principale de ce passage. «Le point. culminant de toute économie politique a été, dès le début, occupé par la théorie de la population. Cette théorie, aujourd'hui généralisée, par Darwin et ses disciples, affirme en principe la survivance du plus capable ; et, comme telle, elle est devenue la vérité centrale de toute science biologique. Et cependant elle est évidemment antipathique à la multitude ; et ceux que la multitude veut bien mettre à sa tête la rejettent dans l'ombre. Elle est depuis longtemps. profondément impopulaire en France et sur le reste du continent d'Europe ; et, même en Angleterre, les propositions faites pour lui donner une investiture officielle, en essayant de soulager la misère par l'émigration, sont visiblement supplantées par des projets fondés sur l'hypothèse que, grâce à l'action législative sur la société, une quantité de terres donnée pourra toujours alimenter et maintenir dans l'aisance la population qui, par suite des circonstances historiques, s'y est implantée [1].»

M. Godkin s'imagine que je me plains ici de ne pas voir les chefs de la démocratie prêcher au peuple le principe de la «survivance du plus capable,» c'est-à-dire la Théorie de la population dans son expression scientifique la plus élevée, et il accuse ma réclamation d'être quelque peu brutale. Mais j'ai un trop vif sentiment de l' «inégalité des intelligences» pour jamais rien proposer de ce genre. Je sais que la thèse de la «survivance du plus capable» ne saurait être rendue supportable pour le gros public, sans une diplomatie que je ne possède point ; car je me sens incapable de m'élever à la hauteur des gens qui déclament contre la tyrannie de la vaccine obligatoire, qui trouvent le moyen de donner à leur thèse une tournure philanthropique, et qui n'en proposent pas moins de laisser l'ignorant ou le négligent, et les enfants du négligent ou de l'ignorant, mourir d'une maladie répugnante. Je me bornais simplement à mettre en parallèle l'énorme importance que la théorie de la population acquiert de jour en jour dans les recherches scientifiques, avec le dédain et la défaveur où elle est tombée dans l'estime des masses et de ceux qui entreprennent leur éducation. Je n'invoquais cette théorie qu'au point de vue de ses applications les plus humbles et les moins ambitieuses. J'entendais

---

1 Gfr. P. 60.

Henry Sumner Maine

seulement me plaindre, et je me plains encore, du silence que garde à ce sujet le démagogie contemporain. Je n'ignore pas qu'il est possible de prêcher cette doctrine de façon à violer la morale et la décence sociales. Mais, à mon sens, nul n'a le droit de professer pour une classe populaire, comme celle des ouvriers agricoles en. Angleterre, un amour aussi vif que l'amour prétentieux et prétendu de Rousseau pour l'humanité tout entière, si l'on s'accorde à leur cacher qu'il existe au milieu d'eux des forces actives qui, une fois maîtresses du terrain, défieraient les tentatives les plus favorables pour accroître leur confort et leur bien-être. Si le démagogue ne peut concilier la franchise avec les convenances, qu'il abandonne sa profession. Tout au moins, devrait-il, s'il désire suggérer un expédient pour diminuer les inconvénients de l'excès de population, lorsque ceux-ci commencent à se manifester, proposer un remède topique. Et cependant, en Irlande comme dans les comtés agricoles de l'Angleterre, l'émigration est aussi souvent attaquée que discutée sérieusement ; et M. Godkin lui-même daigne nous conseiller d'envoyer le surplus de notre population défricher les bruyères [1] anglaises. L'état actuel de la question témoigne clairement, ce me semble, combien l'opinion publique baisse de nos jours. Les illusions auxquelles l'auteur de la Théorie de la population avait mis fin pour un temps, ressuscitent au point d'étouffer aujourd'hui ses propres principes. Avant qu'il eût pris la plume, le déluge d'humanitarisme diffus et sans portée précise, qui inondait alors la France, commençait à s'épandre en Angleterre sous l'influence de Godwin. «Il n'y aura plus de guerre,» disait Godwin, dans sa *Justice politique,* «plus de crimes, plus d'administration de la justice comme on l'appelle aujourd'hui, plus de gouvernement. En outre, il n'y aura plus ni maladies, ni angoisses, ni mélancolie, ni ressentiment ; chacun recherchera avec une ardeur ineffable le bien de tous.» Mais Malthus, que Cobbett, le prototype du démagogue moderne, appelait une «brute,» et qui n'a jamais été rien moins qu'un auteur populaire, avait complètement fait justice de ces fantaisies, en montrant avec une lucidité sans égale les causes qui déterminent réellement dans chaque société le confort et le bonheur de l'immense majorité. «Malthus,» disait Sidney Smith,

---

1 [Les *Moors*, «bruyères» des Hauts-Plateaux, répandues surtout dans le nord de l'Écosse].

Appendice : LA DÉMOCRATIE EN AMÉRIQUE

«a pris la peine de réfuter Godwin, et l'on n'entend plus parler de M. Godwin.» Si l'on imagine sérieusement que jamais livre écrit par un penseur dans son cabinet ne pourrait provoquer ou arrêter un grand mouvement, on n'a qu'à étudier l'ouvrage de M. Bonar intitulé *Malthus et sont œuvre* [1]. La doctrine cardinale de Malthus s'était fortement emparée des esprits qui dirigeaient le peuple, de ceux qui courtisent la faveur populaire comme de ceux qui la dédaignent. Elle convertit la fleur des whigs, de même qu'à la longue elle finit par convertir William Pitt. Et plus tard, les membres éminents des deux partis risquèrent leur popularité en se concertant pour appuyer la nouvelle loi sur les pauvres (*New Poor Law Bill*) destinée à abolir un système que Malthus avait fortement battu en brèche, et qui était, au fond, la négation toute pure de ses principes.

Les dernières pages de l'article de M. Godkin sont des plus remarquables. Elles nous apportent des renseignements du plus haut intérêt sur les classes électorales en Amérique et sur leur attitude en face des nouvelles inventions scientifiques. Ces pages contiennent d'ailleurs des aveux si candides, qu'elles m'autorisent à me demander si l'auteur professe sérieusement une opinion différente de celle qu'il paraît critiquer à première vue. Il commence par nier énergiquement. que le peuple américain manifeste la moindre jalousie ou la moindre antipathie contre les inventions récentes et les procédés nouveaux.

«Je crois,» écrit-il à ce propos, «que je puis avec assurance en appeler aux savants américains, pour nous dire s'ils ne souffrent pas d'une diminution de notoriété et d'influence dans l'esprit du peuple, par cela seul qu'ils n'en imposent pas davantage à sa confiance ou à sa crédulité ; ou, si l'on veut, par cela même qu'ils apportent plus de lenteur que de précipitation à multiplier les découvertes nouvelles ou à les consacrer, une fois faites, par leur adhésion. La fertilité des Américains en matière d'inventions, - c'est-à-dire dans la construction de nouvelles machines ou l'emploi de procédés nouveaux, - si grande qu'elle soit, est encore moins remarquable que l'avidité avec laquelle le peuple accepte ou utilise les nouveautés. Le grand nombre de médicastres charlatans qui infectent le pays,

1 *Malthus and his Work.* Londre, Macmillan, 1885.

Henry Sumner Maine

et l'énorme succès qu'obtient la vente de leurs drogues, - succès dont je ne crois pas qu'on rencontre l'équivalent nulle part, - proviennent indubitablement de l'impatience qu'inspirent en quelque sorte la prudence et le manque d'audace des praticiens réguliers. La célébrité singulière qui vint surprendre Edison, dès qu'il eût apporté quelque perfectionnement à la lumière électrique et inventé le phonographe, est une excellente preuve du respect des Américains pour le nouveau et le merveilleux. Pendant un bon moment, il fut salué comme un homme pour qui tout problème de physique était d'une simplicité élémentaire, et on venait le consulter sur quantité de sujets auxquels il n'avait jamais prêté la moindre attention : par exemple, sur le moyen de diminuer le bruit des trains qui circulent le long des voies antiennes établies dans les rues de New- York. En somme, pendant un an ou deux, il se trouva, - sans doute à son grand amusement, - dans la situation d'un sorcier de tribu sauvage pour qui tout mystère ne peut qu'être chose facile à résoudre.»

Je ne me reconnais aucun titre à discuter ces observations et j'ajouterai que, pour bien des raisons, elles me semblent des plus croyables. Dans un pays dont les ressources naturelles, gigantesques et formidables comme elles nous paraissent de ce côté de l'Atlantique, ne sont encore développées que très superficiellement, suivant toute probabilité, une machine nouvelle, propre à économiser le travail, doit être , pour un Américain du commun, un gage de fortune bien plus qu'une menace de compétition nuisible. Dans un pays où les services domestiques sont dispendieux et fort médiocres, les. inventions récentes les glus ingénieuses ne doivent d'ordinaire suggérer d'autre idée que celle d'un accroissement de confort. Mais cette promptitude à accueillir les inventions nouvelles pourrait bien avoir une autre cause omise par M. Godkin. J'ai d'excellente autorités pour affirmer que le simple citoyen américain ne pourrait rien contre elles, quand même elles choqueraient ses préjugés et menaceraient son industrie. Elles sont brevetées sous la garantie légale des Etats-Unis, en vertu d'une clause de la Constitution fédérale. Le brevet ne peut être attaqué que devant les tribunaux des Etats-Unis. Cela revient à dire, en somme, que si une invention nouvelle devenait aussi impopulaire en Amérique que l'était la mule-jenny en Angleterre, il y a cent ans, l'intervention législative pour en défendre l'usage serait, dans presque tous les cas imaginables , une arme hors d'atteinte.

Cependant, il est un cas extrême où M. Godkin oserait à peine, je pense, nier que le travailleur américain se soit montré animé du même esprit que les Anglais de sa catégorie sociale au siècle dernier. Ceux-ci n'agissaient parfois que sous l'empire d'un simple préjugé. La répugnance contre le nouveau calendrier provenait, paraît-il, de ce que l'on craignait qu'il changeât l'anniversaire de chaque saint, et les fêtes «non mobiles.» Mais la mule-jenny, les métiers à fabriquer la dentelle et les bas, la machine à battre, étaient exécrés parce qu'ils semblaient destinés à supplanter le travail manuel. Or, il est une machine délicate entre toutes, le corps humain. Le plus stupide manœuvre irlandais qui ait jamais grimpé à l'échelle du maçon (pour nous servir d'un exemple emprunté à Mill), est encore capable d'accomplir des choses qu'aucune machine possible ne saurait faire. Et si l'on peut obtenir à bon compte et en abondance la disposition des facultés du corps humain, il en résulte à la fois une grande addition aux forces économiques, et probablement au confort domestique. Qu'est-il donc advenu dans les Etats pacifiques de l'Union américaine, lorsque l'immigration des travailleurs chinois a menacé de diminuer le salaire des ouvriers américains ? Tout d'abord, on a vu s'élever des émeutes furieuses où les Chinois ont été maltraités brutalement ; puis, les tapageurs, en leur qualité d'électeurs, ont essayé d'user de leur pouvoir électoral pour chasser les immigrants. Afin de lui donner plus de force effective en Californie, on a changé la Constitution Kearney. Ici, toutefois, se présentait un obstacle spécial aux. Etats-Unis. La Constitution Kearney se trouvait, sur quelques points, en, désaccord avec la Constitution fédérale et avec la loi fédérale ; de sorte qu'il était impossible de la mettre à exécution. Rien ne pouvait désormais secourir les ennemis des Chinois, si ce n'était le congrès des Etats-Unis [1]. Et, à la longue, cette haute autorité a fini par leur prêter son assistance législative, - l'état-major des politiciens de chaque parti s'étant alarmé à l'idée de voir les siens perdre l'appui des Etats pacifiques. Je ne prétends pas que ce mouvement qui a

---

1 La principale loi qui restreigne l'immigration chinoise est le chapitre 126 des Statuts des Etats-Unis (sess. 2 de 1882).

Henry Sumner Maine

presque enrayé l'immigration chinoise, fût uniquement l'effet de l'égoïsme. Beaucoup d'Américains l'affirment énergiquement ; mais d'autres justifient cette répulsion en accusant la morale et les habitudes de la vie chinoise de soulever plus d'une objection légitime. Mais qu'il y eût au fond une forte dose d'égoïsme, personne n'essaiera probablement de le nier. Cet incident vient, en somme, manifestement à l'appui de mes conjectures sur ce que l'on aurait pu attendre en Angleterre, si le suffrage universel y eût existé il y a cent ans. Les nouvelles machines y étaient alors tout aussi impopulaires qu'aujourd'hui l'immigrant chinois sur la côte du Pacifique, et ce, pour la même raison. On les attaquait et on les brisait, tout comme on a dernièrement attaqué et pourchassé le Chinois. Mais elles ont survécu à leur impopularité parce que leurs assaillants n'appartenaient pas à la classe qui possédait le droit de vote, tandis que les immigrants chinois ont été expulsés parce que leurs assaillants étaient électeurs.

Il faut avouer toutefois que, pour le moment, on ne constate aucun symptôme direct qui trahisse chez le peuple américain les sentiments et les passions qui, durant une grande partie du dernier siècle et durant une bonne partie du présent, ont soulevé les masses anglaises contre la mule-jenny, le métier à dentelle et la machine à battre. Dans une communauté où l'on jouit en abondance des moyens de vivre et de prospérer, la question des rapports entre le gouvernement démocratique et l'invention scientifique dépendra de tendances que déjà l'on entrevoit à l'œuvre, et qui n'ont pas encore produit tout leur effet, mais qui ne manqueront pas de le produire à l'avenir si on leur laisse le champ libre. Qu'il existe des tendances de ce genre, agissant «dans le sens que j'indique ou que je soupçonne,» M. Godkin l'accorde volontiers. Je résume le tableau qu'il en trace, tableau complet , lucide, et, j'ajoute, absolument imprévu.

«Si l'on observe la politique américaine, on n'osera nier qu'à l'égard des questions destinées à devenir l'objet de la législation, l'électeur américain écoute avec une extrême impatience tout ce qui a l'air d'une leçon... Se déprécier soi-même, récuser sa propre compétence dans les matières que l'on connaît le mieux, est devenu l'une des roueries habituelles pour commander l'attention de la multitude, et les membres les plus marquants des deux partis ne dédaignent pas d'y recourir... Rien n'est plus fatal à l'orateur ambulant qu'un air de supériorité sur un sujet quelconque. Les orateurs démagogiques poussent cette précaution à l'extrême, affectant souvent l'ignorance, et se vantent du peu de chances d'éducation qu'ils ont eues dans leur jeunesse ou de l'extrême difficulté avec laquelle, ils ont acquis le peu qu'ils savent... La vérité semble être qu'en ce qui concerne toutes les questions du domaine de la politique, la nouvelle démocratie se montre excessivement susceptible dès qu'on émet le moindre doute sur sa compétence ; elle ne souffre pas que l'on discute ou que l'on ait seulement l'air de discuter sa pleine capacité à traiter les matières qui réclament une législation. Elle se prête assez volontiers à la nécessité de baser la loi sur des enquêtes et des rapports ; mais il faut que ces enquêtes et ces rapports soient faits en son nom, et de par son autorité, avec le concours de ce qu'elle appelle des gens pratiques, pour les distinguer des savants et des spécialistes de profession. Par gens pratiques, elle entend les gens adonnés, comme le gros de la communauté, à des occupations industrielles ou rémunératrices d'une façon quelconque, et qui n'ont aucune prétention à l'instruction ou aux connaissances théoriques... Il est même rare que, dans ce pays, une lubie économique ou autre qui s'est emparée de l'esprit populaire, en matière de législation, puisse être ébranlée par les critiques de gens autorisés ou par un appel à l'expérience de l'histoire. En réalité, l'intervention des professeurs pour la réfuter est très capable de hâter sa conversion en loi, ne fût-ce que pour apprendre aux lettrés qu'ils ne doivent pas se mêler de politique.»

La morale de ceci est que le peuple américain refuse complètement de se soumettre à l'autorité intellectuelle, à moins qu'elle ne représente l'autorité, ou n'obtienne l'appui, de gens qui. ont fait fortune dans les affaires.

Si l'on veut apercevoir nettement en esprit l'avenir qui s'annonce sous de pareils auspices, il est nécessaire d'avoir toujours présente à la mémoire la nature des avantages que l'humanité peut s'attendre à retirer du progrès et des connaissances scientifiques. Ces avantages ne se bornent pas aux créations matérielles, et ne se mesurent point par la multiplication de machines si ingénieuses,

Henry Sumner Maine

et si étonnantes, que la multitude regarde leur inventeur comme un magicien. Le don de l'invention est assurément très précieux ; mais il n'a souvent avec la science que des rapports lointains et superficiels, tandis que les plus beaux triomphes d'un esprit soumis à une éducation scientifique ne sont pas toujours, ou même sont rarement, de nature à se laisser clairement expliquer aux ignorants à travers une table recouverte d'un tapis vert. A mesure que les plus grands découvreurs de nos jours pourchassent les lois les plus subtiles de la nature, et notamment de la vie humaine, - et, avec la vie humaine, de la santé, - ils apprennent non seulement ce qu'est la nature, mais comment la nature peut être soumise et dirigée. Nul ne saurait se risquer à calculer d'avance les immenses bénéfices que l'espèce humaine pourra recueillir un jour des énormes progrès récemment faits en biologie. La médecine contemporaine, la médecine dont nous dépendons tous, n'a pas cinquante ans de date. La chirurgie contemporaine, du vivant d'une seule génération, s'est ouvert deux voies nouvelles qui promettent des résultats extraordinaires, en adoptant l'emploi des anesthésiques et celui des procédés antiseptiques. On pourrait prédire en toute assurance que ces deux arts ont devant eux un avenir de progrès aussi rapide qu'illimité ; mais il serait dangereux de vouloir indiquer dans quelle direction s'opéreront ces progrès. En même temps, plus d'un symptôme semble pronostiquer que cette avance scientifique sera en partie le résultat de procédés dont la vaccine obligatoire est le type, - c'est-à-dire qu'elle résultera de la coopération complète et organisée de grandes masses d'hommes, surtout dans les sociétés encombrées de populations, ou, en d'autres termes, qu'elle naîtra de l'abnégation commune et de la commune soumission à l'autorité scientifique et aux règles générales qu'elle aura prescrites. Et, pour atteindre sûrement ce but, autant que nous en pouvons juger, la législation sera nécessaire. Mais, si M. Godkin est dans le vrai, quelle chance restera-t-il aux hommes de science d'obtenir, dans les sociétés démocratiques, la sanction de la loi pour les prescriptions qui leur paraîtront essentielles au bien-être de l'humanité ? Il leur faudra s'incliner devant la multitude souveraine avec autant d'humilité que le démagogue intrigant d'aujourd'hui, encore que cela doive sans doute leur coûter davantage. Il leur faudra abdiquer toute prétention à l'autorité, et affirmer à leur maître qu'il en sait naturellement autant qu'eux sur la question. Ils devront faire contrôler leur opinion par des gens qui auront fait fortune dans le commerce ; et, après tant d'efforts pour se débarrasser d'un «air de supériorité,» le peuple gouvernant les trouvera peut-être encore trop «professionnels» et les renverra à leurs études. Soit dit à l'honneur de la nature humaine, il est une excellente raison pour que cette façon de convertir la multitude souveraine à une opinion scientifique ne puisse jamais réussir. Le mélange de mensonge, de lâcheté et d'hypocrisie qu'implique ce mode de persuasion est absolument incompatible avec la possession des plus hautes facultés intellectuelles.

Je n'ai guère à me plaindre, en somme, des critiques de M. Godkin ; pourtant, je dois dire qu'il se montre quelque peu injuste à mon égard, en m'accusant à mainte reprise de n'avoir prêté qu'une attention insuffisante au fonctionnement des institutions démocratiques aux Etats-Unis. Peut-être n'a-t-il pas lui-même accordé au dernier chapitre de mon livre, sur la *Constitution des Etats-Unis,* autant d'attention qu'aux premières pages. Je me permets d'exprimer ce doute, parce qu'il a, du moins, commis la bizarre inadvertance de me reprocher une «singulière ignorance» en ce qui concerne la véritable nature de la controverse protectionniste dans son pays, alors qu'il en donne ce qu'il regarde comme une esquisse exacte en des termes qui sont presque identiquement les miens. C'est avec un extrême regret que je sens tout l'inconvénient pour moi de n'avoir aucune connaissance personnelle de la société démocratique en Amérique. Mais je puis prétendre, je pense, connaître un peu, pour ne pas dire beaucoup, la Constitution des Etats-Unis, celle des divers Etats, et la législation fédérale avec celle des Etats particuliers. M. Godkin voudra bien, je l'espère, excuser mon audace si j'ose, en raison de mes études juridiques, différer avec lui d'opinion sur quelques points relatifs à son propre pays. «Rien n'est sacré en Amérique,» dit-il quelque part, «et rien ne court autant risque de ridicule qu'une tentative pour classer définitivement une chose ou un individu dans la catégorie de l'immuable ou de l'intangible.» S'il entend appliquer cette observation aux Constitutions américaines, je crains qu'elle n'amuse beaucoup les communautés qui leur sont soumises. Car

Henry Sumner Maine

la Constitution des Etats-Unis est assurément la plus immuable du monde ; et, si l'on ne peut attribuer aussi catégoriquement le même caractère aux Constitutions d'Etats particuliers, la moins jalousement gardée est cependant encore entourée de défenses qui lui garantissent, avant qu'on y modifie la moindre clause, le bénéfice d'une maturité de réflexion et d'une plénitude de délibération qui font totalement défaut dans la Constitution anglaise. Quant à la législation américaine proprement dite, ce qui me frappe est plutôt la stérilité des corps législatifs appelés à créer la loi, que l'importance de leur œuvre. J'admets que les législatures des Etats votent quantité de lois et les changent rapidement ; mais bon nombre de ces lois se rapportent à des sujets qui, pour le Parlement britannique, rentreraient dans la catégorie des «affaires privées.» On constate une forte dose d'activité législative, mais confinée dans d'étroites limites. Si l'on voulait me permettre d'écarter ici la législation de la période révolutionnaire qui a suivi la guerre de Sécession, j'en pourrais dire autant du congrès des Etats-Unis. Rappelons-nous la terrible avalanche de législation votée par le Parlement anglais en 1832 et durant les années suivantes. Que trouvons-nous en Amérique qui puisse y correspondre, pendant la même période, en dehors des débats sur les rapports du gouvernement fédéral avec la Banque des Etats-Unis, débats où les plus grands orateurs américains épuisèrent toutes les ressources de la dialectique et de l'éloquence ? Pensons aussi à cette averse de lois qui fait rage autour de nous depuis 1868, et qui menace en ce moment même d'aboutir à la plus grande crise de notre histoire. Je ne vois rien qui y réponde, aux Etats-Unis, excepté la *Bland Silver Act* [1] qui semble absorber l'esprit de M. Godkin et lui fournir son unique criterium d'orthodoxie et d'hétérodoxie politiques. Si ce n'était là qu'une simple impression, je pourrais m'en méfier ; mais il me semble qu'elle formule d'abord les conséquences directes des sages restrictions grâce auxquelles les pères de la Constitution américaine ont su réfréner la témérité législative, à la fois dans l'Union américaine et dans les divers Etats ; puis, à un degré moindre, l'effet du bon exemple produit sur les fabricants de <u>constitutions pour</u> chaque Etat de l'Union. Ces restrictions font

1 [Sur le *Bland Silver Bill*, voté en 1878, et qui n'est qu'un incident de la guerre entre monométallistes et bimétallistes, voir la *Revue des Deux-Mondes*, 1er juin 1886].

l'office d'un énorme garde-feu, .dont les mailles étroites interdisent l'approche de la flamme vers laquelle les politiciens et les hommes d'Etat de la Grande-Bretagne voltigent sans cesse, comme autant de papillons et de phalènes.

Je ne saurais terminer sans déclarer qu'après avoir lu attentivement l'article de M. Godkin, j'arrive à la conclusion que son opinion ne diffère pas sensiblement de la mienne. Il semble penser que la seule preuve qu'on puisse alléguer en faveur de la durée de la démocratie est celle que fournissent les Etats-Unis ; je le pense également. Il pense - ou du moins, nous donne lieu de penser - que l'avenir des idées et des découvertes scientifiques dans les sociétés démocratiques s'annonce comme très sombre ; et telle est aussi mon opinion. Nous avons obtenu ces résultats par des voies différentes ; mais , en eux-mêmes, les résultats ne diffèrent pas beaucoup.

ISBN : 978-1536969115

Henry Sumner Maine